Franz Walter

Das Eigentum nach der Lehre des hl. Thomas von Aquin und des

Sozialismus

Franz Walter

Das Eigentum nach der Lehre des hl. Thomas von Aquin und des Sozialismus

ISBN/EAN: 9783744668316

Hergestellt in Europa, USA, Kanada, Australien, Japan

Cover: Foto ©ninafisch / pixelio.de

Weitere Bücher finden Sie auf **www.hansebooks.com**

Das Eigenthum

nach der Lehre des hl. Thomas von Aquin und des Socialismus.

Von

Franz Walter,
Priester der Erzdiöcese München-Freising.

Gekrönte Preisschrift.

⁃•⁃

Freiburg im Breisgau.
Herder'sche Verlagshandlung.
1895.
Zweigniederlassungen in Wien, Straßburg, München und St. Louis, Mo.

Das Recht der Uebersetzung in fremde Sprachen wird vorbehalten.

Buchdruckerei der Herder'schen Verlagshandlung in Freiburg.

Vorwort.

Die vorliegende Schrift ist eine Bearbeitung der von der theologischen Facultät der Universität München für das Jahr 1892/1893 gestellten Preisaufgabe:

„Die Lehre des hl. Thomas von Aquin über das Eigenthum soll mit den diesbezüglichen An= schauungen des modernen Socialismus verglichen werden."

Von den eingereichten drei Lösungsversuchen wurden zwei mit dem Preis bedacht, unter diesen auch gegenwärtige Arbeit.

Die Zeit bis zur Drucklegung hat der Verfasser benutzt, um den Wünschen, welche die hohe Facultät in der öffentlichen Kritik ausgesprochen, nach Kräften gerecht zu werden; ins= besondere wurde der zweite und dritte Theil der Abhandlung einer eingehenden Ueberarbeitung unterzogen. Die Facultät hatte den geschichtlichen Abschnitt als den am besten gelungenen bezeichnet, der nur etwas compendiöser dargestellt werden könnte. Dieser Theil wurde deshalb, besonders in der Entwicklung des französischen Socialismus, knapper zusammengezogen. Aber weil nicht bloß die socialistische Lehre vom Eigenthum in ihrer gegenwärtigen Gestalt berücksichtigt wurde, sondern in ihrem Werden, in ihrem Herauswachsen aus den Keimen der Utopie

zu dem mehr wissenschaftlichen Gepräge, das sie jetzt trägt,
hat es sich empfohlen, den Titel der Arbeit ganz allgemein zu
fassen und nicht bloß die Eigenthumslehre des Socialismus der
Gegenwart, sondern des Socialismus überhaupt mit Thomas
von Aquin in Vergleich zu ziehen. Außerdem schien es einer
natürlichen Gliederung des Ganzen am besten zu entsprechen, die
Darstellung des modernen deutschen Socialismus noch in die
historische Entwicklung der socialistischen Eigenthumslehre als
deren Abschluß hineinzuziehen und dem dritten Theil nur die
vergleichende Kritik zu überweisen, welche dafür dem Wunsche
der hohen Facultät gemäß eine Erweiterung erfuhr.

München, Mai 1895.

Der Verfasser.

Inhalt.

Zweites Kapitel.

Die Lehre des Socialismus vom Eigenthum in ihrer geschichtlichen Entwicklung.

I. Periode des Individualismus.

II. Entwicklung des französischen Socialismus.

III. Der englische Socialismus.

IV. Lehre des modernen (deutschen) Socialismus vom Eigenthum.

Drittes Kapitel.

Vergleichende Kritik beider Anschauungen

Einleitung.

Bedeutung des hl. Thomas in dem Kampf des Socialismus gegen das Privateigenthum.

Die Tendenz der liberalen Wirtschaftspolitik, jegliches Collectiveigenthum in Privateigenthum aufzulösen, es so fluctuirend zu machen, um es desto leichter in die Netze des Kapitalismus ziehen zu können, und die dadurch hervorgerufene Armut der Massen (Pauperismus) mußten nothwendig das entsprechende Extrem, den Socialismus, erzeugen. Der Auflösung des gesellschaftlichen Eigenthums mußte die Aufhebung alles Privateigenthums, der Ansammlung alles Reichthums in der Hand weniger, der Wunsch nach völliger Auslieferung desselben an die Gesellschaft als Reaction sich entgegenstemmen [1].

In einer Zeit, wo so die Grundlagen der naturrechtlichen Ordnung durch antisociale Strömungen ins Wanken gerathen, wo durch die Angriffe auf das Privateigenthum die materielle Basis des Staates und der Sittlichkeit wegen des engen Zusammenhanges von Eigenthum und Familie gefährdet ist, sieht man sich gezwungen, diesen modernen Bewegungen gegenüber auf die unwandelbaren Gesetze des Naturrechts zurückzugreifen und sie in besonders nachdrücklicher Weise zu betonen. Denn

---

[1] Vgl. A. Stöckl, Das Christenthum und die großen Fragen der Gegenwart. 3 Bde. III (Mainz 1880), 191—196. Die sociale Frage beleuchtet durch die Stimmen aus Maria=Laach, 3. Heft: M. Pachtler S. J., Die Ziele der Socialdemokratie und die liberalen Ideen (Freiburg 1892) S. 59 ff. Ueber das Wesen des liberalen Oekonomismus s. Jörg, Geschichte der socialpolitischen Parteien in Deutschland (Freiburg 1867) S. 20 ff. Frantz, Kritik aller Parteien (Berlin 1862) S. 58 ff.

die gesellschaftsfeindlichen Bestrebungen des So=
cialismus wurzeln ja in einer Verkennung oder
Entstellung der naturrechtlichen Principien und
müssen also auch auf diesem Felde, sollen sie widerlegt werden,
angegriffen werden.

In diesem Kampfe der Ideen, von dessen Ausgang Sein
oder Nichtsein der bislang errungenen Cultur abhängt, hört man
die Vertheidiger des Naturrechts gerne auf zwei Philosophen
sich berufen, die beide in ihrer Zeit auf der Höhe des Wissens
standen und deren Einfluß auf geistigem Gebiete sich um Jahr=
hunderte über ihre Lebenszeit hinaus erstreckte: auf Aristoteles
und Thomas von Aquin. Beide Erscheinungen, obwohl
zeitlich weit auseinanderliegend, sind geistig einander nahe ver=
wandt [1]. Besteht ja schon deswegen zwischen beiden eine innige
Beziehung, weil Thomas den durch die arabischen Schulen in
den Dienst des Irrthums gestellten Aristoteles wieder zu Ehren
brachte, indem er den wahren Sinn der aristotelischen Lehre
in seinen Commentaren festzustellen suchte [2]. An dem großen
Theologen der katholischen Kirche fand der Heide Aristoteles
seinen ebenbürtigen Commentator, zugleich aber auch die vor=
theilhafteste Ergänzung.

Aristoteles hat an der Hand der Vernunft die Grundsätze
des Naturrechts erkannt und begründet. Was der heidnische
Weltweise durch consequente Entwicklung aus den letzten Prin=
cipien erschlossen hatte, das konnte auch der christliche Philosoph
und Theologe ohne Bedenken hinnehmen; ist doch die Vernunft
Gemeingut aller Menschen. Aber nicht kritiklos hat Thomas
sich zur aristotelischen Lehre bekannt [3]; er unterwarf sie viel=

---

[1] Vgl. „Katholik" 1864, 1. Hälfte, Art. „Aristoteles und sein
Commentator Thomas von Aquin"; 1876, 1. Hälfte S. 601.

[2] Hettinger, Thomas von Aquin und die europäische Civili=
sation (Frankfurt 1880) S. 10.

[3] Schneid, Aristoteles in der Scholastik (Eichstätt 1875) S. 57.
Histor.=polit. Blätter LXXVIII, 444 ff.

mehr einer selbständigen Prüfung, und er konnte dies um so eher, als ihm ein ganz sicheres Kriterium zu Gebote stand: die christliche Offenbarung. Nicht als ob er die Bedeutung des philosophischen Denkens unterschätzt oder gar dem Skepticismus gehuldigt hätte; das häufig wiederkehrende „philosophus dicit" beweist, daß er den Vernunftschlüssen des Philosophen volle Beweiskraft zuerkannte. Aber er will zeigen, wie die Vernunft und das aus ihr stammende Naturrecht im Einklang mit der Offenbarung stehen. Waren die Lehren des Philosophen, die er durch das natürliche Licht der Vernunft gewonnen hatte, wirklich wahr, so mußten sie ihre Wahrheit bewähren durch Prüfung am übernatürlichen Licht der Offenbarung [1].

Nicht nur das; Thomas war auch gar häufig in der glücklichen Lage, die Vernunftsätze des Philosophen erweitern zu können durch den reichen Inhalt der göttlichen Offenbarung.

Wo die menschliche Forschung führerlos in dunkle Fernen sich verlieren würde oder über dem Abgrunde des Irrthums schwebte, oder wo sie unübersteigbare Schranken gezogen findet, tritt neben sie stützend und ergänzend die Lehre des Glaubens. Aus ihr zieht die natürliche Wissenschaft Kraft und Bestätigung, sowie eine reichere Fülle des Inhalts.

Diese Grundsätze sind auch bei der Lehre des hl. Thomas vom Eigenthum festzuhalten. Man kann sagen: es ist die Lehre des Stagiriten, welche wir sofort in den betreffenden Artikeln bei Thomas wiedererkennen; es sind die gleichen Ausführungen, wie sie bei Aristoteles im zweiten Buch seiner „Politik" dargelegt sind. Aber wir erblicken bei Thomas die naturrechtliche Auffassung des Aristoteles sozu-

---

[1] Rietter, Die Moral des hl. Thomas von Aquin (München 1858) S. 612. Stöckl, Geschichte der Philosophie des Mittelalters. 3 Bde. II (Mainz 1865), 427—448. „Katholik" 1877, 2. Hälfte S. 589 f. ; 1875, 2. Hälfte S. 434. *Thomas*, Summa contra gentiles lib. 1, c. 7. Vgl. auch Jodl, Geschichte der Ethik I (Stuttgart 1882), 68.

sagen in chriſtlicher Beleuchtung. Die chriſtliche Welt=
anſchauung, insbeſondere das chriſtliche Gebot der Nächſten=
liebe, kommt bei Thomas zu voller Geltung[1].

Darum iſt auch die Lehre des hl. Thomas in den Wirrſalen
der Gegenwart, in dem Kampfe des chriſtlichen und des ma=
terialiſtiſchen Princips, wie er die Gegenwart erſchüttert, von
ſo fundamentaler Bedeutung, weil Vernunft und Offen=
barung, Philoſophie und Theologie in meiſter=
hafter Weiſe in ſeinem Lehrgebäude verknüpft
ſind[2]. In dieſem Arſenal liegen die Waffen bereit, die den
Feind der geſellſchaftlichen Ordnung niederſtrecken, den Schwan=
kenden und Zweifelnden aber ſchirmen ſollen. Deshalb be=
friedigt er auch in gleicher Weiſe den Laien wie den Theologen.
Rudolf von Jhering, ein gewiß unverdächtiger Zeuge,
ſpendet ihm in ſeinem Werke „Der Zweck im Recht" hohes
Lob; er bezeugt, „daß dieſer große Geiſt das realiſtiſch=prak=
tiſche und geſellſchaftliche Moment des Sittlichen ebenſo
wie das hiſtoriſche bereits vollkommen richtig erkannt hat"[3].
Dieſes Zeugniß iſt um ſo werthvoller, als der genannte Inter=
pret des römiſchen Rechtes gerade deſſen bedenkliche Auffaſſung
vom Eigenthum, ſeine Verkennung der geſellſchaftlichen Bedeu=
tung des Privateigenthums, ſowie die traurigen Folgen, welche
dieſe Verkennung in der ſocialen Geſchichte Roms nach ſich
zog, unumwunden zugeſtand[4]. Es krankt aber unſere Zeit an

---

[1] Kautz, Theorie und Geſchichte der Nationalökonomie. 2 Bde.
II (Wien 1858), 213: „Hier iſt jedoch ein eigenthümlicher Zug
ſeiner Eigenthumstheorie zu beachten, indem er (Thomas) näher
nachzuweiſen unternimmt, daß dem Einzelnen über das Eigenthum
keine unbedingte excluſive Gewalt zukomme, ſondern damit die Dürf=
tigen und die Armen zu unterſtützen habe."

[2] Das anerkennt ſelbſt H. v. Sybel, wenn auch in gehäſſiger
Form (Sybels Hiſtor. Zeitſchrift, 17. Jahrg. [1875], 1. Heft S. 355).

[3] R. v. Jhering, Der Zweck im Recht. 2 Bde. II (Leipzig
1886), 116 Note 2.

[4] „In keinem andern Recht iſt wohl der reine Eigenthumsbegriff,

denſelben ſocialen Mißſtänden wie das alte Rom; die Kennt=
niß der thomiſtiſchen Lehre kann daher nur nußbringend ſein.

Von ſeiten des kirchlichen Lehramtes vollends
wird der Staats= und Geſellſchaftslehre des hl. Thomas, ins=
beſondere ſeiner Lehre vom Eigenthum, die größte Be=
deutung zuerkannt.

In der Encyklika „Rerum novarum“ vom 15. Mai
1891 hat der Papſt die Nothwendigkeit des Privateigenthums
mit einer Entſchiedenheit betont, wie es die höchſte kirchliche
Autorität nie zuvor gethan. Er hat ſich nicht damit begnügt,
als oberſter Lehrer der Menſchen den Saß von der Heiligkeit
und Unantaſtbarkeit des Privateigenthums auszuſprechen; als
chriſtlicher Philoſoph hat er auch die Gründe für die Be=
rechtigung des Privateigenthums, und zwar an
der Hand des hl. Thomas, entwickelt[1].

---

b. h. der Gedanke der abſoluten Herrſchaft über die Sache,
mit ſolcher Conſequenz durchgeführt als im ältern römiſchen“ (Jhe=
ring, Geiſt des römiſchen Rechtes II [Leipzig 1854], 152). „Von
alters her gab es in den römiſchen Zuſtänden einen höchſt bedenk=
lichen Punkt; vielleicht läßt er ſich geradezu als der Todeskeim be=
zeichnen, an dem Rom ſpäter zu Grunde gegangen iſt. Es war dies
die ſchadhafte Geſtaltung des Syſtems der Gütervertheilung und Ver=
mögenscirculation. Die Ungleichheit in der Vertheilung der Güter
iſt das unausbleibliche Reſultat des freien Verkehrs, und vermöge der
Anziehungskraft, die das größere Vermögen auf das kleinere ausübt,
wiederholt ſich überall die Erſcheinung, daß das Vermögen vorzugs=
weiſe zu den Theilen hinſtrömt, an denen es ſich bereits in größern
Maſſen angeſammelt hat. In Rom war aber dieſer Andrang nach
einzelnen Theilen durch eigenthümliche Verhältniſſe in ungewöhnlicher
Weiſe geſteigert und umgekehrt das Rückſtrömen in die entblößten
Theile äußerſt erſchwert“ (a. a. O. S. 242; vgl. S. 243—253). Weiß
O. Pr., Sociale Frage und ſociale Ordnung. 2 Bde. (Bd. IV[1] und
Bd. IV[2] der Apologie.) I (Freiburg i. Br. 1892), 288. Pruner,
Die Lehre vom Rechte. 2 Bde. I (Regensburg 1857), 252. A. Samter,
Das Eigenthum in ſeiner ſocialen Bedeutung (Jena 1879) S. 27. 124.

[1] Dr. J. Thill, Die Eigenthumsfrage im klaſſiſchen Alterthum
(Luxemburg 1892) S. 24.

Trotz aller Vorzüge der thomistischen Eigenthumslehre dürfen wir aber bei Thomas keine erschöpfende Darstellung der Eigenthumsfrage erwarten. Der heilige Lehrer hat sie nicht ex professo behandelt, sondern „nur ganz nebenbei aufgeworfen, da wo im Systeme der speciellen Moral die Frage auf Raub und Diebstahl kommt. Man vermißt vorzüglich ein Doppeltes, einmal die überaus wichtige Unterscheidung zwischen den Gegenständen des unmittelbaren Gebrauches und den Mitteln der wirtschaftlichen Production, und sodann die geschichtliche Ergänzung der ganz abstract gehaltenen Betrachtung. Die letztere zeigt, daß jenen beiden unterschiedenen Gruppen von Gütern gegenüber der Eigenthumsbegriff sich verschieden entwickelt hat" [1].

Im allgemeinen läßt sich sagen, wir haben eine mehr im Grundrisse angelegte als allseitig ausgebildete Lehre vor uns; wir finden bei Thomas nur die P r i n c i p i e n, die einer sowohl dem Christenthum als einer gesunden Philosophie entsprechenden Auffassung des Eigenthums zu Grunde gelegt werden müssen.

---

[1] v. H e r t l i n g, Zur Beantwortung der Göttinger Jubiläumsrede (Münster und Paderborn 1887) S. 16. Wir vermissen bei Thomas auch eine Definition des Eigenthumsrechtes; deswegen ist wohl anzunehmen, daß er dasselbe, wie die übrigen Theologen, bestimmt „als das vollkommene Verfügungsrecht über eine körperliche Sache innerhalb der gesetzlichen Schranken". Die sociale Frage beleuchtet durch die Stimmen aus Maria-Laach, 5. Heft: C a t h r e i n S. J., Das Privatgrundeigenthum und seine Gegner (Freiburg 1892) S. 59. Vgl. auch C a t h r e i n, Moralphilosophie. 2 Bde. I (Freib. 1890 u. 1891), 434.

Erstes Kapitel.
Lehre des hl. Thomas vom Eigenthum.

§ 1.

Ursprung und Zweck des Eigenthumsrechtes.

Die Eigenthumslehre des hl. Thomas fügt sich als ein Glied organisch in seine ganze Weltanschauung ein, welche die theistisch-christliche ist. Gott ist Ursprung und Ziel alles Seienden. Die ganze Schöpfung verdankt dem göttlichen Willen ihr Dasein und ist auch wieder auf Gott als ihr letztes Ziel hingerichtet.

Damit ist auch Ursprung und Zweck des Eigenthums gegeben.

I.

Gott hat die Dinge ins Dasein gerufen; deswegen stehen sie ihm gegenüber im Verhältniß unbedingter Abhängigkeit; er ist in Wahrheit ihr Herr[1].

Aber Gott hat die Dinge nicht seinetwegen geschaffen, da er, sich selbst vollkommen genügend, ihrer nicht bedarf; sie stehen überhaupt, was ihr Ziel anlangt, nicht in unmittelbarer Beziehung zu ihm; denn im göttlichen Weltplan sind diejenigen

---

[1] S. th. 1, q. 13, a. 7 ad 5: Ad quintum dicendum, quod cum ea ratione referatur Deus ad creaturam, qua creatura refertur ad ipsum, cum relatio subiectionis realiter sit in creatura; sequitur, quod Deus non secundum rationem tantum, sed *realiter sit Dominus*. Eo enim modo dicitur Dominus, quo creatura ei subiecta est *Costa-Rossetti*, Synopsis Philosophiae moralis (Oeniponte 1883) p. 343.

Geschöpfe, die auf einer niedrigern Rangstufe stehen, um der
auf einer höhern Stufe stehenden Wesen willen da [1]. Die Krone
der sichtbaren Schöpfung aber ist der Mensch. Um deswillen
hat Gott das Eigenthum an den äußern Dingen dem Menschen
übertragen, soweit es einerseits mit seinem göttlichen Wesen
verträglich, andererseits für den Menschen erforderlich war; er
hat also sowohl seine Würde als Schöpfer und Herr aller
Dinge gewahrt, als auch den Bedürfnissen des Menschen Rechnung getragen. Denn — wie Thomas unterscheidet — bei den
äußern Dingen kommt ein Doppeltes in Betracht: ihre Wesenheit und ihr Gebrauch; über die erstere hat der Mensch
keine Macht, sondern Gott allein, „cui omnia ad nutum
oboediunt“. Das Eigenthum an den äußern Dingen dagegen,
soweit ihr Gebrauch in Betracht kommt, hat Gott dem Menschen übertragen [2], und dementsprechend hat er auch die menschliche Natur eingerichtet, indem die Vernunft den Nutzen der
äußern Güter erkennt, der Wille aber die Entscheidung trifft
hinsichtlich ihres Gebrauches [3].

Damit ist auch der Einwurf erledigt: „Gott gehört alles,
und deßhalb kann der Mensch nichts zu eigen haben“ [4]; denn
auf Grund jener Unterscheidung findet Thomas das göttliche
Eigenthumsrecht mit dem menschlichen gar wohl vereinbar.

---

[1] 2, 2, q. 66, a. 1 c: Semper enim imperfectiora sunt propter
perfectiora.

[2] Ibid.: Respondeo dicendum, quod res exterior potest dupli-
citer considerari: uno modo quantum ad eius *naturam*, quae non
subiacet humanae potestati, sed *solum divinae*, cui omnia ad nutum
oboediunt; alio modo quantum *ad usum* ipsius rei; et sic habet
homo naturale dominium exteriorum rerum. Christl.=sociale Blätter
1882, S. 743. Weiß a. a. O. I, 279.

[3] Ibid.: Quia per *rationem et voluntatem* potest uti rebus exterioribus ad suam utilitatem, quasi propter se factis.

[4] Ibid. 1: Videtur, quod non sit naturalis homini possessio
exteriorum rerum. Nullus enim debet sibi attribuere, quod Dei
est . . .

Aus der gleichen Unterscheidung wird auch klar, in welchem
Verhältniß beide Rechte zu einander stehen. Es ist ja selbst=
verständlich, daß das Recht des Schöpfers über seine Creatur
die Summe aller nur möglichen Befugnisse ist ohne jede Ein=
schränkung. Deshalb verhält sich auch das Recht Gottes zu
dem des Menschen — in einem naheliegenden Vergleich aus=
gedrückt — wie das des Obereigenthümers [1] zu dem des Lehens=
trägers, der seinem Herrn verantwortlich bleibt und mit dem
Recht zugleich auch Pflichten übernommen hat.

Großartig kommt also schon in der Frage nach dem Ur=
sprung des menschlichen Eigenthumsrechtes die christliche Welt=
anschauung des hl. Thomas zum Ausdruck. Es ist nicht
der Staat, nicht der Vertrag der aus dem Natur=
zustande zur bürgerlichen Gesellschaft zusammengetretenen Men=
schen, der das Eigenthumsrecht schafft, sondern der Wille des
höchsten Gesetzgebers.

II.

Im engsten Zusammenhang mit der Frage nach dem Ur=
sprung des Eigenthumsrechtes steht die nach seinem Zwecke.
Gott mußte als das vernünftigste Wesen auch bei Uebertragung
dieses Rechtes an den Menschen einen vernünftigen Zweck ver=
folgen. Wozu sollte es der Mensch gebrauchen? Entsprechend
dem im Menschen vorhandenen Dualismus von Geist und
Materie hat das Eigenthumsrecht an den äußern Gütern die
zweifache Aufgabe, der Erhaltung der körperlichen [2]
und der Entfaltung der geistigen Kräfte des Men=
schen zu dienen.

---

[1] Ibid. ad 1: Ad primum ergo dicendum, quod Deus habet
principale dominium omnium rerum . . .

[2] Ibid.: Et ipse (sc. Deus) secundum suam providentiam or=
dinavit quasdam res *ad corporalem hominis sustentationem.* Costa-
Rossetti l. c. p. 337 sq.

1**

Es war Gottes Wille, daß der Mensch leibliche Bedürf=
nisse habe. Deshalb mußte er auch die Mittel wollen, welche
den Menschen befähigen, diese Bedürfnisse zu befriedigen. Gott
hätte ja sonst den Menschen bedürfnißlos schaffen müssen und
wäre dazu auch im stande gewesen. Er hat aber gewollt, daß
in dieser Bedürfnißbefriedigung nicht bloß die Erhaltung des
leiblichen Lebens, sondern eine Förderung des ganzen
Menschen, nach seiner physischen und intellec=
tuellen Seite, durch die Arbeit sich vollziehe.

In der Schrift De regimine principum (I, 1) stellt
Thomas den Satz auf: Societas tanto perfectior est, quanto
magis per se sufficit ad necessaria vitae, was nur durch
eifrige Thätigkeit ermöglicht wird. Thomas verwirft ferner
den Irrthum, Gott habe uns alle Sorge um Erwerb des Lebens=
unterhaltes verboten, als eine Meinung, die man weder mög=
licher= noch vernünftigerweise befolgen kann. Der Mensch, aus
Leib und Seele zusammengesetzt, muß zufolge göttlicher An=
ordnung auf der einen Seite die körperliche Thätigkeit
üben, auf der andern darf er die Geistesthätigkeit
nicht übersehen. Die Unterlassung der Erwerbsthätigkeit ist
gleichbedeutend mit Vernachläßigung des Lebens nach der leib=
lichen wie geistigen Seite hin [1].

Die Handarbeit, unter welcher Thomas in einem weitern
Sinn jede Art des erlaubten Erwerbes versteht [2], hat einen vier=
fachen Zweck. In erster Linie dient sie zum Erwerb des
Lebensunterhaltes. Daher ist sie für den, welcher nichts

---

[1] *Summa contra gentiles* (Venetiis 1753) lib. 3, c. 135: ... Deus
enim unicuique rei ordinavit actiones secundum proprietatem suae
naturae. Homo autem ex spirituali et corporali natura conditus
est. Necessarium est igitur secundum divinam ordinationem, ut
corporales actiones exerceat et spirituales intendat ...

[2] 2, 2, q. 187, a. 3 c: ... Sciendum tamen, quod sub opere
manuali intelliguntur omnia humana officia, ex quibus homines
licite victum lucrantur, sive manibus, sive pedibus, sive lingua fiat.

zu leben hat, (de praecepto) nothwendig; ferner zur Be=
seitigung des Müßigganges, der Quelle vieler Laster, und
zur Abtödtung, aber nicht de praecepto, weil diese Zwecke auch
auf anderem Wege erreicht werden können, durch Betrachtung,
Fasten und Nachtwachen; endlich ist sie nothwendig, um das
pflichtmäßige Almosen geben zu können (de praecepto)[1].

Ist so die Arbeit strenge Pflicht des Menschen, weil
Grundbedingung seiner Erhaltung und seiner körperlichen und
geistigen Entwicklung, so muß sie auch ein Object haben,
an dem sie sich bethätigen kann; denn da die mensch=
liche Thätigkeit sich nicht mit dem Nichts beschäftigen kann,
so bedarf sie der körperlichen Gegenstände, an denen sich die
menschliche Kraft versuchen und entwickeln kann; der Geist
bedarf der Materie, um seine Idee zu verwirklichen. Deswegen
mußte Gott mit dem Gebot der Arbeit der Menschheit
auch das Recht geben, sich die Dinge der äußern
Natur anzueignen, oder das Eigenthumsrecht[2].

---

[1] 2, 2, q. 187, a. 3 c: Respondeo dicendum, quod labor manualis ad quatuor ordinatur. Primo quidem et principaliter ad
victum quaerendum . . . Secundo ordinatur ad tollendum otium,
ex quo multa mala oriuntur . . . Tertio ordinatur ad concupiscentiae refrenationem, inquantum per hoc maceratur corpus . . .
Quarto autem ordinatur ad eleemosynas faciendas . . . Secundum
ergo quod labor manualis ordinatur ad victum quaerendum, cadit
sub necessitate praecepti . . . Et ideo qui non habet aliunde, unde
vivere possit, tenetur manibus operari . . . Secundum autem quod
opus manuale ordinatur ad otium tollendum vel ad corporis mace-
rationem, non cadit sub necessitate praecepti secundum se consi-
deratum, quia multis aliis modis potest vel caro macerari vel etiam
otium tolli quam per opus manuale . . . Inquantum vero opus
manuale ordinatur ad eleemosynas faciendas, non cadit sub necessitate praecepti, nisi forte in aliquo casu, in quo ex necessitate
aliquis eleemosynas facere teneretur.

[2] Christlich=sociale Blätter 1888, S. 97. Ratzinger, Volks=
wirthschaft (Freiburg 1881) S. 52. Hitze, Kapital und Arbeit
(Paderborn 1880) S. 102.

Dies gilt von der Menschheit im paradiesischen Zustande so gut wie von der gefallenen. Denn auch im Garten der Wonne hätte der Mensch gearbeitet, freilich nicht aus Nothwendigkeit, nicht niedergedrückt von der Last der Arbeit, sondern freiwillig und freudig; denn die Arbeit war damals eine Quelle des Genusses; ihren bittern Beigeschmack bekam sie erst durch die Sünde [1].

Erst indem so die äußere Natur in das Eigenthum des Menschen übergeht und ihm als Mittel zu seiner Erhaltung und Entwicklung dient, tritt sie in Rückbeziehung zu Gott. Die ganze Schöpfung ist angelegt für den Menschen, wie der Mensch für Gott. Der Makrokosmos findet im Mikrokosmos sein nächstes Ziel [2].

§ 2.

Berechtigung des Privateigenthums.

I. **Widerlegung des Einwandes: Alles ist von Natur gemeinsam.**

Nachdem der hl. Thomas das Recht der Menschheit, sich der äußern Natur zu ihrer Erhaltung und Entwicklung zu bedienen, als ein dem göttlichen Willen entstammendes, in der ganzen Schöpfung, in der Weltstellung und in den Bedürfnissen des Menschen begründetes Recht nachgewiesen hat [3], kommt er auf die concrete Gestaltung dieses Rechtes in der Welt zu reden. Rein begrifflich läßt sich eine doppelte Ordnung der Güterwelt als möglich erweisen [4]. Es könnte,

---

[1] 1, q. 102, a. 3 c: Nec tamen illa operatio esset laboriosa sicut post peccatum, sed fuisset iucunda propter experientiam virtutis naturae.

[2] Hitze a. a. O. S. 102. — 2, 2, q. 66, a. 1 c: Semper enim imperfectiora sunt propter perfectiora. 1, q. 96, a. 1 et 2. Pruner a. a. O. S. 230 f.

[3] Der ganze Artikel I der q. 66 der theologischen Summe hat diese Aufgabe.

[4] Cathrein, Moralphilosophie II, 231.

an und für sich betrachtet, der Zweck des Eigenthums, die
Erhaltung und Entwicklung der Menschheit, sowohl bei Ge=
meineigenthum als bei Privateigenthum verwirklicht werden.
Auch ließe sich ein idealer Zustand denken, in welchem der
Einzelne das Erarbeitete an die Gemeinschaft abliefert. Aber das
thatsächliche Vorherrschen des Sonderbesitzes — worin schon ein
Beweis wenigstens dafür liegt, daß Privateigenthum der mensch=
lichen Natur mehr zusagt [1] — veranlaßt Thomas, eine Unter=
suchung über die Berechtigung des Privateigenthums anzustellen.
Das Ergebniß derselben ist, daß Privatbesitz nicht nur erlaubt,
sondern für die Menschen, wie sie thatsächlich sind, einfach
eine Nothwendigkeit ist [2]. Seine Theorie leitet das Eigen=
thum nicht aus dem abstracten Begriff der menschlichen Per=
sönlichkeit oder der Natur der Eigenthumsgegenstände ab [3],
sondern aus der durchschnittlichen Nothwendigkeit desselben für
die gedeihliche Entwicklung sowohl der einzelnen Personen als
der gesamten menschlichen Gesellschaft. Ihr Ausgangspunkt
ist die menschliche Natur, wie sie in der Wirklichkeit
ist und wie wir sie aus der Erfahrung kennen, mit all
den guten und bösen Neigungen, welche die große Masse der
Menschen durchschnittlich an den Tag legt [4]. Die Einwirkung,
welche die Erbsünde auf die menschliche Natur wie auf
die ganze sichtbare Welt ausgeübt, hat somit Thomas wohl
berücksichtigt.

Der Sinn dieser Theorie ist aber nicht der, als müsse
ausschließlich Privateigenthum oder gar ausschließlich
individuelles Privateigenthum existiren. Auch moralische Per=
sonen, die Familie, der Staat, die Kirche können Eigenthum

---

[1] Cathrein a. a. O. II, 232.

[2] 2, 2, q. 66, a. 2 c: Est enim necessarium ad humanam vitam
propter tria (scil. quod homo propria possideat).

[3] 2, 2, q. 57, a. 3 c: Si enim consideretur iste ager absolute,
non habet, unde magis sit huius quam illius.

[4] Cathrein a. a. O. II, 227.

besitzen [1]. Nothwendig ist nur, daß auch genügend Privat=
eigenthum vorhanden ist.

Der gewöhnlichste Einwurf, der gegen die Institution des
Privateigenthums erhoben wird, behauptet, dieselbe verstoße
gegen das Naturrecht, demzufolge den Menschen alles ge=
meinsam zugehören solle. Damit aber sei das Privat=
eigenthum unverträglich. Diesen gegen das Eigenthum miß=
brauchten Satz weist Thomas nicht ohne weiteres von sich,
sondern macht den wahren, rein negativen Sinn [2] desselben
klar. Im Naturrecht ist durchaus nicht die Forderung ent=
halten, es solle lediglich der Communismus berechtigt sein,
sondern es ist in demselben bezüglich der Gütervertheilung
überhaupt keine directe Forderung zu finden [3]. Nicht die
Natur oder der Urheber derselben hat den einzelnen Menschen
unmittelbar in eine bestimmte Gütersphäre eingewiesen, so
daß das concrete Eigenthum an bestimmten Sachen ein natür=
liches oder gar direct von Gott gewolltes Recht wäre, sondern
dieses beruht mehr auf menschlicher Veranstaltung. Alles ist
für den Menschen als *genus* geschaffen. Gott hatte
bei der Schöpfung die ganze Menschheit im Auge, und ihr
wies er die Erde zu [4]. Jeder Mensch hat somit das Recht,
von den zum Gebrauche Aller bestimmten Gütern für seinen Be=

---

[1] Cathrein a. a. O. II, 227. S. den Abschnitt „Berechtigung
des Collectiveigenthums“, § 10 dieser Arbeit.

[2] *Costa-Rossetti* l. c. p. 334 sqq. Thes. 123. Liberatore,
Grundsätze der Volkswirtschaft. Aus dem Italienischen übersetzt von
Franz Graf von Kuefstein. Innsbruck 1891. S. 184.

[3] 2, 2, q. 66, a. 2 ad 1: Ad primum dicendum, quod communitas rerum attribuitur iuri naturali, non quia ius naturale
dictet omnia esse possidenda communiter, et nihil esse quasi
proprium; sed quia *secundum ius naturale non est distinctio possessionum*, sed magis secundum humanum condictum, quod pertinet
ad ius positivum.

[4] Hitze a. a. O. S. 112 f. Auch Thomas spricht q. 66, a. 1 c
von dem Menschen als Gattungsbegriff.

darf zu erwerben. Dieses Erwerbsrecht jedes Menschen, auch
abstractes Eigenthumsrecht genannt, ist — wie im vorigen Ab=
schnitte gezeigt wurde — direct von Gott gewollt; es ist eben
das von Gott, dem das dominium principale zusteht, dem
Menschen übertragene Recht des Gebrauches der Erdengüter.

Dieses Recht hat jedoch gewisse Schranken. Da es jeder
einzelne Mensch besitzt, weil ein jeder Bedürfnisse zu be=
friedigen hat, so muß das einmal concret gewordene Recht
jeden andern Anspruch ausschließen; andernfalls wäre es illu=
sorisch. Das Erwerbsrecht wird durch das erworbene Recht
des Nächsten gebunden, gleichsam latent. Sobald aber das
erworbene Recht desselben erlischt, sei es durch freiwilligen
Verzicht, sei es durch factische Erledigung, wird das erwer=
bende Recht wieder realisirbar. Deswegen hat der factische
Eigenthümer nicht das Recht, die Gaben der Natur willkürlich
zu verderben oder zu vernichten, weil er dadurch das abstracte
Eigenthumsrecht seiner Mitmenschen schädigt. Der Eigenthümer
hat nach Thomas von Gott lediglich das Recht des Ge=
brauches erhalten [1], welches freilich, wo es nöthig ist, auch
den Verbrauch gestattet.

Dieses dem Menschen natürliche, d. h. von Gott un=
mittelbar im Naturgesetz begründete Recht aller
Menschen, die Güter der Erde zur Befriedigung
der Bedürfnisse sich anzueignen, läßt sich an und
für sich verwirklichen sowohl bei Gemein= als bei Privateigen=
thum [2]. Es müssen nur stets die individuellen Verzehrgüter
auch individuell angeeignet werden können, wenigstens in und
mit dem Augenblick des Verzehrens [3]. Deswegen sagt auch

---

[1] 2, 2, q. 66, a. 1 c: . . . quantum ad *usum;* et sic habet homo
naturale dominium exteriorum bonorum. Hiße a. a. O. S. 112.

[2] v. Hertling a. a. O. S. 14. Vgl. Dr. Val. Mayer,
Das Eigenthum nach den verschiedenen Weltanschauungen (Freiburg
1871) S. 1.

[3] Hiße a. a. O. S. 114. Ratzinger a. a. O. S. 366.

Thomas: Secundum ius naturale non est distinctio possessionum; aber ebensowenig verlange auch das Naturrecht Gemeineigenthum: Non quia ius naturale dictet omnia esse possidenda communiter[1]. Damit ist aber auch der Beweis erbracht, daß der von den Gegnern des Privatbesitzes angezogene Satz: Alles ist von Natur gemeinsam, nur irrigerweise zu Gunsten des Communismus gedeutet werde; der Angriff auf das Privateigenthum ist abgewiesen.

II. Das Privateigenthum ist eine Folgerung aus dem natürlichen Rechte.

Wenn demnach im Naturrecht keine directe Forderung bezüglich einer bestimmten Güterordnung sich findet, so scheint es, daß das Privateigenthum eine rein menschliche Institution ist. Damit wäre sie aber auf einen recht unsichern Boden gestellt. Und wirklich hat auch Thomas den Einfluß des Menschen auf das Entstehen und Bestehen desselben nicht verkannt. Aber dieser genügte ihm nicht, sondern menschliche Freiheit und göttliche Weltordnung sind hier nach thomistischer Lehre zusammen thätig: nicht Gott allein; denn sonst wäre die freie vernünftige Creatur zu einer Institution gezwungen, die vielleicht gerade deshalb trotz ihrer anderweitigen Vortheile für den Menschen als hart und unerträglich erschiene. Aber noch viel weniger der Mensch allein; denn sonst wäre ihr Bestand zu wenig gesichert[2]; was ist veränderlicher als menschliche Meinung? So aber hat Thomas göttliche Weisheit und Vorsehung und menschliche Freiheit zu ihrem Rechte gelangen lassen und hat damit in gleicher Weise die Vortrefflichkeit und Dauerhaftigkeit des Eigenthums, sowie seine Uebereinstimmung mit der menschlichen Natur erwiesen.

---

[1] 2, 2, q. 66, a. 2 ad 1.
[2] v. Ketteler, Arbeiterfrage und Christenthum (Mainz 1866) S. 64.

Gott hat dem Menschen, dem Einzelnen wie der Gesamt=
heit, gewisse Zwecke gesetzt, die überhaupt nur oder wenigstens
besser bei Privateigenthum erreicht werden können[1]. Er hat
somit dasselbe gewollt, auch wenn im Naturrecht keine aus=
drückliche Vorschrift sich findet. Der Mensch seinerseits erkennt
mittelst seiner Vernunft, daß er bestimmte Aufgaben auf dieser
Welt zu erfüllen habe, um zu seinem letzten Ziele zu gelangen;
er erkennt weiter, daß ihm dazu Privatbesitz nothwendig ist,
weil er sonst entweder gar nicht oder nur viel schwerer den
im Naturgesetze enthaltenen Pflichten zu genügen vermag; durch
Schlußfolgerung aus dem natürlichen Rechte ge=
langt er also dazu, die Nothwendigkeit des Privateigenthums
einzusehen. Mit Bezug auf diese Vernunftthätigkeit kann
also Thomas sagen, daß die Sonderung des Eigenthums nicht
auf ein ausdrückliches Gebot des Naturrechtes zurückzuführen
sei, sondern mehr auf menschlicher Anordnung beruhe,
weil die menschliche Vernunft die Unentbehrlichkeit derselben
eingesehen und gleichsam einen Zusatz zum Naturrecht hinzu=
gefügt hat[2], indem sie die Folgerungen aus demselben ge=
zogen hat[3].

---

[1] v. Hertling a. a. O. S. 13.

[2] 2, 2, q. 66, a. 2 ad 1: ... secundum ius naturale non
est distinctio possessionum, sed magis secundum humanum condictum, quod pertinet ad ius positivum, ut supra dictum est (q. 57,
a. 2 et 3). Unde proprietas possessionum non est contra ius naturale, sed iuri naturali superadditur per adinventionem rationis
humanae. Seinen Grundzügen nach ist das Naturrecht unveränderlich.
Es kann durch das menschliche Gesetz nur Zusätze erhalten, die aber mit
keiner naturrechtlichen Forderung im Widerspruch stehen dürfen. Die
Einführung des Privateigenthums ist ein solcher Zusatz; er steht mit
keiner Forderung des Naturrechts im Gegensatz; nirgends sagt dieses,
es müsse Gemeineigenthum bestehen, wie auch die Kleidung dem natür=
lichen Recht nicht widerstreitet, obwohl der Mensch von Natur nackt
ist (1, 2, q. 94 ad 3. Rietter a. a. O. S. 250).

[3] 2, 2, q. 57, a. 3 c: ... aliquid est naturaliter alteri commen-

Welches sind nun die Gründe, um derentwillen Privat=
eigenthum bestehen muß? Thomas entnimmt sie der Politik des
Aristoteles (Lib. II, cap. 5): Das Privateigenthum gibt allein
einen genügenden Antrieb zur Arbeit; es allein vermag
die gesellschaftliche Ordnung dauernd zu begründen;
und endlich ist es mehr geeignet, den Frieden unter den
Menschen aufrecht zu erhalten[1]. Der erste Grund stützt sich
auf die sonst eintretende Sorglosigkeit und Trägheit des Men=
schen, der dritte auf den Egoismus und den daraus entstehen=
den Unfrieden, beide also auf sündhafte Neigungen der
menschlichen Natur; der zweite aber auf die erforderliche
Ordnung in der Arbeit, ein Grund, der auch, ab=
gesehen von der Sündhaftigkeit der menschlichen
Natur, Geltung hat[2].

**A. Nur bei Privateigenthum besitzt der Mensch einen
genügenden Sporn zur Arbeit[3].**

Indem Gott dem Menschen seine hohen Anlagen schenkte,
gab er ihm das Recht und die Pflicht, sie zu gebrauchen,
d. h. zu arbeiten. Es ist bereits gezeigt worden, daß nach
der Lehre des hl. Thomas die Arbeit eine Pflicht des Menschen
ist, weil sie eine Existenzbedingung des Menschen, die Grund=
lage seines physischen, intellectuellen und moralischen Wohl=
ergehens, der Hebel seiner Vervollkommnung ist. Die mensch=

---

suratum, . . . secundum aliquid, quod ex ipso *sequitur, puta proprietas possessionum.* Vgl. auch Christl.=sociale Blätter 1884, S. 517.

[1] Cathrein a. a. O. II, 253. — Thomas hat zwar nicht aus
der Geschichte den Beweis geführt, daß Privateigenthum zu allen
Zeiten bestanden hat und deswegen nothwendig sei; aber indirect doch,
weil seine Argumentation sich auf die menschliche Natur gründet, welche
immer die gleiche ist.

[2] 2, 2, q. 66, a. 2 c. Christl.=sociale Blätter 1884, S. 517.

[3] Ibid.: Magis sollicitus est unusquisque ad procurandum aliquid, quod sibi soli competit, quam id, quod est commune omnium
vel multorum; quia unusquisque laborem fugiens relinquit alteri id,
quod pertinet ad commune, sicut accidit in multitudine ministrorum.

liche Thätigkeit aber kann sich weder mit dem Nichts
noch mit allen Gegenständen auf einmal beschäftigen.
Die zielbewußte Hinwendung der Kräfte auf einen bestimmten
Gegenstand ist nichts als die Fähigkeit des Menschen, sich die
Dinge zum Gebrauche herzurichten, sich dieselben anzueignen.
Weil der Mensch als vernünftig=freies Wesen Herr seiner Fähig=
keiten ist[1], so ist das von ihm durch dieselben Erzeugte in
Wahrheit die Frucht seiner Arbeit; es ist ihm eigen wie seine
Fähigkeiten und Thätigkeiten selbst. Der Mensch kann also
durch Arbeit Eigenthum und zwar privates Eigenthum er=
werben, nicht bloß einzig zur Befriedigung seiner Bedürfnisse,
sondern auch um zu arbeiten und sich zu vervollkommnen,
also auch über das Niveau des Lebensunterhaltes hinaus. Aber
nur die Aussicht auf dauerndes Privateigenthum vermag den
der großen Masse angeborenen Hang zur Trägheit zu über=
winden und sie zu jener ernsten, andauernden Arbeit anzu=
spornen, welche erforderlich ist, um der Erde die nothwendigen
Existenzmittel abzuringen. Dieser Antrieb zur Arbeit aber
kommt in Wegfall, wenn keine Aussicht auf den Erwerb von
Privateigenthum besteht. Bei communistischer Gesellschafts=
ordnung hat keiner ein Interesse, sich besonders zu rühren;
einer wird sich auf den andern verlassen, „wie es bei einer
zahlreichen Dienerschaft geschieht“. Die Folge wäre dann,
daß die Gesellschaft am Nothwendigen Mangel litte[2].

Während die Gaben der Natur, welche als Stoff und
Kraft für die Erzeugung von Gütern und als Mittel der
Bedürfnißbefriedigung dienen, nur in beschränktem Maße vor=
handen sind, strebt die Menschheit nach steter Vermehrung[3].

---

[1] Christlich=sociale Blätter 1888, S. 97. — 1, 2, q. 1, a. 1 c:
... Differt autem homo ab aliis irrationabilibus creaturis in hoc,
quod est suorum actuum dominus.

[2] Staatslexikon der Görres=Gesellschaft II. 517.

[3] In diesem abgeschwächten Sinne hat die Malthus'sche Bevölke=
rungstheorie Berechtigung.

Die wichtige Aufgabe beſteht nun darin, einen Zuſtand zu ſchaffen, welcher die wirtſchaftlichſte Conſumtion und die wirkſamſte Production von Gütern ermöglicht. Dieſe Aufgabe kann nur durch das Privateigenthum gelöſt werden, und dieſes iſt deshalb eine wirtſchaftliche Nothwendigkeit[1].

Privatwirtſchaft auf Grund des Sondereigenthums fördert den Fortſchritt in der Production. Bei Gemeineigenthum fehlt jedes Intereſſe, das zu Entdeckungen antreibt; oder will man etwa Entdeckungen erzwingen können? Der Erfinder hätte auch gar keine Mittel, ſeine Gedanken auszuführen, er müßte ſich erſt an die Geſamtheit wenden, die ſich, wenn nicht der Erfolg ganz offen zu Tage tritt, wohl nur ſchwer für gewagte Verſuche und eine Vermehrung der Arbeit gewinnen läßt[2].

Ein nennenswerther Culturfortſchritt iſt meiſt bedingt durch ein Zuſammenwirken vieler zu großen und weitausſchauenden Unternehmungen. Dazu iſt nothwendig, daß eine zahlreiche Klaſſe mehr als ein ſtandesgemäßes Auskommen beſitzt und zugleich durch den eigenen Vortheil angetrieben wird, zum Beſten der Geſellſchaft ſolche oft gefährliche Unternehmungen zu wagen. Da iſt es häufig das große Kapital, dem die großen Fortſchritte in Handel und Induſtrie, aber auch, wenig= ſtens indirect, auf den geiſtigen Gebieten der Wiſſenſchaft und Kunſt zu danken ſind[3].

Schon Ariſtoteles (Polit. lib. II, c. 5), dem ſich hier Tho= mas in ſeinem Commentar anſchließt, hat erkannt, daß Privat= eigenthum wie die Arbeit ſo auch die Sparſamkeit und damit die wirtſchaftlichſte Conſumtion fördert[4]. Soll der

---

[1] Ratzinger a. a. O. S. 81—82.

[2] Cathrein, Der Socialismus, 5. Aufl. (Freiburg 1892) S. 149—152; 6. Aufl. (Freiburg 1894) S. 187—189.

[3] Cathrein, Moralphiloſophie II, 235. Périn, Der Reich= thum in der chriſtlichen Geſellſchaft. 2 Bde. I (Regensburg 1866. 1868), 254 ff. 343 ff.

[4] S. Commentar des hl. Thomas zur „Politik" des Ariſtoteles.

Arbeiter zur Sparsamkeit angeregt werden, so muß er auch
die Gewißheit haben, daß das Ersparte in das Privateigen=
thum übergeht. Für die Gesamtheit zu sparen, werden die
wenigsten über sich gewinnen [1].

**B. Nur das Privateigenthum vermag Ordnung und Frei=
heit in der Gesellschaft harmonisch zu vereinigen [2].**

Jede Arbeit erfordert einen gewissen Plan, die Setzung
eines bestimmten Zweckes und die Wahl der zur Ausführung
erforderlichen Mittel. Bestände nun kein Privateigenthum,
könnte also niemand vom Gebiete seiner Thätigkeit jede fremde
Einmischung zurückweisen, so wäre eine geregelte, plan=
mäßig angelegte und fortschreitende Arbeit und
damit auch der Erfolg vereitelt. Der eine würde, vielleicht
in der besten Absicht, gerade das zerstören, was der andere
anstrebt. Jede vernünftige haushälterische Benützung der Stoffe
und Werkzeuge fiele weg; an ihre Stelle träte Verschleuderung
und Verschwendung der Arbeitsmittel.

Der Mensch ist aber auch nur dann wahrhaft frei, wenn
er wenigstens bis zu einem gewissen Grade über äußere Güter
nach seinem Belieben — propria cura, sagt Thomas — ver=
fügen kann, nicht bloß über Genußgüter, sondern auch über
Arbeitsmittel; andernfalls würden alle in die größte Abhängig=
keit vom öffentlichen Gemeinwesen gerathen [3]. Wegen des Zu=

---

[1] Christl.=sociale Blätter 1891, S. 424 f. Encyklika „Rerum
nov." vom 15. Mai 1891.

[2] 2, 2, q. 66, a. 2 c: . . . alio modo (scil. necessarium est),
quia *ordinatius* res humanae tractantur, si singulis immineat *propria cura* alicuius rei procurandae; *esset autem confusio, si qui-
libet indistincte quaelibet procuraret.*

[3] Cathrein a. a. O. II, 232 f. Val. Mayer a. a. O.
S. 16. Die Entwicklung der modernen Production hat allerdings
dahin geführt, daß der weitaus größte Theil der Arbeiter den Arbeits=
mitteln nicht mehr als Herren gegenüberstehen; doch vermag diesen
Mangel das Eigeninteresse wenigstens zum Theil zu ersetzen.

sammenhangs mit der Freiheit ist das Eigenthum von größtem Einfluß auf die Charakterbildung[1].

C. Für die Erhaltung des Friedens in der Gesellschaft ist Privateigenthum nothwendig[2].

Hier hat Thomas wieder einen tief psychologischen Blick in die verderbte Natur des Menschen gethan. Auf den ober= flächlichen Beurtheiler könnte es den Eindruck machen, als ob gerade der Privatbesitz zu ungezügeltem Egoismus und wilder Streitsucht aufstachle. Gewiß hat Thomas nicht in Abrede gestellt, daß auch hier die Versuchung dazu naheliegt und daß wirklich auch Ausschreitungen vorkommen[3]. Aber mit dem Privateigenthum werden auch immer verschiedene Stände innerhalb des Gemeinwesens existiren, so daß in der Gesell= schaft das Bewußtsein der Unter= und Ueberordnung, die Achtung vor Höhergestellten, vor der Autorität lebendig bleibt, und damit der Haß gegen den Mehrbesitz keine solche Nahrung findet wie durch den alle Unterschiede nivellirenden Communismus. Der Privateigenthümer ist auch am meisten an der Aufrechterhaltung der öffentlichen Ordnung interessirt; immer ist es der besitzlose Proletarier, der aus dem Umsturz der bestehenden Ordnung für sich Gewinn erhofft. Die Be= hauptung des hl. Thomas, daß bei Gemeineigenthum kein Friede möglich sei, wird auch durch die in der Geschichte oft hervorgetretenen communistischen und socialistischen Versuche hinreichend bestätigt[4].

---

[1] Hitze, Die sociale Frage (Paderborn 1877) S. 172.

[2] 2, 2, q. 66, a. 2 c: . . . tertio (scil. necessarium est), quia per hoc **magis** *pacificus status hominum conservatur*, dum unusquisque re sua contentus est. Unde videmus, quod inter eos qui communiter et ex indiviso aliquid possident, frequentius iurgia oriuntur.

[3] Behutsam sagt Thomas, daß der Friede bei Privateigenthum mehr (magis) gewahrt werde.

[4] Semler (Geschichte des Socialismus und Communismus in Nordamerika. Leipzig 1880) berichtet von solchen mißlungenen Ver=

III. Zusammenhang des ius gentium mit dem Naturrecht.

Thomas scheint sich in einen Widerspruch verwickelt zu haben. Denn einerseits bezeichnet er das Eigenthumsrecht als Forderung des Naturrechts, andererseits rechnet er dasselbe zum ius positivum [1], das er vom ius naturale unterscheidet [2]. Die Lösung liegt in der richtigen Auffassung des sogen. ius gentium. Dasselbe nimmt nach seiner Lehre eine Mittelstellung ein zwischen dem ius naturale und dem ius civile. Das ius gentium und ius civile bilden zusammen gegenüber dem ius naturale das positive menschliche Recht [3]. Wegen dieser Lehre hat man Thomas (z. B. der amerikanische Agrar=socialist Henry George, selbst katholische Zeitschriften; vgl. auch Christl.=soc. Bl. 1877, Nr. 14) der Begünstigung socialistischer Ideen geziehen — scheinbar mit Grund; denn gehört die Eigen=thumsinstitution zum positiven menschlichen Recht, so wird sie auch die Veränderlichkeit desselben theilen und kann also nach Umständen sogar aufgehoben werden [4].

Vor allem hat das ius gentium des hl. Thomas mit dem Völkerrecht der modernen Rechtssprache, jenem internationalen Recht, das die Beziehungen der Staaten untereinander regelt und auf Vereinbarungen der Nationen beruht, nichts zu thun. Thomas hat seine Ansichten über das ius gentium den Schriften der römischen Juristen und des Aristoteles ent=nommen.

---

suchen. Ueber die Schwierigkeiten, mit welchen die socialistischen Ko=lonien neuern Datums zu kämpfen haben, s. „Der Arbeiterfreund", Zeitschrift für die Arbeiterfrage, 31. Jahrg. (Berlin 1893), 2. Heft, Artikel „Socialistische Kolonien in Nordamerika und Mexico", S. 198 ff.

[1] Ibid. ad 1 (s. S. 17).

[2] 2, 2, q. 57, a. 2: Utrum ius convenienter dividatur in ius naturale et positivum.

[3] 1, 2, q. 95, a. 4 c: ... dividitur ius positivum in ius gentium et ius civile.

[4] 1, 2, q. 97, a. 1 ad 1: ... Sed ratio humana mutabilis est et imperfecta; et ideo eius lex mutabilis est.

In der römischen Rechtsprache bedeutet ius gentium jenen
Theil des positiven Rechts, der nothwendige Vernunftforderungen
enthält und sich als Schlußfolgerung aus den allgemeinen
Rechtsgrundsätzen ableiten läßt [1]. Es gehört also quoad
principium zum positiven Recht, quoad materiam zum
Naturrecht. Ist das ius civile das specifisch römische Na-
tionalrecht, so ist das ius gentium jener Theil des römischen
Rechts, der bei allen Völkern gilt (quo omnes gentes utuntur). Es gilt nicht bloß durch staatliche Sanction, sondern
schon durch das Naturgesetz und findet sich deshalb bei allen
Völkern [2]. Bei den ältern römischen Juristen bis auf Gaius
erscheint das ius naturale als der Inbegriff sämtlicher Rechts-
normen und Institutionen, zu denen die natürliche Vernunft
unabhängig von jedem menschlichen Gebote gelangt. Was
zum ius gentium gehört, gehört inhaltlich auch zum ius naturale, aber nicht umgekehrt. Denn das ius gentium enthält nicht die allgemeinsten Rechtsgrundsätze, sondern Folgerungen aus denselben, die sich zu staatlichen Gesetzen eignen.
Erst seit Ulpian bezeichnet das ius naturale das, was der
menschlichen Natur nach ihrer animalischen Seite hin entspricht, was also dem Gegenstande nach Mensch und Thier
gemeinsam ist — quod natura omnia animalia docuit [3].
Was sich dagegen aus der Eigenthümlichkeit der menschlichen

---

[1] Philosophisches Jahrbuch Bd. II., Art „Das ius gentium im
römischen Recht und beim hl. Thomas" von Cathrein, S. 374.
Diesem Artikel (S. 374—388) sind auch die folgenden Ausführungen
entnommen.

[2] Philosophisches Jahrbuch II, 374 f. Hasbach, Die philosophischen Grundlagen der von François Quesnay und Ab. Smith
begründeten politischen Oekonomie (Leipzig 1890) S. 15. Aus
Schmollers Forschungen Bd. X. *Costa-Rossetti* l. c. p. 792 not.
L. Brentano, Die Volkswirtschaft und ihre concreten Grundlagen
(in der Zeitschrift für Social- und Wirtschaftsgeschichte. Bd. I, Heft 1
[Freiburg i. Br. und Leipzig 1893] S. 83).

[3] Hasbach a. a. O. S. 15.

Natur, sofern sie vernunftbegabt ist, ergibt und durch Schluß=
folgerungen erkannt wird, ist ius gentium.

Dieses ius gentium der römischen Juristen ist das πο-
λιτικὸν δίκαιον φυσικόν des Aristoteles. Dieser theilt nämlich das
in einem Staate geltende Recht (δίκαιον πολιτικόν) in ein na=
türliches (φυσικόν), das nothwendige Vernunftforderungen
enthält und deshalb bei allen Völkern in Geltung ist, und
ein gesetzliches (νομικόν), das bloß auf menschlicher Satzung
beruht [1].

Das ist auch die Auffassung des hl. Thomas. Er rechnet
**das *ius gentium*, wo er auf den Inhalt achtet, zum
Naturrecht; nur deswegen, weil es auch staatliche
Sanction hat, erklärt er es auch als menschliches
Recht.**

Thomas zieht im Commentar zur Nikomachischen Ethik [2] dieses
ius gentium zum ius naturale des Aristoteles, welches er in

---

[1] Ethic. Nic. V. 10, 1134 b. 18: Τοῦδε πολιτικοῦ δικαίου τὸ μὲν
φυσικόν ἐστι, τὸ δὲ νομικόν· φυσικὸν μὲν τὸ πανταχοῦ τὴν αὐτὴν ἔχον
δύναμιν καὶ οὐ τῷ δοκεῖν ἢ μή, νομικὸν δέ, ὃ ἐξ ἀρχῆς μὲν οὐδὲν διαφέρει
οὕτως ἢ ἄλλως, ὅταν δὲ θῶνται, διαφέρει κ. τ. λ.

[2] Die Benützung der Commentare des hl. Thomas bedarf einer
kurzen Rechtfertigung, weil die Kritik denselben eine ganz verschiedene
Beurtheilung widerfahren läßt. Es geht nämlich die eine Ansicht
dahin, es herrsche in denselben die strengste Objectivität, und es trete
die Person des Commentators völlig in den Hintergrund. Diese An=
sicht vertritt z. B. Nik. Thömes (Commentatio litteraria et critica
de S. Thomae Aquinatis operibus ad ecclesiasticum, politicum,
socialem statum reipublicae Christianae pertinentibus [Berol. 1874]
p. 34). Dagegen läßt sich sagen, daß eine bloß historisch=gramma=
tische Erklärung des Aristoteles gar nicht im Sinne des Mittelalters
war. Man war überzeugt, daß der Inhalt im allgemeinen richtig sei.
Wo daher Thomas mit Aristoteles nicht übereinstimmt, sagt er es
ausdrücklich. Freilich ist Thomas in seinen Commentaren objectiv
verfahren, aber doch nicht in dem Maße, daß sie deswegen ganz werth=
los wären, wenn es sich darum handelt, seine eigene Lehre kennen zu
lernen. Es finden sich überdies in den Commentaren Stellen, welche

das ius naturale und ius gentium der römiſchen Juriſten theilt.
Das ius naturale iſt jenes Geſetz, das aus der animaliſchen
Natur des Menſchen ſich ergibt; dagegen jenes Recht, das
der Menſch kraft ſeiner Vernunft erkennt, bezeichnen ſie als
ius gentium [1]. Zu dieſem ius gentium rechnet er Rechts=
ſätze, wie dem Nächſten durch Diebſtahl nichts zu entwenden.
Dieſer Satz iſt aber abgeleitet aus dem nicht mehr weiter ab=
zuleitenden Grundſatz, dem Nächſten keinen Schaden zuzufügen.
So beſteht demnach das ius gentium in nothwendigen
Schlußfolgerungen [2] aus den höchſten, von ſelbſt einleuch=
tenden Vernunftgrundſätzen, und zwar in Schlußfolgerungen,

---

entweder eine entbehrliche Digreſſion zu dem ariſtoteliſchen Texte oder
eine berichtigende Ergänzung oder eine abfällige reſp. beifällige Kritik
einzelner Lehren des Ariſtoteles enthalten. (Vgl. über dieſe Frage Hiſtor.=
polit. Blätter LXXVII, 46. J. Baumann, Die Staatslehre des
hl. Thomas von Aquin [Leipzig 1873] S. 103 ff. K. Werner, Der
hl. Thomas von Aquin. 3 Bde. I [Regensburg 1858—1859], 487;
beſonders „Katholik" 1877, 2. Hälfte, Art. von Schütz: „Ariſtoteles
und ſein Commentator Thomas von Aquin"; auch 1864, 1. Hälfte:
„Ariſtoteles und ſein Commentator Thomas von Aquin".)

[1] *Comment. in Ethic.* V, 1. 12: Iustum naturale est, ad quod
hominem natura inclinat. Attenditur autem in homine duplex natura. Una quidem, secundum quod est animal, quae sibi et aliis
animalibus est communis. Alia autem natura est hominis, prout
scil. secundum rationem discernit turpe et honestum. Iuristae
autem illud tantum dicunt ius naturale, quod consequitur inclinationem naturae communis homini et aliis animalibus . . . Illud
autem ius, quod consequitur propriam inclinationem naturae humanae, scilicet ut homo est rationale animal, vocant iuristae *ius
gentium*, quia eo omnes gentes utuntur . . . Utrumque autem horum
comprehenditur sub iusto naturali, prout hic a Philosopho ac-
cipitur.

[2] Daß das ius gentium in nothwendigen Schlußfolgerungen
aus dem Naturgeſetz beſteht, lehrt 1, 2, q. 95, a. 4 c: Ad ius gentium
pertinent ea, quae derivantur ex lege naturae sicut conclusiones ex
principiis, ut iustae emptiones, venditiones, *sine quibus homines
ad invicem convivere non possunt,* quod est de lege naturae.

die jenen Grundsätzen nahestehen[1]. Alle Schlußfolge=
rungen aus dem natürlichen Recht sind aber gleichfalls zum
Naturrecht zu zählen[2].

Somit ist klar, daß Thomas das ius gentium mit gutem
Grunde, wo er vom ius als Rechtsnorm, als Gesetz spricht,
dem positiv menschlichen, dagegen, wo er auf den Inhalt des
ius achtet, dem Naturrecht beizählen kann[3]. Ueberdies sagt
er es selbst ausdrücklich: Alle menschlichen Gesetze müssen aus
dem Naturrecht abgeleitet sein; das kann geschehen durch ein=
fache Schlußfolgerung oder durch nähere Bestimmung
dessen, was im Naturgesetz nur allgemein und unbestimmt
enthalten ist. Das menschliche Gesetz enthält beide Arten.
Die Schlußfolgerungen aber gelten nicht bloß infolge des
menschlichen Gesetzes, sondern auch schon durch das Naturgesetz[4].

Als Resultat ergibt sich: Da Thomas lehrt, das ius gen=
tium gehöre zum positiven menschlichen Recht, bestehe aber in
nothwendigen Schlußfolgerungen aus dem Naturgesetz und ge=

---

[1] 1, 2, q. 95, a. 4 ad 1: Ius gentium est . . . naturale, in
quantum derivatur a lege naturali per modum conclusionis, quae
non est multum remota a principiis.

[2] Comment. l c.: Et ideo necesse est, quod quidquid ex iusto
naturali sequitur quasi conclusio, sit iustum naturale; sicut ex hoc,
quod est nulli iuste nocendum, sequitur non esse furandum, quod
quidem ad naturale pertinet. — 1, 2, q. 95, a. 2 c.

[3] Philos. Jahrbuch a. a. O. S. 380.

[4] 1, 2, q. 95, a. 2 c.: Derivantur ergo quaedam a principiis
communibus legis naturae per modum *conclusionum*, sicut hoc, quod
est non esse occidendum, ut conclusio quaedam derivari potest ab
eo, quod est nulli esse faciendum malum, quaedam vero per modum
determinationis. . . *Utraque igitur inveniuntur in lege humana
posita.* Sed ea, quae sunt primi modi, continentur in lege humana
non tamquam sint solum lege posita, sed habent etiam aliquid
vigoris ex lege naturali. — Ibid. a. 4 c: Est (enim) primo de
ratione legis humanae, quod sit derivata a lege naturae . . . et
secundum hoc dividitur ius positivum in ius gentium et ius civile,
secundum duos modos, quibus aliquid derivatur a lege naturae.

höre deswegen zu demselben, so kann er unter *ius gentium*
nur jene positiven menschlichen Gesetze verstehen,
welche nothwendige Schlußfolgerungen aus dem
Naturgesetze enthalten. Das ius gentium gehört also
seinem unmittelbaren Princip nach dem positiv menschlichen
Recht, seinem Inhalt nach dem Naturrecht an. Weil es aber
Forderungen des Naturgesetzes enthält, so ist an eine Aufhebung
nicht zu denken. Und selbst wenn die Menschen aufhören
würden, diese Forderungen anzuerkennen, so würde damit bloß
die irdische Sanction erlöschen, die Verpflichtung kraft des
Naturgesetzes bliebe jedoch bestehen.

Ausdrücklich lehrt Thomas, daß das Privateigenthum, die
proprietas possessionum, natürlichen Rechtes sei[1]; wenn er
aber die Eigenthumsinstitution zum ius positivum, humanum
rechnet, so thut er das mit derselben Berechtigung, mit welcher
er das ius gentium zum positiven Rechte zählt.

Noch ein Grund ist vorhanden, warum das Privateigen=
thum dem positiven Rechte beigezählt werden kann. Die nähere

---

[1] 2, 2, q. 57, a. 3 c: Alio modo aliquid est naturaliter alteri
commensuratum non secundum absolutam sui rationem, sed secundum aliquid *quod ex ipso consequitur, puta proprietas possessionum.* — Mit Unrecht scheint Pruner (a. a. O. I, 14 f.) die Ableitung des Privateigenthums aus dem ius gentium für irrig zu
halten. Er hält eben das ius gentium bloß für die „allgemeine factische
Uebereinstimmung der Menschen, welche das von jedem Occupirte anerkannt hätte". Aus dem rechten Begriff des ius gentium als eines
Theils des Naturrechts und daher auch der gottgewollten Ordnung
folgt vielmehr, daß „es nicht in des Menschen Willkür gegeben war,
die Theilung dem Communismus vorzuziehen" (A. Rietter, Die
Moral des hl. Thomas von Aquin [München 1858] S. 250). Das
Gleiche gilt von dem, was Hitze (Kapital und Arbeit S. 114) sagt,
daß „Gott die Gestaltung der Eigenthumsverhältnisse dem Menschen
selbst überlassen und die vom Menschen getroffene Gestaltung durch
seine Autorität geheiligt hat, so daß also das Privateigenthum we=
sentlich menschliches Werk ist, von Gott weder befohlen noch
verboten, weder positiv noch als Urheber der Natur".

Erklärung der ganz allgemeinen Folgerung aus dem
Naturgesetze, daß Privateigenthum existiren solle: wie weit im
einzelnen Privateigenthum nothwendig sei, und wie es erworben
werden könne, ist Sache des menschlichen Gesetzes (vgl. auch den
Abschnitt „Staat und Privateigenthum" S. 72). „Denn
es liegt in dem Charakter jeder positiven Rechtsordnung, daß
sie behufs der Rechtsprechung möglichst fest abgegrenzter Normen
bedarf und daher solche da zu schaffen hat, wo das natürliche
Recht nach dieser Seite hin eine Ergänzung erfordert." [1]

IV. Eigenthum und übernatürliche Offenbarung.

Die naturrechtliche Ordnung, auf welcher nach Thomas
das Privateigenthum beruht, ist von Gott festgesetzt, und dem=
zufolge ist dasselbe wenigstens mittelbar eine göttliche Ein=
richtung. Schon hieraus ergibt sich ganz von selbst, daß Gott
das Eigenthum auch geachtet wissen will. Es ist somit heilig
und unverletzlich in Kraft des göttlichen Willens [2].

Aber weil in den concreten Eigenthumsverhältnissen
das menschliche Moment und der Zufall von hervor=
ragender Bedeutung sind [3], so hat Thomas, um seinem Lehr=
gebäude eine unerschütterliche Grundlage zu geben, noch die über=
natürliche Offenbarung zur Begründung des Eigenthumsrechtes
herangezogen [4]. In positiver Weise zeigt Thomas aus Stellen
der Heiligen Schrift, daß Gott selbst das Eigenthum des Men=
schen an den Dingen der äußern Natur direct angeordnet habe.

---

[1] Die sociale Frage beleuchtet durch die Stimmen aus Maria=
Laach, 1. Heft: Theod. Meyer S. J., Die Arbeiterfrage und die
christl.=ethischen Socialprincipien (Freiburg 1891) S. 104. Vgl. zu
diesem Abschnitt noch Christl.=sociale Blätter 1884 S. 518. 519 Note.
590 ff. Liberatore a. a. O. S. 188 ff.

[2] Wetzer und Welte's Kirchenlexikon, 2. Aufl., IV, Art. „Eigen=
thum" von Stöckl, S. 286.

[3] Ketteler, Arbeiterfrage und Christenthum (Mainz 1864)
S. 69. Périn, Christl. Politik I (Freiburg 1876), 202.

[4] S. Einleitung.

Auf den gegen das menschliche Eigenthumsrecht erhobenen
Einwand, alles gehöre Gott, entgegnet Thomas mit dem Psal=
misten, daß Gott dem König der Schöpfung, dem Menschen,
alles zu Füßen gelegt habe [1].

Die Offenbarung lehrt die Gottebenbildlichkeit des Menschen
und leitet aus derselben die Herrschaft des Menschen über die
Erde ab. Ebenso findet Thomas in der Gottähnlichkeit des
Menschen den Grund jener Oberherrlichkeit. Vernunft und
freier Wille verleihen ihm der vernunftlosen Schöpfung gegen=
über eine ganz bevorzugte Stellung und befähigen ihn, die
Natur zu beherrschen und in sein Eigenthum zu bringen [2].

Sprechen diese Stellen mehr vom Eigenthumsrecht im all=
gemeinen, und lassen sie sich auch dahin deuten, daß Gott die
Menschheit als Ganzes in den Besitz der äußern Natur ein=
geführt habe, so ist durch das Verbot des Diebstahls jeden=
falls das Privateigenthum durch die Autorität Gottes
geschützt [3]. Diese hat dem im Naturrecht begründeten Eigen=
thum erst die erforderliche göttliche Sanction gegeben und hat
es zur Sache des Gewissens gemacht [4]. Gott hat diese Pflicht,
fremdes Eigenthum zu achten, ausdrücklich als siebentes Grund=
gesetz in die magna charta der menschlichen Gesellschaft ein=
getragen und vom Sinai allen künftigen Geschlechtern endgiltig
verkündet [5].

---

[1] 2, 2, q. 66, a. 1: Sed contra est, quod dicitur Ps. 8, 8:
Omnia subiecisti sub pedibus eius, scilicet hominis.

[2] Ibid. a. 1 c: Hoc autem naturale dominium super ceteras
creaturas, quod competit homini secundum rationem, in qua imago
Dei consistit, manifestatur in ipsa hominis creatione (Gen. 1, 26),
ubi dicitur: Faciamus hominem ad imaginem et similitudinem
nostram; et praesit piscibus maris, etc.

[3] Ibid. a. 5.

[4] Ketteler a. a. O. S. 72. Périn a. a. O.

[5] Th. Meyer a. a. O. S. 97.

§ 3.

Nothwendigkeit und Vorzüglichkeit des stabilen Eigenthums an Productionsmitteln.

Ein Privateigenthumsrecht an solchen Gütern, die nur dem Genusse dienen, muß auch der Socialismus einräumen. Vielleicht hat auch Thomas nur ein solches lehren wollen? Er ist ja auf den Unterschied von Genuß= und Productionsmitteln gar nicht ausdrücklich eingegangen (s. Einleitung), so daß er, wenigstens scheinbar, auch zu Gunsten des Socialismus gedeutet werden kann. Aber in dem Beispiel, an welchem er die wirtschaftliche Nothwendigkeit des gesonderten Besitzes zeigt, spricht er von Grund und Boden, also von einem Productionsmittel[1]. Für Thomas ist vor allem das Immobiliareigenthum eine Nothwendigkeit. Der Ackerbau kann bei bloß vorübergehendem, oft wechselndem Eigenthum gar nicht bestehen. Gerade an ihm läßt sich am besten die Unmöglichkeit einer communistischen Gesellschafts= verfassung erkennen, bei welcher Grund und Boden im Eigen= thum der Gesamtheit steht, und wo etwa durch öfters vor= genommene Theilungen dem Einzelnen Parzellen zur zeitweiligen Bebauung zugewiesen werden. Der Ackerbau verlangt ein stabiles, durch Generationen sich fortsetzendes Eigenthum, das den jeweiligen Inhaber mit Gründen der Pietät an das ererbte Land fesselt, und das ihm die Liebe zur schweren Arbeit und die Freude zur Vornahme von Meliora= tionen verleiht, deren Nutzen er selbst vielleicht nicht mehr er= fahren kann[2].

---

[1] 2, 2, q. 57, a. 3 c: ... si *(ager)* consideretur per respectum ad opportunitatem colendi et ad pacificum usum agri, secundum hoc habet quandam commensurationem ad hoc, quod sit unius.

[2] Die Berechtigung des stabilen Eigenthums liegt nach der En= cyklika *Rerum novarum* vom 15. Mai 1891 schon in der eigenthüm= lichen Natur des Menschen. Während das Thier instinctiv für sein gegenwärtiges und zukünftiges Wohlergehen sorgt, ist der Mensch

Ueberhaupt hat Thomas in bemerkenswerther Weiſe das Grundeigenthum bevorzugt. Mit Recht; denn überall und immer, wo der chriſtliche Geiſt herrſcht, wird der Grundbeſitz und die Arbeit, die ſich auf ihn bezieht, als die Grundlage der ganzen Geſellſchaftsordnung aufgefaßt[1]. Denn durch den mittlern und großen Grundbeſitz erhält die Geſellſchaft eine Anzahl Familien, deren Leben mit dem Lande eng verbunden iſt; großer Grundbeſitz gibt eine gewiſſe Bürg- ſchaft, daß ſtaatsmänniſcher Sinn ſich forterbe[2].

Ariſtoteles lobt die ackerbautreibende Bevölkerung, weil ſie mit großem Fleiß ihrer Beſchäftigung obliege und ſich des- halb nicht allzuviel in politiſche Dinge miſche. Ja ſo groß ſei ihr conſervativer Sinn, daß ſie ſelbſt erbliche Despotie ge- duldig ertrage, wenn ſie nur in ihrem Eigenthum und ihrer Wirtſchaft nicht geſtört werde. Dieſe Ausführungen eignet ſich auch Thomas an, und er zerlegt den Beweis des Sta- giriten, daß die landbauende Bevölkerung die beſte und für das Staatsweſen nothwendigſte ſei, in ſeine einzelnen Punkte[3].

---

auf freie Wahl und Vorſorge für Gegenwart und Zukunft angewieſen. Es liegt darum in ſeiner Macht, unter den Dingen die Wahl zu treffen, die er zu ſeinem eigenen Wohl nicht allein für die Gegenwart, ſondern auch für die Zukunft als die erſprießlichſten erachtet. Des- wegen müſſen Rechte erworben werden können nicht bloß auf Eigen- thum an den Erzeugniſſen des Bodens, ſondern auch am Boden ſelbſt (Chriſtl.-ſociale Blätter 1891, S. 358). Wetzer u. Weltes Kirchen- lexikon IV[2], 282. Ueber die proprietas stabilis ſ. *Costa-Rossetti* l. c. p. 338 sqq. 760.

[1] Weiß a. a. O. II, 756.

[2] Ratzinger a. a. O. S. 110. Natürlich ſoll das keine Ver- theidigung der Latifundienwirtſchaft ſein, die den mittlern und kleinen Grundbeſitz aufſaugt.

[3] *Comment.* zur Polit. lib. 6, lect. 4 c: Probat (Philosophus) quod supposuit, quod multitudo agricultiva sit optimus po- pulus . . . *quia non est machinativa,* . . . quia non habet divi- tias multas, non multum potest vacare ab operibus exterioribus, sed necesse est intendere ad culturam terrae, ex qua susten-

Er betrachtet es ferner als ein Haupterforderniß für die gün-
stige Lage einer Stadt, daß das Land eine genügende Frucht-
barkeit besitzt, damit der A c k e r b a u gedeihen kann. Allerdings
lassen sich die Producte durch den Handel beschaffen; aber
während Ackerbau, das Grundeigenthum, das Volk sittlich hebt,
hat der Handel corrumpirende Folgen [1].

---

tatur, et ad alia necessaria, et quia non potest vacare ab exterioribus, non appetit facere congregationes et ideo minus ma-
chinari potest . . . Probat quod est optima, *quia non est con-
cupiscitiva*, dicens, quod huiusmodi multitudo propter hoc, quod
non habet necessaria ad bene vivendum, necesse habet intendere
circa exteriora opera exterius in regione, et quia operationibus
exterioribus intendunt, minus concupiscunt aliena. Habitantes autem
exterius in regione, intendentes propriis operibus, non percipiunt
divitias et bona principantium, et quia non advertunt, minus concupiscunt, immo magis delectabile est eis, intendere negotiationi
circa propria, quam intromittere se de republica aut principatu,
etiam ubi tunc non contingit, multum lucrari in principatu vel
republica; multitudo enim popularis magis intendit et appetit lucrum
proprium quam honorem. Hoc enim est eis magis necessarium et
signum eius, quod dictum est, est cum multi tales antiquitus
tyrannides crudeles sustinuerunt et status paucorum potentatus, et
adhuc etiam multi sustinent, cum non prohibentur ab operibus
propriis nec multum aufertur de substantia eorum, sic enim intendentes propriis operibus, quidam eorum faciliter fiunt divites, alii
vero non egentes, et quia sic aliena non concupiscunt, meliores
sunt ad gubernandum, quia minus insurgunt et minus rapiunt aut
furantur.

[1] *De reg. princ.* II, 3: Oportet autem, ut locus construendae
urbi electus non solum talis sit, qui salubritate habitatores conservet,
sed ubertate ad victum sufficiat. Non enim est possibile multitu-
dinem hominum habitare, ubi victualium non suppetit copia.
. . . Sicut enim natus infans non potest ali sine nutricis lacte, nec
ad incrementum perduci, sic civitas sine ciborum abundantia fre-
quentiam populi habere non potest. Duo tamen sunt modi, quibus
alicui civitati potest affluentia rerum suppetere. Unus, qui dictus
est propter regionis fertilitatem abunde omnia producentis, quae
humanae vitae requirit necessitas. Alius autem per mercationis

Diese sittliche Hebung ist nicht zum wenigsten eine Folge der mit dem Grundbesitz verbundenen wirtschaftlichen Selb= ständigkeit. Denn ein gesichertes Grundeigenthum ist auch ein fester Stützpunkt für die freie Arbeit. Es ist un= möglich, daß die Arbeit zur Sklavin des Kapitals herabsinkt, solange sie auf eigenem Boden steht. Begreiflich, daß es um die Kapitalherrschaft geschehen ist, wenn die Arbeiter nicht mehr bloße Tag= und Stücklohnarbeiter sind, sondern so stehen, daß sie mit dem Kapital als freie Leute verhandeln können[1].

Die Sicherung des Grundbesitzes ist ferner die unerläß= liche Vorbedingung für ein geordnetes Stände= wesen, ohne das eine gedeihliche Vollendung des Gesellschafts= baues nicht möglich ist. Schon Aristoteles und nach ihm Thomas sah die zweckmäßige Vertheilung des Grundeigenthums und die Erhaltung der verschiedenen Klassen unter den Grund= eigenthümern in einem Zustande sichern und selbständigen Be= harrens für die Grundfrage des bürgerlichen Lebens an und vertheilte danach die politischen Rechte[2]. Sie halten übermäßige Anhäufung für ebenso gefährlich wie gänzliche Zersplitterung[3].

---

usum, ex quo ibidem necessaria vitae ex diversis partibus addu-cantur. *Primus autem modus convenientior esse manifeste convin-citur.* 2, 2, q. 77, a. 4 c. Rietter a. a. O. S. 393 ff. Contzen, Thomas von Aquin als volkswirtschaftlicher Schriftsteller (Leipzig 1861) S. 6. Kautz a. a. O. II, 215.

[1] Im *Comment.* zur Polit. des Aristoteles (lib. 4, lect. 10) zählt Thomas die Nachtheile auf, welche die zu große Armut besonders für den Staat mit sich bringt. Das gilt auch vom Arbeiterproletariat (s. Abschnitt über richtige Vertheilung des Eigenthums S. 78).

[2] *Comment.* zur Polit. lib. 2, lect. 5: ... necesse enim est, quod multitudo civitatis sit multitudo hominum diversorum secun-dum diversos status ..., sed si (eodem modo) sint communia omnia ..., nulla differentia inveniretur, secundum quam possint diversificari agricolae a custodibus, neque etiam poterit assignari, quid plus consequantur illi, qui portant pondus principatus in regendo civitatem.

[3] Weiß a. a. O. II, 757 f. S. über die Berechtigung des Grund=

§ 4.

Berechtigung der Vererbung des Eigenthums.

Aus der von Thomas gelehrten Stabilität des Eigen=
thums, deren Nothwendigkeit besonders deutlich am Grund=
eigenthum sich zeigt, folgt ganz consequent, daß der Eigen=
thümer das Recht hat, seine Habe der Regel nach auf seine
Nachkommen, ausnahmsweise auch nach freier Wahl auf andere
zu vererben[1]. Wie es zu einer guten Verwaltung der Güter
nicht genügt, daß der Mensch ein mit dem jeweiligen Ge=
brauche erlöschendes Eigenthumsrecht hat, so ist es aus dem
gleichen Grunde nicht einmal hinreichend, daß ihm für sein
ganzes Leben das Eigenthum zusteht, während ihm eine
Verfügung darüber hinaus verwehrt ist. An dem von Thomas
gewählten Beispiele vom Ackerland[2] läßt sich zeigen, daß eine
gute Cultur des Bodens nur bei Erbrecht möglich ist, da der
Eigenthümer oftmals Arbeit und Kapital zu Verbesserungen
aufwenden muß, deren Früchte er persönlich nicht mehr oder
doch nicht ganz genießen kann, die er also lediglich aus Liebe
zu seinen Erben unternimmt. Das Erbrecht beruht auf der
gleichen naturrechtlichen Grundlage wie das Eigenthum, wie
es auch von den Gegnern des Privateigenthums mit den näm=
lichen Gründen angegriffen wird. Man kann das Erbrecht
ein natürliches Recht nennen in dem Sinne, daß das Natur=
recht, obwohl es dasselbe nicht vorschreibt, seine Einführung
unter den infolge der Sünde so tief veränderten Zuständen
der Gesellschaft sanctionirt hat, gerade wie die Einführung
des Sondereigenthums[3]. Thomas bezeichnet ausdrücklich die
Vererbung des Eigenthums als eine Forderung des natürlichen

eigenthums Cathrein, Moralphilosophie II, 190 ff.; ferner dessen
Schrift: Das Privatgrundeigenthum und seine Gegner. Freiburg 1892.

[1] Theod. Meyer, Die Arbeiterfrage S. 118.

[2] 2, 2, q. 57, a. 3 (S. 31, Note 1).

[3] Weiß a. a. O. I, 290.

Rechtes, da die Eltern nicht bloß die Pflicht haben, eine Zeit=
lang für Erziehung und Unterhalt der Nachkommen zu sorgen,
sondern während des ganzen Lebens derselben[1]. Das Eigenthum
ist somit organisch mit der Familie verwachsen[2]. Diese ist als
moralische Person unabhängig von der Lebensdauer ihrer Gründer.
Sie ergänzt sich nach der Absicht des Schöpfers durch natür=
liche Succession zu einer fortdauernden Existenz. In ihren
folgenden Generationen soll sie alle socialen Tugenden und
Traditionen, deren Träger sie selbst ist, fortpflanzen. Folglich
muß das Eigenthum als die von der Natur vorgesehene
materielle Hilfsquelle zur Lösung dieser Aufgaben
seiner Bestimmung nach dieselbe Fortdauer in Anspruch nehmen.
Am reinsten findet sich der naturrechtliche Inhalt in der In=
testaterbfolge[3], wie sie auch am reinsten ihre Zugehörigkeit
zu der natürlichen Succession des Blutes erkennen läßt. Es
können sich aber auch Rücksichten geltend machen, welche den
hausväterlichen Willen berechtigen, von der Intestaterbfolge
abzuweichen[4].

---

[1] *Comment.* zu den Sentenzen des Lombarden IV, d. 33, q. 2,
a. 1 c: Respondeo dicendum, quod matrimonium ex intentione naturae ordinatur ad educationem prolis non solum per aliquod
tempus, *sed per totam vitam prolis.* Unde *de lege naturae est,*
quod parentes filiis thesaurizent, *et filii parentum heredes sint* . . .
2, 2, q. 101, a. 2 ad 2: Ad secundum dicendum, quod quia pater
habet rationem principii, filius autem habet rationem a principio
existentis, ideo per se patri convenit, ut subveniat filio; et propter
hoc non solum ad horam debet ei subvenire, *sed ad totam suam
vitam;* quod est thesaurizare. Sed quod filius aliquid conferat
patri, hoc est per accidens ratione alicuius necessitatis instantis,
in qua tenetur ei subvenire, non autem thesaurizare in longinquum,
quia naturaliter non parentes filiorum, *sed filii parentum sunt
successores.*

[2] Theod. Meyer a. a. O. S. 118. Périn, Christl. Politik
I, 202.

[3] Von dieser allein redet Thomas an der angeführten Stelle.

[4] Theod. Meyer a. a. O. S. 120 f.

Derselbe Grund, den Thomas für die Berechtigung des Privateigenthums geltend macht, daß der Mensch mit größerer Emsigkeit und Wirtschaftlichkeit das Seinige verwaltet [1], spricht auch zu Gunsten des Erbrechtes. Dieses bietet eine gewisse Garantie für den gesicherten Fortbestand der Familie, und darin liegt für den Eigenthümer ein Motiv zu eifriger Thätig= tigkeit und Sparsamkeit; auch in dem Bewußtsein, über seine Lebensdauer hinaus das Schicksal des Eigenthums frei bestimmen zu können, liegt für den Inhaber ein mächtiger Sporn zur Arbeit und Sparsamkeit, deren Segen nicht bloß die leib= lichen Nachkommen, sondern auch weitere Kreise genießen, wie die Geschichte der christlichen Charitas zeigt [2].

Am Erbrecht treten uns bereits die socialen Bezie= hungen des Eigenthums vor Augen. Die Sphäre, in welcher das Eigenthum zu wirken hat, gewinnt an Umfang; über die Person des Eigenthümers hinaus erstreckt sie sich auf die Familie und verbreitet noch weit außerhalb derselben ihre wohlthätigen Wirkungen. Im Erbrechte nehmen wir schon eine Annäherung an die Forderung des hl. Thomas wahr, daß das Privateigenthum rücksichtlich seines Gebrauches dem Nutzen aller dienen soll [3].

§ 5.

Einfluß der Erbsünde auf Bildung des Privat= eigenthums.

Wenn die menschliche Vernunft erkennt, daß der Gesell= schaft Privateigenthum nothwendig sei, so liegt die Frage

---

[1] 2, 2, q. 66, a. 2 c: Quia magis sollicitus est unusquisque ad procurandum aliquid, quod sibi soli competit . . .

[2] Cathrein a. a. O. II, 267 ff. — Die Einwendungen gegen das Erbrecht s. bei Hitze, Kapital und Arbeit S. 129 ff.

[3] 2, 2, q. 66, a. 2 c: Aliud vero, quod competit homini circa res exteriores, est usus ipsarum; et quantum ad hoc, non debet homo habere res exteriores ut proprias, sed ut communes . . .

nahe, ob dieſe Nothwendigkeit eine Folge der durch die Erb=
ſünde verderbten menſchlichen Natur ſei, oder ob Sonderung
des Beſitzes auch dem urſprünglichen Gnadenſtand entſprechend
geweſen wäre. Es wird die Anſicht vertreten, daß n u r d i e
S ü n d e eine Trennung des Eigenthums bewirkt habe, weil
ohne die Sünde die Menſchheit zu einer großen Familie ver=
bunden geblieben wäre. Auf den hl. Thomas können ſich
die Vertreter dieſer Anſchauung jedenfalls nicht mit Sicher=
heit berufen.

Die Idee des Communismus entſpringt der Idee der Gleich=
heit der Menſchen. Einem vollkommenen Communismus würde
auch eine vollſtändige Gleichheit der Menſchen in Bezug auf
ihre L e i ſ t u n g e n und B e d ü r f n i ſ ſ e am beſten entſprechen.
Aber gerade hierin herrſcht die größte Verſchiedenheit und gliedert
und belebt eine unendliche Mannigfaltigkeit die Geſellſchaft. Mit
dem Nachweis dieſer U n g l e i c h h e i t i m S t a n d e d e r p a r a =
d i e ſ i ſ c h e n U n ſ c h u l d iſt es wenigſtens zweifelhaft gemacht, ob
der Communismus die alleinberechtigte Ordnung für die Menſch=
heit geweſen wäre, falls ſie im urſprünglichen Zuſtand ver=
blieben wäre. Dieſer Unterſchied wird von Thomas, und zwar
nach den verſchiedenſten Beziehungen hin, für die erſte Familie
angenommen[1]. Gott ſelbſt hat ihn begründet, indem er den

---

[1] 1, q. 96, a. 3 c: ... secundum animam diversitas fuisset
et quantum ad iustitiam et quantum ad scientiam. Non enim ex
necessitate homo operabatur, sed per liberum arbitrium, ex quo
homo habet, quod possit magis vel minus animum applicare ad
aliquid faciendum vel volendum vel cognoscendum; unde quidam
magis profecissent in iustitia et scientia quam alii. Ex parte etiam
corporis poterat esse disparitas. Non enim erat exemptum corpus
humanum totaliter a legibus naturae, quin ex exterioribus agen-
tibus aliquod commodum aut auxilium reciperet magis vel minus,
cum etiam cibis vita eorum sustentaretur. Et sic nihil prohiberet
dicere, quin secundum diversam dispositionem aëris et diversum
situm stellarum aliqui robustiores corpore generarentur quam alii
et maiores et pulchriores et melius complexionati; ita tamen quod

Menschen geschlechtsverschieden geschaffen hat — ein Unterschied,
von dem die Zeugung abhängig gemacht wurde. Neben dieser
von Gott unmittelbar gewollten Ungleichheit, womit eine ge=
wisse Superiorität des Mannes über das Weib verbunden
war, lag im Familienleben der Keim weiterer Unterordnung[1].
Die Kinder stehen während der ersten Lebensjahre in voll=
ständiger Abhängigkeit von den Eltern; das Kind hat Be=
dürfnisse, die es nicht durch eigene Arbeit befriedigen kann;
es ist ganz und gar auf die Eltern angewiesen.

Der menschliche Körper hätte sich ferner auch in jenem
seligen Zustande nicht ganz und gar dem Einflusse der Natur=
gesetze entziehen können, so daß er nicht durch äußere Einflüsse
eine größere oder geringere Förderung erfahren hätte. Und
so mußten je nach klimatischen und andern physikalischen Ein=
wirkungen unläugbar einige körperlich stärker werden; ja schon
von Geburt an darf man einen Unterschied an Kraft und
Schönheit annehmen, ohne daß jedoch der geringere Grad irgend
einen Mangel in sich geschlossen hätte.

Der Zustand der ursprünglichen Heiligkeit hätte sich auch gar
wohl vertragen mit verschiedenen Graden der Gerechtigkeit und
Erkenntniß. Denn der Mensch arbeitete im Paradiese nicht aus
Nothwendigkeit (1 Mos. 2, 15), sondern aus freiem Entschlusse;
er konnte daher seine Geisteskraft zum Handeln, Wollen und Er=
kennen mehr oder weniger anwenden und so mehr oder weniger
als andere in der Gerechtigkeit und Erkenntniß fortschreiten.
Zugleich ist damit ein Unterschied der Leistungen erwiesen.

Mit der socialen Anlage des Menschen ist auch der Be=
griff der Ueber= und Unterordnung gegeben. Dem

---

in illis, qui excederentur, nullus esset defectus vel peccatum, sive
circa animam sive circa corpus.

[1] Ibid.: Respondeo dicendum, quod necesse est dicere aliquam
disparitatem in primo statu futuram fuisse, ad minus ad sexum,
quia sine diversitate sexus generatio non fuisset. Similiter etiam
quantum ad aetatem.

Menschen ist nicht, wie manchen Thieren, der Hang zum Ein=
siedlerleben angeboren, wo ein jeder sich durch das von Gott
verliehene Licht der Vernunft selbst regieren würde, sondern
er ist von Natur aus ein geselliges, in einer geordneten Ge=
meinschaft lebendes Wesen, welche einer Leitung bedarf, da=
mit sie nicht durch die egoistischen Triebe atomisirt, sondern
zum allgemeinen Besten hingeleitet wird [1].

Daß eine Regierung, also Ungleichheit, mit dem paradiesischen
Zustande verträglich sei und auch im Falle, daß die Stamm=
eltern treu geblieben wären, bestanden hätte, beweist Thomas
aus der Ueberordnung der einzelnen Chöre der Engel; der
Zustand der Menschen im Paradies war doch nicht würde=
voller als jener der treu gebliebenen Engel [2].

Mit dieser von Thomas gelehrten vielseitigen Ungleichheit
der ersten Menschen will ein radical durchgeführter Commu=

---

[1] Thomas unterscheidet zweierlei Arten von Herrschaft (1, q. 96,
a. 4), eine, wonach der Beherrschte nur dem Interesse des Herrschen=
den dient (Sklaverei); diese ist mit dem Stande der Unschuld un=
verträglich, weil es des Menschen unwürdig, bloß dem Interesse eines
andern dienen zu müssen; und eine andere, wonach der Herrscher die
Untergebenen zum Gemeinwohl leitet; diese war auch für den Stand der
Unschuld unentbehrlich (Basilius Antoniades, Entstehung und
Verfassung des Staates nach Thomas von Aquin [1889] S. 18).
K. Werner, Der hl. Thomas von Aquin II, 461. 1, q. 96, a. 4 c:
... homo naturaliter est animal sociale. Unde homines in statu
innocentiae socialiter vixissent. Socialis autem vita multorum esse
non posset, nisi aliquis praesideret, qui ad bonum commune inten-
deret. Multi enim per se intendunt ad multa, unus vero ad
unum ... Secundo, quia si unus homo habuisset super alios
supereminentiam scientiae et iustitiae, inconveniens fuisset, nisi
hoc exsequeretur in utilitatem aliorum ...

[2] Ibid.: Sed contra, conditio hominum in statu innocentiae non
erat dignior quam conditio angelorum. Sed inter angelos quidam
aliis dominantur; unde et unus ordo Dominationum vocatur. Ergo
non est contra dignitatem status innocentiae, quod homo homini
dominaretur.

nismus nicht recht harmoniren. Allerdings läßt sich zu seinen
Gunsten sagen, daß die Fülle der Güter im Paradies und die
gegenseitige Zuneigung das Mißverhältniß zwischen Leistung
und Bedürfniß, das Hauptgebrechen des Communismus, nicht
so grell hätte hervortreten lassen. Aber gerade aus den gleichen
Gründen war ebensogut Privateigenthum möglich. Denn die
Härte und schroffe Abschließung, welche dem heutigen Privateigenthum oft anhaften und meist in einem Mißbrauche des
Eigenthumsrechtes und in allzu großer Ungleichheit des Besitzes
wurzeln, wären dort von selbst in Wegfall gekommen. Auch
im Gnadenstande hätte die individuelle Persönlichkeit
ihre Berechtigung gehabt, natürlich nicht im Gegensatze zu der
Gemeinschaft. Was der Einzelne sich erarbeitete, die
Gegenstände seines täglichen Gebrauches, oder was durch
Erinnerung ihm besonders werthvoll war, hätte er sich un-
bedenklich angeeignet [1].

Eine absolute Nothwendigkeit wäre freilich das Privateigenthum für den paradiesischen Zustand nicht gewesen, wenn
auch die Möglichkeit, daß solches sich gebildet hätte, zugegeben
werden muß [2]. Gemeineigenthum war für die Menschen im
Gnadenstande ebensowenig ausgeschlossen, als es ja auch jetzt
noch bei solchen auserwählten Menschen (Ordensleuten), die
die Macht der Sünde möglichst einschränken, durchführ-
bar ist [3].

---

[1] Wetzer u. Weltes Kirchenlexikon III², 741. Hitze a. a. O.
S. 115 f.

[2] *Costa-Rossetti* l. c. p. 340.

[3] 1, q. 98, a. 1: Ad tertium dicendum, quod in statu isto
multiplicatis dominis necesse est fieri divisionem possessionum;
quia communitas possessionis est occasio discordiae, ut Philosophus
dicit in II. Polit. Sed in statu innocentiae fuissent voluntates
hominum sic ordinatae, quod absque omni periculo discordiae
communiter usi fuissent, secundum quod unicuique eorum com-
peteret, rebus, quae eorum dominio subdebantur, cum hoc etiam
modo apud multos bonos observetur. — 2, 2, q. 66, a. 2: Sed contra

Da beide Arten weder absolut nothwendig waren noch auch sich gegenseitig ganz ausschließen, so dürfte wohl eine Verbindung beider für die Fortdauer des paradiesischen Zustandes angenommen werden, so daß Privatbesitz durch die gegenseitige Liebe gemeinsam gemacht würde [1].

Unentbehrlich für die Gesellschaft wurde Privateigenthum erst durch die Sünde. Das Individuum machte sich nunmehr auf Kosten der Gemeinschaft geltend, Egoismus stand gegen Egoismus; der Friede und die Ordnung sowie eine gedeihliche Entwicklung der Cultur war nur möglich, wenn jedem sein bestimmtes Gebiet zur Geltendmachung seiner Individualität zuerkannt wurde [2].

So ist die Sonderung des Eigenthums ein Ausdruck der geistigen Sonderung des Menschen von Gott in der Sünde [3]. Die schroffe Abschließung dessen, was dem Einzelnen gehört, wäre sonst nicht eingetreten.

Indem Thomas die Entstehung des privaten Besitzes in die früheste Zeit des Menschengeschlechtes hinauf verlegt, hat er auch seine innige Verbindung mit der menschlichen Natur aufgezeigt. Vielleicht schon mit deren Erschaffung, sicher aber mit der tiefgehenden Veränderung durch die erste Sünde ist die Trennung der Besitzessphären verknüpft. Die Anerkennung des Dogmas von der Erbsünde ist für die Begründung des Privateigenthums von fundamentaler Bedeutung [4].

---

est, quod Augustinus dicit: Apostolici dicuntur, qui se hoc nomine arrogantissime vocaverunt eo, quod in suam communionem non acciperent utentes coniugibus et res proprias possidentes; quales habet catholica ecclesia et monachos et clericos plurimos.

[1] Diese Gemeinsamkeit des Gebrauches läßt sich auch für das Paradies annehmen.

[2] 2, 2, q. 66, a. 2 (S. 37, Note 2).

[3] Hitze, Kapital und Arbeit S. 117. Theod. Meyer, Die Arbeiterfrage S. 33 ff.

[4] Weiß a. a. O. I, 281 ff.

§ 6.

Occupation und Arbeit als Erwerbstitel des Eigenthums.

I.

Da nach Thomas die Eigenthumsinstitution eine Forderung des Naturrechtes ist, so muß jeder Mensch von Natur das Recht des Eigenthumserwerbes haben[1]. Dies ist ein abstractes, rein ideelles Recht, ein Eigenthumsrecht in potentia[2]. Damit dieses dem Menschen natürliche Recht actuell wird, bedarf es der thatsächlichen Ausübung desselben durch den Menschen, indem er sich eben wirklich das zu eigen macht, was von Gott dazu bestimmt ist, in das Eigenthum und damit in den Dienst des Menschen überzugehen[3]. Denn niemand kann behaupten, daß ihm schon von Natur aus bestimmte Gegenstände gehören[4], sondern jedes concrete Eigenthumsrecht hat seinen nächsten Rechtsgrund in einem besondern Rechtstitel, welcher sich seinerseits an eine besondere Thatsache des Erwerbes anlehnt. Dieses concrete Eigenthum gehört sicherlich nicht zu den Naturnothwendigkeiten; denn nichts kann mehr von Zufälligkeiten bedingt sein als das Eigenthum in diesem Sinne[5].

Unter diesen Thatsachen ist sowohl der Zeit als ihrer Natur nach die erste die Occupation. Ursprünglich sind die Güter der Erde herrenlos, sie harren noch der besondern Aneignung von seiten der Menschen. Da aber jeder das Recht hat, sich Eigenthum zu erwerben, so genügt es zum Erwerbe des Eigen=

---

[1] Cathrein, Moralphilosophie II, 227 ff.

[2] Hitze a. a. O. S. 102.

[3] 2, 2, q. 66, a. 1 c: Imperfectiora sunt propter perfectiora.

[4] 2, 2, q. 57, a. 3 c: Si enim consideretur iste ager absolute, non habet unde magis sit huius quam illius.

[5] Theod. Meyer, Die Arbeiterfrage S. 88. Derf., Die Grundsätze der Sittlichkeit und des Rechts (Freiburg 1868) S. 138.

thums an einer bestimmten Sache, daß man sie in seinen Besitz
nimmt [1]. Object dieses Rechtes konnte und kann somit nur
herrenloses Gut sein, weil nur dieses allein noch nicht in den
Dienst eines bestimmten Subjectes übergegangen ist. Das
abstracte Erwerbsrecht muß somit vor dem bereits concret ge=
wordenen zurücktreten [2].

An einem aus dem Leben gegriffenen Beispiel erweist Thomas
die Berechtigung der Occupation [3]. Wie derjenige, der zuerst
zum Theater kommt, berechtigt ist, sich einen Platz, und sei es
auch den besten, auszuwählen, so kann auch der Mensch, der
zuerst auf ein noch nicht angeeignetes Gut stößt, mit vollem
Recht sich dasselbe zu eigen machen (prior tempore, potior
iure). Das Schauspiel ist gewiß nicht für einen Zuschauer
allein bestimmt, sondern für eine Gesamtheit. Deswegen würde
auch der zuerst Angekommene unrecht handeln, wenn er hinter
sich die Thüre abschließen und ganz allein dem Schauspiel an=
wohnen wollte. Sein Beginnen wäre ebenso unerlaubt als
sinnlos. Was nützen ihm alle die leeren Plätze ringsum?
Diese sind zum allgemeinen Gebrauche bestimmt und harren
der Beschlagnahme durch viele. Aber der zuerst Gekommene
macht für seine Person von diesem Rechte Gebrauch, indem
er sich den passenden Sitz auswählt. Gerade so werden auch
die Güter der äußern Natur, die zum Gebrauche aller bestimmt
sind, ihrem Zweck zugeführt wie die Zuschauerplätze des Thea=

---

[1] Cathrein a. a. O. II, 229. Kautz a. a. O. I, 59. — Al=
bertus bestreitet in den Christl.=soc. Bl. 1884 S. 596, daß Occupation
die ursprüngliche Erwerbsart sei. [2] Hitze a. a. O. S. 112.
[3] 2, 2, q. 66, a. 2 ad 2: *Ad secundum* dicendum, quod ille,
qui praeveniens ad spectacula praepararet aliis viam, non illicite
ageret, sed ex hoc illicite agit, quod alios prohibet; et similiter
dives non illicite agit, si praeoccupans possessionem rei, quae a
principio erat communis, aliis etiam communicet; peccat autem,
si alios ab usu illius rei indiscrete prohibeat. Unde Basilius ibidem
dicit: „Cur tu abundas, ille vero mendicat, nisi ut tu bonae dispensationis merita consequaris, ille vero patientiae praemiis coroneter?“

ters durch Besitzergreifung seitens des Einzelnen. Solange sie
nicht bereits Eigenthum geworden sind, wird kein fremdes
Recht verletzt[1]. Die äußern Güter sind zum gemeinsamen Ge=
brauche der Menschen bestimmt insofern, als alle leben müssen
und als Gott nicht selbst die Vertheilung vorgenommen hat.
Damit sie jedoch den Menschen dienen, muß von ihnen ein
Theil auch wirklich angeeignet werden durch Occupation.

Was Thomas mit St. Basilius als ungerecht verwirft, ist
nicht der Eigenthumstitel der Occupation, sondern der Mißbrauch
des Eigenthums durch egoistische Abschließung desselben gegen
Nothleidende, durch Verkennung des von Thomas immer wieder
betonten Grundsatzes: Der Gebrauch soll ein gemeinsamer sein.

Das Recht der Besitzergreifung muß wie alles Recht zuletzt
in dem göttlichen Willen wurzeln; sonst bliebe sie eine bloße
Thatsache, wie auch Aneignung fremden Gutes eine solche
ist[2]. Nie ist eine materielle Thatsache an und für sich ein
Rechtstitel; dieser ruht einzig und allein in der Beziehung zur
ewigen Ordnung, der sie den bestimmten Ausdruck verschafft[3].
Der göttliche Wille ist dem hl. Thomas der tiefste und letzte
Grund des Eigenthums. Weil Gott die Erreichung unserer
Zwecke mit dem Privateigenthum verknüpft hat, deswegen hat
er auch das erste und ursprünglichste Mittel gewollt, Privat=
besitz zu erwerben, die Occupation.

II.

Der Socialismus erblickt in der Occupation, die ja unter
Umständen eine ganz mühelose sein kann, nicht mehr und nicht
weniger als Raub, getreu seinem von Locke überkommenen

---

[1] Nicht das Recht der noch ungewordenen Generation, sonst würde
ja überhaupt das Eigenthumsrecht nie actuell werden können. Man
kann ihr auch keine realen Rechte zuschreiben. Hitze a. a. O. S. 105.

[2] Staatslexikon der Görres=Ges. II, 510. 511. Thill a. a. O.
S. 70. Liberatore a. a. O. S. 183.

[3] Theod. Meyer, Die Grundsätze der Sittlichkeit S. 217.

Grundprincip, daß jeder nur auf das Product seiner Arbeit Anspruch hat[1]. Er übersieht, daß die Arbeit bereits die Occupation eines zu bearbeitenden Gegenstandes voraussetzt, und hat in seiner excessiven Betonung der Arbeit eine eigene Werththeorie erfunden, nach welcher die Arbeit allein Quelle und Maß des Tauschwerthes ist.

Thomas hat die Bedeutung der Arbeit gewiß nicht unterschätzt; er kennt auch ihren Einfluß auf die Bildung des Werthes; denn er sagt, derjenige, welcher eine von ihm verbesserte Sache theurer verkaufe, erhalte den Lohn seiner Arbeit. Weil aber Preis und Werth sich decken sollen, so muß er durch seine Arbeit der Sache Werth zusetzen[2]. Aber er kennt außer der Arbeit noch andere Factoren, die den Werth constituiren, und deswegen kann er nicht gelehrt haben, Arbeit erzeuge allein den Werth und, was die nothwendige Consequenz wäre, Arbeit sei der einzig berechtigte Erwerbstitel des Eigenthums[3].

Der Werth wird nach Thomas vor allem bestimmt durch die Qualität einer Ware, durch ihre innere Güte und Vollkommenheit. Thomas wirft die Frage auf, ob der Verkauf unerlaubt gemacht wird wegen eines Fehlers der Sache[4]. Er beantwortet sie bejahend; durch einen dreifachen Defect

---

[1] Cathrein a. a. O. II, 524. Ratzinger a. a. O. S. 78. Auch katholischerseits ist man hie und da zu weit gegangen, indem man die Occupation auf Arbeit zurückzuführen suchte; so Dieppel, Christl Gesellschaftslehre (Regensburg 1873) S. 323.

[2] 2, 2, q. 77, a. 4 ad 1: ... si enim rem in melius mutatam carius vendat, videtur praemium sui laboris accipere.

[3] Die folgenden Ausführungen über die Werthlehre des hl. Thomas beruhen auf Stimmen aus Maria-Laach XLI, 48 ff. Costa-Rossetti, Allgemeine Grundlagen der Nationalökonomie im Geiste der Scholastik (Freiburg 1888) S. 88 ff. Vogelsang, Gesammelte Aufsätze über socialpolitische und verwandte Themata I (Augsburg 1886), S. 403 ff.

[4] 2, 2, q. 77, a. 2: Utrum venditio reddatur illicita propter defectum rei venditae?

kann der Werth der Sache beeinträchtigt werden: secundum
speciem rei, secundum quantitatem und ex parte *quali-
tatis* [1]. Der Preis, den der Verkäufer erhält, deckt sich dann
nicht mit dem Werth des verkauften Gegenstandes. Denn der
gerechte Preis ist der Ausdruck des Tauschwerthes durch ein
Maß; ungerecht wird der Kauf, sobald der Preis das Werth=
quantum der Sache übersteigt oder hinter diesem zurückbleibt [2].

Klar tritt der Einfluß der Qualität auf die Werthbestim=
mung an den Edelmetallen hervor. Denn Gold und Silber
haben ihren Werth und ihren hohen Preis nicht allein wegen
des Nutzens der Gefäße, welche aus ihnen hergestellt werden,
sondern auch wegen der Würde und Reinheit ihrer
Substanz [3]. Mögen die Alchimisten noch so viele „gesellschaft=
lich nothwendige Arbeit" aufwenden, ihr Erzeugniß wird dem
Tauschwerthe nach doch vor allem bestimmt und gemessen durch
die Qualität, die mit der Qualität des Edelmetalls verglichen
wird. Noch ein anderes Moment der Werthbildung hat uns
Thomas an diesem Beispiel aufgezeigt; es ist der Nutzen,
den der Gegenstand für die menschlichen Bedürfnisse besitzt.
Das echte Metall hat gewisse nützliche Eigenschaften, die beim
alchimistischen Gold nicht vorhanden sind [4].

Ueberdies machen sich neben der Vollkommenheit und Nütz=
lichkeit der Sache bei Bestimmung des Werthes auch noch

---

[1] Ibid. in corp. art.

[2] 2, 2, q. 77, a. 1 c: Et ideo, si vel pretium excedat quantitatem valoris rei, vel e converso res excedat pretium, tolletur iustitiae aequalitas. Et ideo carius vendere vel vilius emere rem
quam valeat, secundum se iniustum et illicitum.

[3] Ibid. a. 2 ad 1: Ad primum ergo dicendum, quod aurum
et argentum non solum cara sunt propter utilitatem vasorum, quae
ex eis fabricantur, sed etiam propter dignitatem et puritatem sub-
stantiae ipsorum . . .

[4] Ibid.: Praesertim, cum sint aliquae utilitates auri et argenti
veri, secundum naturalem operationem ipsorum, quae non con-
veniunt auro per alchimiam sophisticato.

äußere Umstände geltend. Das sind vor allem die Kosten.
Es ist klar, daß die Arbeitskosten den Werth eines Gutes
mitbestimmen. Thomas hat ja der Arbeit Antheil an der
Werthbildung zugesprochen. Die Kosten, die dem Arbeiter
während der Arbeit durch seinen Unterhalt, sowie jene, welche
dem Kapitalisten aus der Entlohnung der Arbeit erwachsen,
müssen ihre gerechte Vergütung finden. Das wird auch von
niemand bestritten.

Wichtig für die Bestimmung des gerechten Preises, mithin
des Tauschwerthes, ist auch das Verhältniß von Angebot
und Nachfrage. Je nachdem an verschiedenen Orten Ueber=
fluß oder Mangel an derselben Ware besteht, wird auch ihr
Werth verschieden sein. Ist das Angebot größer als die Nach=
frage, so wird der Werth sinken, man wird um den gleichen
Preis eine größere Quantität erhalten als dort, wo das An=
gebot dem Bedürfnisse nicht genügen kann[1]. Freilich wegen
der besondern Nützlichkeit für die Bedürfnisse eines
einzelnen Käufers darf der Preis nicht erhöht werden; denn
dieselbe ist ja nicht auf seiten des Verkaufenden; niemand aber
kann das verkaufen, was nicht sein ist. Nur den Schaden, den
er durch Verkauf einer ihm selbst nothwendigen Sache erleiden
würde, darf er in Anschlag bringen[2]. Damit ist die Noth des
Nächsten vor Ausbeutung geschützt.

---

[1] 2, 2, q. 77, a. 3 ad 4: ... in futurum res exspectatur esse
minoris valoris per superventum negotiatorum.

Ibid. a. 4 ad 2: Potest enim hoc licite facere (scl. carius
vendere), vel quia in aliquo rem melioravit, vel quia *pretium rei
est mutuatum secundum diversitatem loci vel temporis* vel propter
periculum, cui se exponit transferendo rem de loco ad locum,
vel eam ferri faciendo.

Ibid. a. 2 ad 2: Ad secundum dicendum, quod mensuras
rerum venalium necesse est in diversis locis esse diversas *propter
diversitatem copiae et inopiae rerum;* quia ubi res magis abundant,
consueverunt esse maiores mensurae.

[2] 2, 2, q. 77, a. 1 c: Si vero aliquis multum iuvetur ex re al-

So treten also neben die Arbeit noch verschiedene Umstände hinzu, welche für Thomas bei Bestimmung des Werthes von Bedeutung sind. Aber es gibt eine entgegengesetzte Auffassung [1].

Was die Kosten betrifft, so hat man eine Stelle des Commentars zur Ethik mißdeutet, in welcher gesagt wird, beim Tausche von Schuhen gegen ein bestimmtes Quantum Getreide müssen die Schuhe an Zahl das Getreidequantum im gleichen Verhältniß überragen, in welchem die Arbeit und Auslagen des Landmannes (labor *et* expensae) die des Schusters übersteigen [2]. Daraus wird gefolgert, Thomas lehre, die Arbeit allein bestimme den Tauschwerth, weil sich ja die Auslagekosten schließlich wieder in Arbeit auflösen ließen. Aber abgesehen davon, daß Thomas sich dann einer kürzern Ausdrucksweise bedienen konnte und lediglich von der **Differenz der Arbeit auf beiden Seiten** zu sprechen brauchte; abgesehen davon, daß er selbst an der gleichen Stelle ausdrücklich hervorhebt, der Maßstab, der alle Waren nach ihrem wahren Werthe messe, sei das **Bedürfniß** [3], so lassen sich auch gar nicht alle

---

terius, quam accepit, ille vero qui vendit, non damnificetur carendo re illa, non debet eam supervendere, quia utilitas, quae alteri accrescit, non est ex vendente, sed ex conditione ementis. Nullus autem debet vendere alteri, quod non est suum: licet possit ei vendere damnum quod patitur.

[1] Hohoff glaubt in dem Artikel „Die Werthlehre des hl. Thomas von Aquin" (Monatsschr. für christl. Socialreform [St. Pölten 1893] XV. Jahrg., Heft 9 u. 10) bei Thomas die Lehre vertreten zu finden, die Arbeit allein sei Quelle des Werthes. Vgl. Literar. Rundschau 1891, Nr. 3. Hist.=pol. Bl. 1893, S. 899. Rud. Meyer, Der Kapitalismus fin de siècle (Wien 1894) S. 33.

[2] *Comment. in Ethic.* V, lect. 9: Oportet igitur ad hoc, quod sit iusta commutatio, ut tanta calceamenta dentur pro una domo vel pro cibo unius hominis, quantum aedificator, vel agricola excedit coriarium in labore et in expensis.

[3] Ibid.: Et dicit, quod ideo possunt omnia adaequari, quia omnia possunt commensurari per aliquod unum, ut dictum est: hoc autem unum, quod omnia mensurat, secundum rei veritatem

Koſten auf Arbeit reduciren. Denn unter Koſten verſtehen
wir nicht bloß Mühe und Arbeit, ſondern auch Opfer von
verſchiedenen Stoffen, Werkzeugen, von Geld, Geſundheit, kurz
alle Opfer, welche die Hervorbringung und Erwerbung eines
Gutes erheiſcht [1]. Weil alſo der Naturfactor ſich nicht in
Arbeit auflöſen läßt, ſo ſucht man denſelben bei Beſtimmung
des Werthes auf andere Weiſe zu verdrängen: er ſei wohl ein
Factor der Production, nicht aber des Werthes; denn er koſte
der Geſellſchaft nichts, ſondern würde von der Natur umſonſt
dargeboten. Aber dieſe Annahme, daß der Naturfactor keinen
Werth habe, wäre nur berechtigt, wenn die Natur ihre Gaben
in ungemeſſener Menge darböte; dann freilich wären dieſe ſo
gut ohne Tauſchwerth, wie beiſpielshalber die Luft. So aber
ſind ſehr viele nur in beſchränkter Anzahl vorhanden und ſind
überdies noch ins Privateigenthum übergegangen, womit ſich
ja auch Thomas einverſtanden erklärt, wie ſich aus der Recht=
fertigung des Privateigenthums an Productionsmitteln ergibt.

Um auch noch den Gebrauchswerth, den Nutzen aus der
Beſtimmung des Tauſchwerthes zu eliminiren, hat man auch
jene Stelle herangezogen, an der Thomas dem Gelde im Gegen=
ſatze zu den übrigen Waren den Gebrauchswerth abſpricht [2].
Man ſchloß folgendermaßen: Im Austauſch werden alle Waren
dem Gelde gleichgeſetzt; dieſes aber beſitzt an ſich keinen Ge=

---

est *indigentia*, quae continet omnia commutabilia, in quantum
omnia referuntur ad humanam indigentiam; non enim appretiantur
secundum dignitatem naturae ipsorum . . . sed rebus *pretia* (ge=
meint iſt hier der Werth, nicht bloß der Preis, denn Thomas ſpricht
von *iusta* commutatio) imponuntur, *secundum quod homines indigent
eis ad suum usum.* S. Stimmen aus Maria=Laach XLI, 48, Note 3.

[1] Coſta=Roſſetti, Allgemeine Grundlagen der Nationalöko=
nomie S. 73.

[2] *Comment. in Sentent. Petri Lombardi* 3, dist. 37, q. 1, a. 6
ad 4: Omnes aliae res *ex se ipsis* habent aliquam utilitatem, pecunia autem non. Hohoff a. a. O. S. 476 f.

brauchswerth. Folglich kommt bei Bestimmung des Tausch=
werthes der Ware der Gebrauchswerth gar nicht in Frage.

So überzeugend das klingt, es ist doch ein Fehlschluß. Gleich=
gesetzt werden die Waren dem Gelde im Austauschverhältniß nicht
so ganz und gar und nach allen Beziehungen, so daß, wenn
dieses keinen Gebrauchswerth hätte, auch nur der Tauschwerth
der Waren völlig unabhängig sein müßte von ihrem Gebrauchs=
werth. Es kann der Tauschwerth zweier Waren ganz gleich
sein, ohne daß auch die Bestimmungsgründe ihrer Werthe ganz
die gleichen sein müßten. Es kann bei der einen mehr Arbeit
aufgewendet sein, bei der andern kann der Naturfactor mehr
ins Gewicht fallen. Deswegen müßte nicht nothwendig, wenn
selbst das Geld keinen Gebrauchswerth hätte, auch der Gebrauchs=
werth der mit ihm verglichenen Waaren für die Bestimmung
des Tauschwerthes vollkommen belanglos sein.

Ob das Geld nothwendig Gebrauchswerth habe, darüber
bestehen zwei Theorien; mag man sich zur einen oder andern
bekennen, mit beiden läßt sich jener Schluß widerlegen. Die
eine behauptet, das Geld sei „nicht ein bloßes Zeichen, ein
bloßer Repräsentant des Werthes (wie das Papiergeld), son=
dern ein Gut, das schon aus sich einen Gebrauchswerth hat,
wie z. B. die Edelmetalle". „Dieser Gebrauchswerth ist jedoch
nur die Voraussetzung für die eigentlichen Functionen des Gel=
des." [1] Während nun die Waren dem Besitzer sowohl den
Austausch als auch den Gebrauch gestatten, läßt das Geld
als solches nur den Tausch zu; es ist ja ein Tauschmittel;
es hat an sich für den Besitzer keinen unmittelbaren Nutzen;
denn will er es benutzen, insofern es Gebrauchswerth hat wegen
des Gehaltes an Edelmetall, dann hat es eben nicht mehr die
Bedeutung eines Tauschmittels; es hat mit seinem Tausch=
charakter auch den Geldcharakter eingebüßt. Das will es wohl
heißen, wenn Thomas sagt, das Geld habe an sich un=

---

[1] Cathrein, Moralphilosophie II, 284.

mittelbar keinen Gebrauchswerth, ohne daß er deswegen bestreitet, der Gebrauchswerth sei eine Voraussetzung für seine eigentliche Function als Tauschmittel.

Noch leichter ließe sich jener Schluß mittelst der zweiten Theorie widerlegen, nach welcher das Geld an sich bloßes Werthzeichen ist[1]. Es mißt und bezeichnet dann bloß den Werth der Waren, ohne selbst nothwendig Werth besitzen zu müssen. Aber die Waren, deren Tauschwerth das Geld ausdrückt, besitzen Gebrauchswerth, und dieser macht sich, wie Thomas am Edelmetall gezeigt, auch beim gerechten Preis, mithin beim Tauschwerthe geltend.

Auch die Wucherlehre des hl. Thomas soll evident be= weisen, daß die Arbeit allein Princip des Werthes ist. Denn indem Thomas den Zins beim Darlehensvertrag als ungerecht verwirft[2], lehrt er die Unproductivität des Geldes. Geld ist ihm aber alles, dessen Preis mit Geld gemessen werden kann[3]. Somit ist — so schließt man — jedes Gut unproductiv; mithin ist die Arbeit allein productiv, sie allein ist im stande, Werth zu erzeugen.

---

[1] Vgl. Weiß, Sociale Frage 2c. II, 654.

[2] 2, 2, q. 78, a. 1 c: Respondeo dicendum, quod accipere usu= ram pro pecunia mutuata est secundum se iniustum, quia venditur id quod non est; per quod manifeste inaequalitas constituitur, quae iustitiae contrariatur. Ad cuius evidentiam sciendum est, quod quaedam res sunt, quarum usus est ipsarum rerum consumptio, sicut vinum consumimus utendo ad potum. . . . Unde in talibus non debet seorsum computari usus rei a re ipsa; sed cuicumque conceditur usus, ex hoc ipso conceditur res. . . . Quaedam vero sunt, quarum usus non est ipsa rei consumptio. . . . Pecunia autem secundum Philosophum principaliter est inventa ad commutationes faciendas; et ita proprius et principalis pecuniae usus est ipsius consumptio. . . . Et propter hoc secundum se est illicitum pro usu pecuniae mutuatae accipere pretium, quod dicitur usura. Ende= mann, Studien in der romanisch=canonistischen Wirtschafts= und Rechtslehre II (Berlin 1883), 161.

[3] 2, 2, q. 78, a. 2 c: . . . omne illud pro pecunia habetur, cuius pretium potest pecunia mensurari. . . .

Vor allem ist zu entgegnen, daß jener Begriff von Geld, unter welchen alle Güter subsumirt werden, nicht der eigentliche ist [1]; nur das Geld im eigentlichen Sinne, als Tauschmittel und Werthmesser verstanden, ist unproductiv. Es läßt sich kein Gebrauch des Geldes denken, der nicht auch sein Verbrauch wäre. Läßt sich aber aus dem Gelde kein von ihm selbst gesonderter Nutzen ziehen, so darf man auch beim Darlehen nicht mehr zurückverlangen, als hingegeben wurde [2].

Aber daraus, daß das Geld unproductiv ist, darf nicht gefolgert werden, daß die Aequivalente, die man sich gegen dasselbe eintauschen kann, nicht productiv gemacht werden könnten durch die Arbeit. Diese ist das befruchtende Element; durch sie wird das Gut zum Kapital. Die Frucht, die daraus gewonnen wird, entstammt der Verbindung beider, des Naturstoffes und der Arbeit. Ist der Eigenthümer des Stoffes zugleich Eigenthümer der Arbeit, so fällt ihm die Frucht ganz und ungetheilt zu. Wenn nicht, so wird eine proportionale Vertheilung stattfinden müssen. Jedenfalls ist also das Productionsmittel am Zustandekommen des Werthes neben der Arbeit betheiligt [3].

Schließlich soll auch noch die von Thomas geforderte Gemeinsamkeit im Gebrauche des Eigenthums der Behauptung zur Stütze dienen, er leite allen Werth aus der Arbeit ab. Und wirklich, ist der Naturfactor allen zur Benutzung gemeinsam, so kostet er nichts und ist für die Werthbildung gar nicht von Belang. Aber diese Gemeinsamkeit des Gebrauches ist, wie die thomistische Lehre vom Almosen zeigen wird, keine absolute, sondern ist auf bestimmte Fälle beschränkt. Es hieße einen

---

[1] Weiß a. a. O. II, 641.

[2] 2, 2, q. 78, a. 2 ad 5 sagt Thomas, daß im Gegensatz zum Darlehen in der Societät Gewinn erlaubt sei, weil der Socius nicht das Eigenthum an seiner Einlage übertrage und deshalb sowohl die Gefahr zu tragen habe als auch am Gewinn theilnehme. Endemann a. a. O. I (Berlin 1874), 346. 363 f.

[3] Vgl. Weiß a. a. O. II, 640—707.

Widerspruch in die ganze Eigenthumslehre des hl. Thomas hineintragen, wollte man eine so weit ausgedehnte Gemein= samkeit in Benutzung der Naturstoffe annehmen. Wo bliebe da die Herrschaft des Eigenthümers über die ihm gehörigen Güter, wenn jeder das Recht hätte, dieselben im Bedarfsfalle zur Bethätigung seiner Arbeitskraft in Anspruch zu nehmen? Es bliebe dem Eigenthümer schließlich nur mehr die Last der Verwaltung. All die Hoffnungen, die Thomas an das Privat= eigenthum knüpft, würden dadurch hinfällig. Eine anar= chische, allen Grundsätzen einer richtigen Bewirtschaftung Hohn sprechende Ausbeutung der Natur würde Platz greifen[1].

Aber selbst eine so weit gehende Gemeinsamkeit zugestanden, die Seltenheit und ganz besondere Vorzüglichkeit mancher Naturgaben sorgen schon dafür, daß der Naturfactor im Werthe seine Berücksichtigung finde.

§ 7.

Beschränkungen im Erwerb und Besitz des Eigenthums.

I. Das Eigenthum ist Mittel, nicht Selbstzweck.

Die Begründung des Privateigenthums hat gezeigt, daß die menschlichen Bedürfnisse im weitesten Sinne, das will sagen die gesicherte Existenz und Fortentwicklung des Einzelnen wie der Gesellschaft, dasselbe als ein durchaus nothwendiges Mittel erheischen. Das Eigenthum ist aber auch nur Mittel zu höhern, sittlichen Zwecken, nicht mehr[2]. Und doch wird dieser

---

[1] Hohoff faßt das Privateigenthum (a. a. O. Heft 10, S. 482) als lediglich secundum humanum condictum entstanden, als ius posi- tivum, und läßt das naturrechtliche Moment ganz außer Betracht.

[2] Stimmen aus Maria=Laach III, 320. Périn a. a. O. II, 547. Pruner a. a. O. II, 234 ff. — 2, 2, q. 83, a. 6 c: Temporalia autem licet desiderare, *non quidem principaliter*, ut in eis finem constituamus, sed sicut *quaedam adminicula*, quibus adiuvamur ad tendendum

Gedanke, auf dem die ganze Rechtfertigung des Eigen=
thums beruht, so vielfach außer acht gelassen, freilich nicht
zur Kräftigung dieser Institution. Der Materialismus verlegt
den letzten Zweck des Menschen in den Erwerb und Genuß
von irdischen Gütern; der Socialismus, materialistisch wie er
ist [1], kennt als Höchstes nur Production und Consumtion.
Consequent hat er aber auch die Berechtigung des Privateigen=
thums negirt, aus dem die Ungleichheit und für viele auch die
Unmöglichkeit des Genusses entspringt. An diesem Punkte, der
Werthschätzung des Reichthums, scheiden sich die Anschauungen
des Socialismus und des hl. Thomas nach entgegengesetzten
Richtungen.

Thomas weiß die beiden Extreme glücklich zu vermeiden.
Er hütet sich einerseits — eine Gefahr, die dem ascetischen
Mönche näher lag — vor dem spiritualistischen Zeitgeiste, der
den zeitlichen Besitz überhaupt verwarf [2], anderseits aber auch
vor einer übertriebenen, falschen Werthschätzung desselben.

Er betrachtet den irdischen Reichthum als ein Gut; aus=
drücklich bezeichnet er ihn oftmals als bona exteriora [3]; ja
er lehrt sogar, daß für den Durchschnittsmenschen ein gewisser
Grad von Wohlhabenheit gerade so gut wie ein gewisses Wohl=
befinden des Körpers zum tugendhaften Leben nothwendig sei [4].

---

in beatitudinem, in quantum scilicet per ea vita corporalis sustentatur, et in quantum nobis organice deserviunt ad actus virtutum, ut etiam Philosophus dicit.

[1] Jaeger, Der moderne Socialismus (Berlin 1873) S. 466. Christl.-soc. Bl. 1873 S. 172. Trost, Socialismus und Socialpolitik (Stuttgart 1887) S. 100. Kautz a. a. O. II, 770.

[2] Vgl. den von Thomas angeführten Ausspruch des hl. Augustinus über die Secte der Apostoliker in 2, 2, q. 66, a. 2: Sed contra est quod Augustinus dicit . . .: Apostolici dicuntur, qui se hoc nomine arrogantissime vocaverunt, eo quod in suam communionem non acciperent utentes coniugibus et res proprias possidentes.

[3] 2, 2, q. 66, a. 1. 2.

[4] 1, 2, q. 4, a. 6 c: Respondeo dicendum, quod si loquamur

Je nachdem freilich die Tugenden thätiger oder beschau=
licher Art sind, ist auch der zeitliche Besitz mehr oder weniger
nothwendig. Die beschaulichen bedürfen desselben bloß zur
Erhaltung des Lebens, während die thätigen denselben auch
zur Unterstützung der Mitmenschen benöthigen. Darin besteht
die Vollkommenheit des beschaulichen Lebens, daß es sich mit
ganz wenigem begnügt[1]. Diesen beinahe gänzlichen Verzicht
auf das Eigenthum muthet aber Thomas nicht dem Menschen
zu, wie er gewöhnlich ist, sondern es ist dies Sache des Or=
bensmannes[2]. Die Entäußerung von eigenem Besitz entzieht
den Religiosen dem störenden Einflusse des Irdischen, so daß
er sich ganz Gott hingeben kann; denn solange der Mensch
noch irdische Güter hat, wird seine Seele leicht zur Liebe der=
selben hingezogen; daher stellt sich die freiwillige Armut als
erste Grundlage des Strebens nach höherer Vollkommenheit
dar[3]. Der Besitz zeitlicher Güter ist gewiß für die, welche

---

de beatitudine hominis, qualis in hac vita haberi potest, manifestum
est, quod ad eam ex necessitate requiritur bona dispositio corporis.
Ibid. a. 7 c: Respondeo dicendum, quod ad beatitudinem imper-
fectam, qualis in hac vita potest haberi, *requiruntur exteriora bona*,
non quasi de essentia beatitudinis exsistentia, sed quasi instrumentaliter deservientia beatitudini, quae consistit in operatione virtutis.
— Vgl. Contzen, Zur Würdigung des Mittelalters mit besonderer
Beziehung auf die Staatslehre des hl. Thomas von Aquin (Cassel
1870) S. 18.

[1] *Summa contra gentiles* lib. 3, cap. 133: Quomodo paupertas
sit bona . . . Nam virtutes contemplativae indigent ad solam sustentationem naturae, virtutes autem activae indigent et ad hoc et ad
subveniendum aliis, cum quibus convivendum est. Unde et con-
templativa vita etiam in hoc perfectior est, quia paucioribus indiget.

[2] Die klösterliche Armut findet ihre Vertheidigung in *S. Thom.*,
Opuscula selecta tom. III (Paris. 1881): XIII. Contra pestiferam
doctrinam retrahentium a religionis ingressu. Ratzinger, Geschichte
der kirchlichen Armenpflege S. 383. Rietter a. a. O. S. 518.

[3] *Summa contra gentiles* l. c.: . . . Ex quo igitur, quod mens
hominis amore et desiderio ferventer in divina fertur, in qua perfec-

zur Förderung der Tugend davon Gebrauch machen, gut; für andere dagegen wegen der zu großen Sorglichkeit und maß= losen Hingabe an denselben oder wegen des daraus entstehenden Stolzes gefährlich. Anderseits kann aber auch die Armut für manche Gefahr bringen, wenn etwa die Sorge um das Irdische gegen viel schlimmere Strebungen ausgetauscht wird. Darum ist auch die Armut nicht in dem Grade gut, als sie groß ist, sondern nur so weit, als sie von Hindernissen befreit, welche der Hingabe an die geistigen Dinge im Wege stehen[1].

Das andere Extrem ist die Ueberschätzung des zeitlichen Besitzes, ein Fehler, in welchen der Materialismus und So= cialismus verfällt. Thomas zeigt, daß das irdische Eigenthum nicht Gegenstand der vollkommenen Glückseligkeit des Menschen, sein letztes Ziel sein kann. Er theilt, wie Aristoteles, den Reichthum in einen natürlichen und künstlichen. Ersterer dient dem Unterhalt des Menschen; er findet als Mittel dazu im Menschen erst sein Ziel, kann also nicht selbst End= zweck des Menschen sein. Noch viel weniger aber der künst= liche Reichthum, das Geld, das bloß der Erleichterung des Verkehrs dient, also von untergeordneter Bedeutung ist[2]. Der

---

tionem constare manifestum est, consequitur, quod omnia, quae ipsum possunt retardare, quominus feratur in Deum, abiciat, non solum rerum curam et uxoris et prolis affectum, sed etiam sui ipsius. 2, 2, q. 185, a. 6: Voluntaria paupertas instrumentaliter operatur ad perfectionem vitae.

[1] *Summa contra gentiles* l. c.: . . . quibusdam vero nociva, qui ab hac sollicitudine liberati, in peiores occupationes cadunt. . . . Pau= pertas igitur talis laudabilis est, cum homo a sollicitudinibus terrenis liberatus, liberius divinis et spiritualibus vacat . . . et quanto modus vivendi in paupertatem minorem sollicitudinem exigit, tanto paupertas est laudabilior, non autem quanto paupertas fuerit maior. Rietter a. a. O. S. 519, Note 1.

[2] 1, 2, q. 2, a. 1 c: Respondeo dicendum, quod impossibile est beatitudinem hominis in divitiis consistere. Sunt enim duplices divitiae, ut Philosophus dicit, scilicet *naturales* et *artificiales*. Na-

Reichthum vermag auch gar nicht die Sehnſucht nach dem
höchſten Gut zu befriedigen. Dieſe iſt ihrer Natur nach un=
endlich; je mehr man es beſitzt, deſto mehr liebt man es, wäh=
rend man den Reichthum, ſobald man ihn beſitzt, verachtet
und nach anderem ſtrebt. Das genügt, um ſeine Unvollkommen=
heit zu zeigen [1].

---

turales quidem divitiae sunt, quibus homini subvenitur ad defectus
naturales tollendos, sicut cibus et potus, vestimenta, vehicula et
habitacula, et alia huiusmodi. Divitiae artificiales sunt, quibus
secundum se natura non iuvatur, ut denarii; sed ars humana eos
adinvenit propter *facilitatem commutationis,* ut sint quasi mensura
rerum venalium. Manifestum est autem, quod in divitiis natu-
ralibus beatitudo hominis esse non potest. Quaeruntur enim huiusmodi divitiae ad sustentandum naturam hominis; et ideo non
possunt esse ultimus finis hominis, sed magis *ordinantur ad hominem sicut ad finem.* Unde in ordine naturae omnia huiusmodi
sunt infra hominem et propter hominem facta, secundum illud
Ps. 8, 8: Omnia subiecisti sub pedibus eius. Divitiae autem artificiales non quaeruntur *nisi propter naturales;* non enim quaere-
rentur, nisi quia per eas emuntur res ad usum vitae necessariae;
unde *multo minus habent rationem ultimi finis.* Impossibile est
igitur beatitudinem, quae est ultimus finis hominis, in divitiis esse.
Conzen, Thomas von Aquino als volkswirtſchaftlicher Schriftſteller
S. 10.

[1] 1, 2, q. 2, a. 1 ad 3: Ad tertium dicendum, quod appetitus
naturalium divitiarum non est infinitus, quia secundum certam
mensuram sufficiunt naturae; sed appetitus divitiarum artificialium
est infinitus, quia deservit concupiscentiae inordinatae, quae non
modificatur, ut patet per Philosophum. Aliter tamen est infinitum
desiderium divitiarum et desiderium summi boni. Nam summum
bonum, quanto perfectius possidetur, tanto ipsum magis amatur
et alia contemnuntur; quia quanto magis habetur, magis cogno-
scitur; et ideo dicitur: Qui edunt me, adhuc esurient. Sed in
appetitu divitiarum et quorumcumque temporalium bonorum est e
converso. Nam quando iam habentur, ipsa contemnuntur et alia
appetuntur ... et hoc ideo, quia eorum insufficientia magis cogno-
scitur, cum habentur. Et ideo hoc ipsum ostendit eorum imperfec-
tionem, et quod in eis summum bonum non consistit. — Huber,

Das letzte Endziel ist nach Thomas Gott selbst, die höchste Glückseligkeit des Menschen mithin eine übernatürliche [1]. Sie besteht in dem Schauen und Genuß Gottes [2]. Und weil der Zweck der Gesamtheit der Menschen kein anderer sein kann als der jedes Einzelnen, darum ist auch der Endzweck der Societät die beatitudo aeterna [3].

Nach diesen Grundsätzen muß sich auch das Streben nach Eigenthum, die Erwerbsthätigkeit der Menschen richten. Wegen der Nothwendigkeit der zeitlichen Güter kann sich der Mensch nicht jeder Sorge um Erwerb und Besitz derselben entschlagen. Im Gegentheil, wenn er sich diesem Erwerb mit Mäßigung hingibt, wird er nichts thun, was der Vollkommenheit des christlichen Lebens widerspricht [4]. Christus wollte, als er uns die ängstliche Sorge für Zeitliches untersagte, durchaus nicht die weltliche Fürsorge überhaupt, sondern nur das ungeordnete Jagen nach Besitz verbieten [5].

Unter den menschlichen Thätigkeiten, durch welche Eigenthum erworben wird, bevorzugt Thomas die Handarbeit, unter welcher er jedoch jede Art redlichen Erwerbes versteht. Nur

---

Die Glückseligkeitslehre des Aristoteles und hl. Thomas von Aquin (Freising 1893) S. 27.

[1] 1, 2, q. 5, a. 5 c: Beatitudo hominis consistit in quadam supernaturali Dei visione. Cf. 2, 2, q. 2, a. 3 c. 1, 2, q. 3, a. 8 c.

[2] *De reg. princ.* l. 1, c. 14: Ultima beatitudo, quae in fruitione Dei exspectatur post mortem. Huber a. a. O. S. 37.

[3] Ibid.: Idem oportet esse iudicium de fine totius multitudinis et unius. Histor.-polit. Blätter LXXVII, 273.

[4] Périn, Ueber den Reichthum I, 28. — 2, 2, q. 188, a. 7 c: Sed si res exteriores non quaerantur vel habeantur nisi iu modica quantitate, quantum sufficiunt ad simplicem victum, talis sollicitudo non multum impedit hominem: unde nec perfectioni repugnat christianae vitae.

[5] 1, 2, q. 108, a. 3 ad 5: Dominus sollicitudinem necessariam non prohibuit, sed sollicitudinem inordinatam. Christlich-sociale Blätter 1883, S. 257.

mit einer Art der Erwerbsthätigkeit kann er sich nach dem
Vorgange des Aristoteles [1] nicht recht befreunden, mit dem
Handel. Thomas verwirft ihn durchaus nicht gänzlich. So
sagt er schon in seiner Erörterung über den Ursprung des
Staates, daß bei der ersten Begründung eines Gemeinwesens
auf die Tauglichkeit des Territoriums für Handel und Ver=
kehr Rücksicht zu nehmen sei, und er äußerte die Ansicht, daß
man den Handel aus einem Staate schon deshalb nie un=
bedingt ausschließen darf, weil es kein Land gibt, welches alle
Gegenstände des Bedarfes selbst erzeugt oder nicht auch ent=
behrliche Güter zur Ausfuhr darbietet [2]. Thomas unterscheidet
einen zweifachen Handel. Der eine ist natürlich und noth=
wendig und vollzieht sich im Austausch von Ware gegen Ware
oder von Ware gegen Geld. Er hat den Zweck, die noth=
wendigen Dinge zu vermitteln. Die andere Art entspringt der
Geldgier und geht auf Ueberbortheilung des Nächsten aus. Ein
mäßiger Gewinn kann durch Beziehung auf einen guten Zweck
erlaubt sein; so wenn er zum Unterhalt der Familie des Handel=
treibenden oder zur Unterstützung der Dürftigen verwendet wird,
oder wenn der Handel getrieben wird um des öffentlichen
Wohles willen, damit dem Staat die nothwendigen Dinge nicht
mangeln [3]. Aber immer ist und bleibt der Handel ein Aus=

---

[1] Pol. I, 3, 20. Eth. Nic. I, 5, 8. S. Felix, Der Einfluß
der Sitten und Gebräuche auf die Entwicklung des Eigenthums (Leipzig
1886) S. 172; Der Einfluß der Religion auf die Entwicklung des
Eigenthums (Leipzig 1889) S. 30.

[2] Kautz a. a. O. II, 215. De reg. princ. l. 2, c. 3: Nec tamen
negotiatores omnino a civitate oportet excludi: quia non de facili
potest inveniri locus, qui sic omnibus vitae necessariis abundet,
ut non indigeat aliquibus aliunde allatis: eorumque quae in eodem
loco superabundant, eodem modo redderetur multis damnosa copia,
si per mercatorum officium ad alia loca transferri non possent.
Unde oportet, quod perfecta civitas moderate mercatoribus utatur.

[3] 2, 2, q. 77, a. 4 c: ... duplex est rerum commutatio: una
quidem quasi naturalis et necessaria; per quam scilicet fit com-

hilfsmittel; die Basis der Volkswirtschaft ist nach Thomas die Ernährung durch einheimische Producte. Ein Land muß so beschaffen sein, daß es die nöthigen Nahrungsmittel selbst hervorbringt. Der Weg, ein Volk durch Handel zu ernähren, wird als ein höchst gefährlicher bezeichnet, weil derselbe die Sitten verderbe, weichlich und zum Kriege untauglich mache[1]. Unter den Ungerechtigkeiten, welche im Handel vorkommen, wendet Thomas dem Wucher besondere Aufmerksamkeit zu[2]. Im Wucher liegt ein Mißbrauch des Eigenthums zum Nachtheil des Nächsten, hervorgegangen aus einer unersättlichen Gier nach Besitz, welche vergessen macht, daß das irdische Gut bloß Mittel, nicht Zweck ist.

Damit gelangen wir zu den socialen Pflichten, die auf dem Eigenthum nach christlicher Auffassung ruhen.

---

mutatio rei ad rem, vel rerum et denariorum propter necessitatem vitae . . . Alia vero commutationis species est vel denariorum ad denarios vel quarumcumque rerum ad denarios, non propter res necessarias vitae, sed propter lucrum quaerendum; . . . prima autem commutatio laudabilis est, quia deservit naturali necessitati. Secunda autem iuste vituperatur, quia quantum est de se, deservit cupiditati lucri, quae terminum nescit, sed in infinitum tendit . . . Lucrum tamen, quod est negotiationis finis, etsi in sui ratione non importet aliquid honestum vel necessarium, nihil tamen importat in sui ratione vitiosum vel virtuti contrarium; unde nihil prohibet lucrum ordinari ad aliquem finem necessarium vel etiam honestum; et sic negotiatio licita reddetur; sicut cum aliquis lucrum moderatum, quod negotiando quaerit, ordinat ad domus suae sustentationem vel etiam ad subveniendum indigentibus; vel etiam cum aliquis negotiationi intendit propter publicam utilitatem, ne scilicet res necessariae ad vitam patriae desint, et lucrum expetit non quasi finem, sed quasi stipendium laboris.

[1] *De reg. princ.* l. 2, c. 3.

[2] 2, 2, q. 77 und q. 78. Rietter a. a. O. S. 393. Conzen, Thomas als volkswirthschaftlicher Schriftsteller S. 5. 6.

II. Pflichten des Eigenthümers gegen den Armen.

Das Privateigenthumsrecht, welches den Einzelnen in eine durch das Naturgesetz und die positive göttliche Offenbarung fest geschützte Sphäre von Gütern hineinstellt, muß, scheint es, die Gesellschaft in lauter Individuen auflösen, welche in schroffster Abschließung voneinander nur dem Egoismus huldigen. Damit wäre aber der Begriff der Gesellschaft vernichtet. Das Privateigenthum bedarf also noch eines Correctivs, welches dem Egoismus die Wage hält und seine atomisirende Wirkung aufhebt. Es ist dies das Gesetz der Solidarität, die unzertrennliche Verbindung des Einzelnen mit der Gesamtheit [1], welches die auf dem Eigenthum ruhenden Pflichten gegenüber der Societät umfaßt.

Dieses Gesetz hat Thomas bei Vertheidigung des Privateigenthums nicht außer acht gelassen. Es ist im Verlaufe der Abhandlung schon einigemale hingewiesen worden, wie Thomas gar gerne die Gemeinsamkeit des Gebrauches bei gesonderter Verwaltung des Besitzes in den Vordergrund rückt [2]. Es ist dies ein Moment, das Thomas weit über Aristoteles erhebt und ihn auf die Höhe der christlichen Weltanschauung stellt. Auch Aristoteles hatte gelehrt, daß der Gebrauch der Güter ein möglichst allgemeiner sein solle. Aber der Kreis, auf den sich derselbe über die Person des Eigenthümers hinaus erstrecken soll, ist ein eng gezogener: κοινὰ τὰ φίλων [3]. Die Freigebigkeit kann sich Aristoteles zufolge bei Gütergemeinschaft nicht bethätigen. Den Heiden blendete

---

[1] Ratzinger a. a. O. S. 416. Périn a. a. O. I, 287. *Costa-Rossetti*, Philos. moralis p. 343 sqq.

[2] 2, 2, q. 66, a. 2 c: Aliud vero, quod competit homini circa res exteriores, est usus ipsarum; et quantum ad hoc non debet homo habere res exteriores ut proprias, sed ut communes. *Comment. in Arist. Polit.* lib. 2, lect. 4. — 1, 2, q. 105, a. 2 c; 2, 2, q. 32, a. 5 ad 3.

[3] Polit. II, 5, 1262 b. 37. Cathrein a. a. O. II, 236 f.

das Glänzende, das der Freigebigkeit anhaftet[1]; der Quell
der christlichen Wohlthätigkeit aber, die göttliche
Tugend der Liebe, war ihm verborgen. Thomas stellt
dem Eigenthümer nicht seine Freunde, denen er in generoser
Freigebigkeit mittheilen soll, sondern die große Klasse der Armen
gegenüber, deren Menschenwürde, im Heidenthum verachtet,
erst das Christenthum zur Anerkennung gebracht hat[2].

Der Mensch ist durch seine Natur auf gesellschaftliche Verbindung mit andern seinesgleichen angewiesen[3]. Zu diesem
Zwecke hat Gott die Ungleichheit des Eigenthums gewollt, wodurch die Menschen in steter gegenseitiger Abhängigkeit
und Fühlung erhalten bleiben sollen, und zwar sind beide
Theile, die Armen wie die Reichen, aufeinander angewiesen.
Den Armen kettet die Noth an den Reichen; diesem aber ist
Gelegenheit geboten, sich durch Almosen reiche Verdienste zu
sammeln[4].

Diese Verbindung der Menschheit immer lebendig zu erhalten, ist der gesellschaftliche Zweck des Eigenthums.
Dieses ist folglich kein absolutes[5], das ausschließlich dem Ge-

---

[1] *Arist.*, Eth. Nic. IV, 1, 12; 2, 16. Vgl. L. Felix, Der Einfluß der Sitten und Gebräuche S. 71 f. 442.

[2] Ratzinger a. a. O. S. 35 ff.

[3] *Summa contra gentiles* l. 3, c. 131: Naturaliter homo est
animal sociale … Societas autem inter homines conservari non
posset, nisi alius alium iuvaret. *De reg. princ.* l. 1, c. 1. Contzen,
Zur Würdigung des Mittelalters S. 12.

[4] 2, 2, q. 32, a. 5 ad 2: Unde Basilius dicit: Si fateris
ea tibi divinitus provenisse (scl. temporalia bona), an iniustus est
Deus inaequaliter res nobis distribuens? Cur tu abundas, ille vero
mendicat, nisi ut tu bonae dispensationis merita consequaris, ille
vero patientiae braviis decoretur?

[5] Wetzer u. Weltes Kirchenlexikon IV, 287. Weiß, Sociale
Frage I, 279. 289. A. Samter, Das Eigenthum in seiner socialen
Bedeutung S. 27. Christl.-sociale Blätter 1882, S. 744 f. Périn
a. a. O. I, 274.

brauche oder Mißbrauche des Inhabers dient — eine Auf=
fassung, die auch in der Gegenwart wieder die herrschende
geworden ist und den Socialismus heraufbeschworen hat —,
sondern es ist mit sittlichen Pflichten behaftet. Zur Freiheit
des Eigenthums muß die christliche Liebe hinzutreten, welche
das starre Recht mildert, schroffe Abschließung auf der einen,
sociale Gährung auf der andern Seite verhindert[1].

Gegenüber den häufigen Mißgriffen bezüglich des Armen=
wesens[2] ist es interessant, die thomistische Lehre über das Al=
mosen kennen zu lernen. Was ist das Almosen? Schon die
Etymologie des Wortes ist für Thomas von Bedeutung. Es
ist eine Gabe, welche aus Erbarmen einem Dürftigen gewährt
wird[3]. Das Erbarmen aber stammt aus der Charitas, und
das Almosen ist deswegen ein Act der Liebe, in welchem einem
Armen etwas gegeben wird um Gottes willen[4]. Diese Eigen=
schaft des Liebesactes, nicht die materielle Spende, begründet
auch den verdienstlichen Charakter des Almosens[5].

---

[1] Périn a. a. O. II, 104. Ratzinger a. a O. S. 55.

[2] S. die Darstellung der englischen Armengesetzgebung bei Ab.
Held, Zwei Bücher zur socialen Geschichte Englands (Leipzig 1881)
S. 28 ff.

[3] *Comm. in 4. Sentent.* dist. 15, q. 1, a. 1: Eleemosyna nomen
graecum est, eleemosyni munus, quod inopi datur, et dicitur ab
ἔλεος, quod est miseratio seu misericordia, quae miseriam alienam
suam facit. Unde sicut homo miseriam a se expellit, quantum
potest, ita misericors miseriam alienam expellit ei subveniendo,
quae quidem subventio fit per hoc, quod ei sua bona communicat.
Unde ipsa communicatio bonorum propriorum ad miserum nomen
eleemosynae accepit. Haec autem communicatio non potest esse
meritoria et virtuosa, nisi quando propter Deum fit.

[4] Rietter a. a. O. S. 345.

[5] 2, 2, q. 32, a. 4 ad 2: Qui dat eleemosynam, non intendit emere aliquid spirituale per corporale, quia scit, spiritualia
in infinitum corporalibus praeeminere, sed intendit per charitatis
affectum spiritualem fructum promereri. Ratzinger a. a. O.
S. 387.

Was die Verpflichtung zum Almosen anlangt, so hat Tho=
mas die beiden Extreme glücklich vermieden. Die Gefahr ist
nicht bloß auf der Seite gelegen, auf welcher die Pflichtmäßig=
keit des Almosens ganz vergessen, sondern auch da, wo diese
Verpflichtung übertrieben wird[1].

Gegenüber der Hartherzigkeit, welche von einer solchen nichts
wissen will und auf das freie Dispositionsrecht des Menschen
über seinen Besitz sich beruft, lehrt Thomas, daß wirklich eine
Pflicht des Almosens besteht[2]. Denn das Recht des Eigen=
thümers wird dadurch nicht verkümmert. Es darf sich nur
nicht gegen den göttlichen Willen, dem ja auch das Eigen=
thumsrecht entstammt, richten. Nach natürlichem und gött=
lichem Recht sind aber die äußern Güter zum Unterhalt der
ganzen Menschheit bestimmt. Die Trennung des Besitzes im
Privateigenthum leitet sich dagegen zunächst und unmittelbar
aus dem positiven menschlichen Rechte ab. Dazu kommt, daß
beim concreten Eigenthum gar oft Zufall und menschliche Will=
kür, selbst Gewaltthat ausschlaggebend sind. Daraus folgt
mit Nothwendigkeit, daß durch das Privateigenthum jener ur=
sprüngliche gottgewollte Zweck nicht vereitelt werden darf[3].

[1] Rietter a. a. O. S. 348. Der von Hitze (Kapital und
Arbeit S. 164; vgl. S. 144 ff.) gemachte Versuch, aus den Sätzen des
hl. Thomas mehr als die Pflicht des Almosens, das Recht auf
Arbeit, abzuleiten, dürfte zu weit gehen. Vgl. dagegen Lehmkuhl
in den Stimmen aus Maria=Laach XXVI, 26. 123. v. Hertling,
Aufsätze und Reden socialpolitischen Inhalts (Freiburg 1884) S. 30 ff.;
Naturrecht und Socialpolitik (Köln 1893) S. 55.

[2] 2, 2, q. 32, a. 5 ad 2: Dare eleemosynam de superfluo est
in *praecepto;* ibid. q. 66, a. 4 c: Et ideo res, quas aliqui superabun-
danter habent, ex *naturali iure debentur* pauperum sustentationi.

[3] 2, 2, q. 66, a. 7 c: Respondeo dicendum, quod ea, quae sunt
uris humani, non possunt derogare naturali vel iuri divino. Secundum autem naturalem ordinem ex divina providentia institutum,
res inferiores sunt ordinatae ad hoc, quod ex his subveniatur hominum necessitati. Et ideo per rerum divisionem et appropria-
tionem ex iure humano procedentem non impeditur, quin hominis

Aber damit nicht die ganze sociale Ordnung aufgelöst werde, ist es dem Bedürftigen nicht ohne weiteres gestattet, von den Eigenthumsgegenständen des Nächsten sich zu nehmen, was er braucht. Wer würde da noch Eigenthümer sein, wer die Last der Verwaltung und des Erwerbes tragen wollen, wenn dem Armen das Recht zustehen würde, eigenmächtig in die fremde Besitzessphäre einzugreifen? Das würde einen Communismus extremster Art bedeuten.

Sollte Gott so ungerecht sein, frägt Thomas mit dem hl. Basilius, dem einen schwellenden Ueberfluß, dem andern bittere Armut zuzutheilen, ohne einen Ausgleich dieser Gegensätze vorgesehen zu haben? Ihre Versöhnung vollzieht sich im Almosen, und zwar nicht wie es bei der Selbsthilfe des Armen der Fall wäre, auf Kosten und zum Schaden der gesellschaftlichen Ordnung, sondern es wird vielmehr um die Menschheit ein neues Band geschlungen.

Mit dem Nachweis der Almosenpflicht ist es aber noch nicht genug [1]; noch bleiben zwei wichtige Fragen: welcher Art ist die Verpflichtung und wie weit erstreckt sie sich? Dem Socialismus gegenüber, der alles Eigenthum gemeinsam machen und die Besitzenden mit Gewalt expropriiren will, bezeichnet Thomas scharf und deutlich die Grenzen dieser Pflicht. Fürs erste ist sie in der Regel keine Rechtspflicht, die mit Gewalt erzwungen werden dürfte, sondern eine reine Liebes=

---

necessitati sit subveniendum ex huiusmodi rebus. Hitze, Kapital und Arbeit S. 170. Weiß, Sociale Frage I, 288.

[1] „Die Lösung der socialen Frage besteht aber keineswegs allein in der Betonung der Almosenpflicht. Diese Frage ist in erster Linie eine Frage der Vertheilung des Vermögens und der gerechten Behandlung der arbeitenden Klassen, und nur in zweiter Linie eine Frage der Verwaltung des Vermögens und der Erfüllung der Liebespflichten gegenüber den Arbeitern und Armen" (Die soc. Frage beleuchtet durch die Stimmen aus Maria-Laach, 8. Heft: Pesch, Liberalismus, Socialismus und christliche Gesellschaftsordnung, 1. Hälfte [Freiburg 1893] S. 137).

pflicht. Niemandem als Gott allein ist der Reiche für die Verwendung seines Eigenthums verantwortlich. Weil es näm= lich viele Nothleidende gibt, sagt Thomas, und nicht alle aus demselben Vermögen unterstützt werden können, so ist die Ver= wendung der eigenen Güter zur Unterstützung der Nothleidenden dem freien Ermessen eines jeden anheimgestellt [1]. Das berechtigte Subject ist also viel zu unbestimmt, als daß das Almosen den Charakter einer erzwingbaren Rechtspflicht haben könnte. Nur in der äußersten Noth muß der Wille des Eigenthümers dem höhern Rechte der Existenz weichen. Der in solcher Lage befind= liche ist kraft des Naturrechtes befugt, sich das zur Beseitigung der Gefahr Nothwendige zu nehmen, wo er es findet, ja selbst gegen den Willen des Eigenthümers zu erzwingen. Dieser Fall ist nach der Erklärung des hl. Thomas nur dann gegeben, wenn es offenbar ist, daß die Existenz der Person bedroht ist, und die Gefahr auf andere Weise nicht gehoben werden kann [2].

Natürlich darf nicht mehr genommen werden, als zur Be= seitigung der Noth unumgänglich erforderlich ist, daher nicht das Eigenthum, wo der bloße Gebrauch der Sache hinreicht; es darf ferner das zum Verbrauch in der äußersten Noth Ge= nommene nur als Darlehen angesehen werden, wenn man anderweitig Vermögen besitzt oder solches sicher zu hoffen hat.

---

[1] 2, 2, q. 66, a. 7 c: Sed quia multi sunt necessitatem pa- tientes, et non potest ex eadem re omnibus subveniri, committitur arbitrio uniuscuiusque dispensatio propriarum rerum, ut ex eis subveniat necessitatem patientibus.

[2] Ibid.: Si tamen adeo sit evidens et urgens necessitas, ut manifestum sit instanti necessitati de rebus occurrentibus esse sub- veniendum (puta cum imminet personae periculum, et aliter sub- veniri non potest), tunc licite potest aliquis ex rebus alienis suae necessitati subvenire, sive manifeste sive occulte sublatis; nec hoc proprie habet rationem furti vel rapinae. Eine Ausdehnung dieses Rechtes auf die Fälle der necessitas gravis, wie Lessius meinte, ist unstatthaft. Hitze a. a. O. S. 169. Pruner a. a. O. II, 241 f.

Die Begründung dieses Rechtes ergibt sich dem Voraus=
gehenden zufolge von selbst. Durch die Trennung des Besitzes
darf der oberste Zweck der äußern Güter, die Erhaltung der
Existenz, niemals illusorisch gemacht werden. Es nimmt daher
der in äußerster Noth Befindliche bloß, was ihm von Rechts
wegen zusteht; deßhalb hat auch seine Handlung nicht den
Charakter des Diebstahls, und wenn er gegen den Eigenthümer
Gewalt anwenden müßte, nicht den des Raubes.

So bewegt sich also die Almosenspflicht, dem Begriff des
Almosens als eines Liebesactes entsprechend, für gewöhnlich in
den Schranken einer Liebespflicht. Doch auch diese besteht nicht
immer, sondern es müssen bestimmte Bedingungen vorhanden sein:
auf seiten des Spenders Ueberfluß, auf seiten des Empfängers
wirkliche Noth. Letztere braucht aber nicht den höchsten Grad an=
zunehmen [1]. Zur schweren Verpflichtung wird aber eine drückende
und augenscheinliche Noth erfordert; ferner ist nothwendig, daß
kein anderer zur Hilfe bereit sei. Auch mit der Erklärung
des Begriffes „Ueberfluß" hat sich Thomas befaßt; dieser
könnte ja leicht mißdeutet werden. Als Ueberfluß bezeichnet
der hl. Thomas das, was der Eigenthümer nach der gegen=
wärtigen Lage nicht benöthigt. Wohl darf er auch die Zu=
kunft in seine Berechnung einbeziehen; aber er braucht nicht
allzu ängstlich alle möglichen Fälle zu erwägen, welche eintreten

---

[1] 2, 2, q. 32, a. 5 ad 2: Dare eleemosynam de superfluo est
in praecepto, et dare eleemosynam ei, qui est in extrema necessitate. Alias autem eleemosynas dare est in consilio. Man hat ge=
meint, daß diese beiden Erfordernisse, Ueberfluß und äußerste Noth
zusammentreffen müssen, so daß also der Ueberfluß Besitzende bloß
dem in äußerster Noth Befindlichen zu helfen verpflichtet wäre. Aber
aus der sprachlichen Form geht doch hervor, daß Thomas beide Fälle
unterschied. Cajetan (Thomas a Vio) macht darauf aufmerksam, daß
Thomas unterschieden hat (distincte). (Vgl. Thomas a Vio, Commentar zur Secunda Secundae. Lyon 1588.) S. auch *Lehmkuhl*,
Theologia moralis I, 359 sqq. S i m a r, Lehrbuch der Moraltheo=
logie (Freiburg 1877) S. 398.

können[1]. Nothwendig ist für den Eigenthümer vor allem das,
was er und seine Angehörigen zum Lebensunterhalt benöthigen.
Davon Almosen geben wollen, hieße sich und den Seinen das
Leben schädigen. Nur wenn das Wohl der Kirche oder des
Staates in Gefahr steht, darf man sich und den Seinen das
Nothwendige entziehen; denn das öffentliche Wohl steht höher
als das Privatwohl[2].

Auch die Mittel, die zum standesgemäßen Leben
nöthig sind, soll man nicht als Almosen verwenden[3]; doch ist
die Grenze dieses Bedarfes keine festgezogene; trotz mancher

---

[1] Ibid. ad 3: Ad tertium dicendum, quod est aliquod tempus
dare, in quo mortaliter peccat, si eleemosynam dare omittat; ex
parte quidem recipientis, cum apparet evidens et urgens necessitas,
nec apparet in promptu qui ei subveniat; ex parte vero dantis,
cum habet superflua, quae secundum statum praesentem non sunt
sibi necessaria, prout probabiliter aestimari potest. Nec oportet,
quod consideret omnes casus, qui possunt contingere in futurum;
hoc enim esset crastino cogitare, quod Dominus prohibet. Sed
debet diiudicari superfluum et necessarium secundum ea, quae probabiliter et ut in pluribus occurrunt.

[2] Ibid. a. 6 c: Respondeo dicendum, quod necessarium du-
pliciter dicitur: uno modo, sine quo aliquid esse non potest,
et de tali necessario omnino eleemosyna dari non debet: puta si
aliquis in articulo necessitatis constitutus haberet solum unde
posset sustentari, et filii sui vel alii ad eum pertinentes; de hoc
enim necessario eleemosynam dare est sibi et suis vitam sub-
trahere. Sed hoc dico, nisi forte casus immineret, ubi subtrahendo
sibi daret alicui magnae personae, per quam Ecclesia vel respublica sustentaretur; quia pro talis personae liberatione seipsum et
suos laudabiliter periculo mortis exponeret, *cum bonum commune
sit proprio praeferendum.* Alio modo dicitur aliquid esse necessarium, sine quo non potest convenienter vita transigi secundum
conditionem et statum propriae personae et aliarum personarum,
quarum cura ei incumbit.

[3] Ibid.: Inordinatum esset autem, si aliquis tantum sibi de
bonis propriis subtraheret, ut aliis largiretur, quod de residuo
non posset vitam transigere convenienter secundum proprium statum
et negotia occurrentia. Nullus enim inconvenienter vivere debet.

Einſchränkungen kann es noch möglich ſein, ein ganz ſtandes=
gemäßes Leben zu führen [1]. Ein derartiges Almoſen zu geben
iſt aber bloßer Rath, kein Gebot [2]. Nur in ganz beſtimmten
Fällen darf man ſich auch des zum ſtandesgemäßen Leben
Nothwendigen entäußern: Wenn man nämlich ſeinen Stand
aufgibt und ins Kloſter tritt; oder wenn der Ausfall leicht
wieder ergänzt werden kann; oder wenn der Nächſte in äußerſter
Noth ſich befindet, oder der Staat in großer Gefahr ſchwebt [3].

So herrſcht demnach in der Unterſtützungspflicht eine ge=
wiſſe Ordnung. Immer iſt der Eigenthümer der Bevorrechtete.
Hat er Ueberfluß, dann iſt er wohl im Gewiſſen gehalten, der
Noth des Mitmenſchen zu ſteuern; aber der von Thomas ver=
langte gemeinſame Gebrauch der Erdengüter iſt weit entfernt,
ein ſo unbedingter und vollkommener zu ſein, daß dadurch die
Güter, weil allen zum Gebrauche gehörig, aufhören würden
Werth zu haben, ſo daß die Arbeit alleiniger Werthfactor
wäre. Die auf dem Eigenthum ruhenden ſocialen Pflichten
mißkennen der Verſchwender und Habſüchtige. Der
erſtere bedient ſich ſeines Eigenthums nur zur Befriedigung
ſeiner Willkür, letzterer vernachläſſigt nicht bloß ſeine Almoſens=

---

[1] Ibid.: Huiusmodi necessarii *terminus non est* in indivisibili
constitutus; sed multis additis, non potest diiudicari esse ultra
tale necessarium; *et multis subtractis, adhuc remanet,* unde possit
convenienter aliquis vitam transigere secundum proprium statum.

[2] Ibid.: De huiusmodi ergo eleemosynam dare est bonum; et
non cadit sub praecepto, sed sub consilio.

[3] Ibid.: Sed ab hoc tria sunt excipienda: quorum primum est,
quando aliquis statum mutat, puta per religionis ingressum; tunc
enim omnia sua propter Christum largiens opus perfectionis facit se in
alio statu ponendo. Secundo, quando ea quae sibi subtrahit, etsi
sint necessaria ad convenientiam vitae, tamen de facili resarciri
possunt, ut non sequatur maximum inconveniens. Tertio, quando
occurreret extrema necessitas alicuius privatae personae, vel etiam
aliqua magna necessitas reipublicae. In his enim casibus laudabiliter praetermitteret aliquis id, quod ad decentiam sui status
pertinere videretur, ut maiori necessitati subveniret.

pflicht, sondern mißbraucht seinen Besitz auch zur Ausbeutung des Nächsten im Wucher [1].

Das Ideal: Privateigenthum und Gemeinsamkeit des Gebrauches, sieht Thomas verwirklicht im alttestamentlichen Gesetz, wo einerseits für den Armen gesorgt, anderseits das Eigenthum so fest mit der Familie verknüpft war, daß der veräußerte Grundbesitz alle fünfzig Jahre aus Anlaß des Jobel= oder Halljahres an den frühern Eigenthümer oder seine Erben zurückfiel [2].

---

[1] 2, 2, q. 119, a. 1 c: Respondeo dicendum, quod in moralibus attenditur oppositio vitiorum ad invicem et ad virtutem secundum superabundantiam et defectum. Differunt autem avaritia et prodigalitas secundum superabundantiam et defectum diversimode ... Circa exteriora vero ad prodigalitatem pertinet excedere quidem in dando, deficere autem in retinendo et acquirendo. Ueber die Berechtigung eines gewissen Luxus s. v. Hertling, Naturrecht S. 70. Contzen, Thomas als volkswirthschaftl. Schriftsteller S. 6. Christl.=sociale Blätter 1887, S. 522 f. Staatslexikon der Görres=Gesellschaft II, 522. *Costa-Rossetti*, Philos. mor. p. 728.

[2] 1, 2, q. 105, a. 2 c: Sed circa res possessas optimum est, sicut dicit Philosophus (Polit. l. 2, c. 3), quod possessiones sint distinctae, et usus sit partim communis, partim autem per voluntatem possessorum communicetur. Et haec tria fuerunt in lege statuta ... Aliud remedium est, ut possessiones non in perpetuum alienentur, *sed certo tempore ad suos possessores revertantur* ... concedebatur enim communiter quantum ad omnes, ut ingressus in vineam amici licite comedere posset, dum tamen extra non deferret; *quantum ad pauperes* vero specialiter, ut eis relinquerentur manipuli obliti et fructus et racemi remanentes ... et etiam communicabantur ea, quae nascebantur in septimo anno ... Ibid. a. 2 ad 3: Et ideo lex vetus ad huiusmodi periculum removendum sic ordinavit, quod et necessitatibus hominum subveniretur, concedens possessionum venditionem usque ad certum tempus; et tamen periculum removit praecipiens, ut certo tempore possessio vendita ad vendentem rediret. Felix (Der Einfluß der Religion auf die Entwicklung des Eigenthums [Leipzig 1889] S. 16) erblickt darin eine socialistische Tendenz. S. dagegen: Die soc. Frage beleuchtet

§ 8.

Staat und Privateigenthum.

Der Socialismus leitet alles Recht aus dem Willen der Gesamtheit ab; er überantwortet damit auch das Eigenthums= recht der wechselnden Willkür des Staatswillens[1].

Der aristotelische Staat gipfelt in der Staatsomnipotenz; der Staat ist sich selbst Zweck[2]. Der Einzelne ist nur des Staats wegen da, und sein ganzer Werth und seine ganze Bestimmung besteht darin, ein guter Staatsbürger zu sein[3].

In der Auffassung des Staates besteht zwischen Aristoteles und Thomas ein principieller Unterschied[4]. Der heilige Lehrer scheut das gänzliche Aufgehen aller Selbständigkeit in der staat= lichen Gewalt. Diese Anschauung ist für das Eigenthum von großer Tragweite.

Thomas hat das Privateigenthum als ein natürliches Recht des Menschen erwiesen, mithin als ein Recht, das schon mit der Natur des Menschen vor und außerhalb der staatlichen Gemeinschaft gegeben ist[5]. Er ist demzufolge ein scharfer

---

durch die Stimmen aus Maria=Laach, 5. Heft: Cathrein, Das Privatgrundeigenthum und seine Gegner (Freiburg 1892) S. 26.

[1] Ketteler, Arbeiterfrage und Christenthum S. 73 ff.

[2] Trotz der Kritik Platos fällt Aristoteles im siebenten Buche der „Politik" in die Platonischen Forderungen zurück (Bluntschli und Braters Deutsches Staats=Wörterbuch, Art. „Socialismus und Communismus" von Joh. Huber [Stuttgart und Leipzig 1864] S. 487).

[3] Theod. Meyer a. a. O. S. 55. Histor.=politische Blätter LXXVII, 48.

[4] Contzen, Zur Würdigung des Mittelalters S. 26. Dagegen Baumann, Die Staatslehre des hl. Thomas von Aquin, des größten Theologen und Philosophen der katholischen Kirche.

[5] Cathrein a. a. O. II, 247. Liberatore a. a. O. S. 200. Die sociale Frage beleuchtet durch die Stimmen aus Maria=Laach, 8. Heft: Pesch, Liberalismus, Socialismus und christliche Gesellschafts= ordnung S. 164.

Gegner des Absolutismus, der außer sich kein Recht anerkennt und gewaltsam das Eigenthum der Unterthanen verletzt.

Eingriffe in das Eigenthum der Unterthanen sind Sache des Tyrannen[1]. Den obrigkeitlichen Personen ist die öffentliche Gewalt übertragen zum Schutz des Rechtes gegen Uebelthäter oder gegen äußere Feinde. Mißbrauchen aber die Inhaber der öffentlichen Gewalt dieselbe zur Verletzung des Eigenthums der Unterthanen, so überschreiten sie die Grenzen ihrer Befugnisse, handeln ungerecht und sind zur Restitution verpflichtet. **Nur was bei sparsamer Staatsverwaltung zum öffentlichen Wohl durchaus nothwendig ist**, darf die Regierung verlangen und nöthigenfalls mit Gewalt eintreiben; was sie aber unberechtigterweise durch Ueberbesteuerung zu erpressen sucht, ist Raub, und ihre Sünde ist schwerer als die des Wegelagerers, weil sie die öffentliche Gerechtigkeit erschüttert, zu deren Hüterin die Obrigkeit bestellt ist[2].

---

[1] 2, 2, q. 118, a. 8 ad 5: Ad quintum dicendum, quod sicut liberalitas est circa mediocres pecunias, ita et illiberalitas. Unde tyranni, *qui magna per violentiam auferunt*, non dicuntur illiberales, sed iniusti. *De reg. princ.* l. 1, c. 3. Christl.-sociale Blätter 1881, S. 801. Gonzalez, Die Philosophie des hl. Thomas von Aquin. Uebersetzt von Nolte. III (Regensburg 1885), 333.

[2] Christl.-sociale Blätter 1882, S. 361 f. — 2, 2, q. 66, a. 8 c: Principibus vero potestas publica committitur ad hoc, quod sint iustitiae custodes; et ideo non licet eis *violentia et coactione uti*, nisi secundum iustitiae tenorem; et hoc vel contra hostes, pugnando, vel contra cives, malefactores puniendo; et quod per talem violentiam aufertur, non *habet rationem rapinae*, cum non sit contra iustitiam. Si vero contra iustitiam aliqui per publicam potestatem violenter abstulerint res aliorum, illicite agunt, et rapinam committunt, et ad restitutionem tenentur. Ibid. ad 3: Ad tertium dicendum, quod si principes a subditis exigant, quod eis secundum iustitiam debetur propter bonum commune conservandum, etiamsi violentia adhibeatur, non est rapina; *si vero aliquid principes indebite extorqueant per violentiam, rapina est*, sicut et latrocinium. Unde dicit Augustinus: Remota iustitia, quid sunt regna nisi magna

Noch viel weniger darf natürlich der Staat die bestehende Eigenthumsordnung gänzlich umstürzen. Weil seine Aufgabe nicht Verletzung, sondern Sicherung des Rechtes ist, darf er keine Gesetze erlassen, die dem Naturrechte, der Quelle des Privateigenthums, zuwiderlaufen. Solche Gesetze würden der verpflichtenden Kraft entbehren[1].

Aber man könnte einwenden: die Staatsgewalt muß Einheit und Ordnung im Staate aufrecht erhalten; die größte Einheit würde aber erreicht, wenn der Staat, alle Ungleichheiten aufhebend, das gesamte Eigenthum der Unterthanen in seine Hand brächte. Aber die Einheit findet ihr Maß am Frieden[2]. Sie darf nicht so weit gehen wollen, daß sie schablonenhaft das Leben und Denken der Bürger zu regeln und gleichzumachen sucht.

Wenn somit das Eigenthumsrecht kein Ausfluß des Staatswillens ist und diesem folglich kein Obereigenthum zusteht, wie es für Gott allein sich nachweisen läßt, hat damit Thomas dem Staate jede auf das Eigenthum der Unterthanen bezügliche Thätigkeit abgesprochen und ihm lediglich eine passive Zuschauerrolle übertragen? Die öffentliche Gewalt hat nach seiner Lehre auch Jurisdictionsrechte über dasselbe im

---

latrocinia? quia et ipsa latrocinia quid sunt nisi parva regna? Et Ezech. 22, 27 dicitur: Principes eius in medio eius, quasi lupi rapientes praedam. *Unde ad restitutionem tenentur, sicut et latrones; et tanto gravius peccant quam latrones, quanto periculosius et communius contra publicam iustitiam agunt, cuius custodes sunt positi.*

[1] 2, 2, q. 60, a. 5 ad 1: Ad primum ergo dicendum, quod lex scripta, sicut non dat robur iuri naturali, ita nec potest eius robur minuere vel auferre, *quia nec voluntas hominis potest immutare naturam.* Et ideo si scriptura legis contineat aliquid contra ius naturale, iniusta est, nec habet vim obligandi ...

[2] Histor.-polit. Blätter LXXVII, 117 f. *De reg. princ.* l. 1, c. 2: Bonum autem et salus consociatae multitudinis est, *ut eius unitas conservetur, quae dicitur pax;* qua remota socialis vitae perit utilitas: quin immo multitudo dissentiens sibi ipsi fit onerosa.

Interesse der Gesamtheit[1]. Sie soll dasselbe nicht bloß gegen un=
berechtigte Eingriffe schützen, sondern vor allem die allgemeine
Forderung des Naturrechts, daß Privateigenthum bestehe, näher
entwickeln und gesetzlich fixiren. Es ist damit der staatlichen
Thätigkeit ein weiter Spielraum geboten. Denn jene all=
gemeine Forderung genügt für das sociale Leben noch nicht.
Die Erwerbsarten genauer nach den Anforderungen der natür=
lichen Gerechtigkeit und des öffentlichen Wohles zu regeln, fest=
zustellen, wie weit das Eigenthum zum allgemeinen Besten
belastet werden darf, das sind Aufgaben, die der gesetzgebenden
Thätigkeit des Staates vorbehalten sind und welche Thomas
mitbestimmen mochten, das Privateigenthum ins ius positivum
einzubegreifen[2].

Auch die Ausführung des wiederholt und nachdrücklichst
betonten Grundsatzes, daß der Gebrauch der Güter gemeinsam
sein solle, weist Thomas der Gesetzgebung des Staates zu,
gewiß eine wichtige, besonders für die Gegenwart hochbedeut=
same Aufgabe, wo die Frage nach dem Verhältniß zwischen
Kapital und Arbeit, zwischen Besitz und Besitzlosen eine bren=
nende geworden ist[3]. Nun fällt allerdings das Almosen, durch

---

[1] *Quodlib.* 12, q. 16, a. 24: Ad primum ergo dicendum, quod
verum est, quod omnia sunt principum ad *gubernandum*, non ad
retinendum sibi vel ad dandum aliis: et si quae leges tales sunt,
tyrannicae sunt, et non absolvunt a conscientia, sed a foro iudiciali,
et violentia. *Costa-Rossetti*, Phil. mor. p. 521. Cathrein, Moral=
philosophie II, 248.

[2] Man könnte vielleicht aus dem Satze des hl. Thomas, das Ge=
meinwohl gehe dem Privatwohle vor (2, 2, q. 32, a. 6 c: . . . cum
bonum commune sit proprio praeferendum) auch das staatliche Recht
der Expropriation für gewisse engbegrenzte Fälle ableiten. Vgl.
Wetzer u. Weltes Kirchenlexikon IV, 290. Staatslexikon der Görres=
Gesellschaft II, 533. *Costa-Rossetti* l. c. p. 758 sqq.

[3] *Comment. in Arist. Polit.* lib. 2, lect. 4: Utrobique enim in-
venitur aliquid boni scilicet et in hoc, quod ponuntur propriae, et
in hoc, quod ponuntur communes. Sed si possessiones sunt propriae et ordinantur *per rectas leges* et consuetudines, quod cives

4*

welches die Gemeinſamkeit des Eigenthums ſich verwirklicht, in
den Bereich der Liebespflichten, welche wegen ihrer innigen Ver=
bindung mit der perſönlichen Freiheit keinem ſtaatlichen Zwange
unterworfen werden ſollen; um dieſe handelt es ſich auch gar
nicht, ſondern lediglich um die Rechtspflicht[1]. Es hat freilich
jeder in der äußerſten Nothlage das Recht, ſeinen Bedarf mit
fremdem Gut zu befriedigen. Aber es würde den Ruin jeder
geſellſchaftlichen Ordnung bedeuten, wenn dieſes Recht zu einer
allgemeinen und dauernden Einrichtung würde. Deswegen, und
weil der Staat Sorge zu tragen hat, daß jeder mit
dem zum Leben Nöthigen verſehen ſei[2], kann die Al=
moſenspflicht der Geſamtheit gegenüber zu einer ſtaatlich
erzwingbaren Rechtspflicht werden. Wo die freie chriſt=
liche Liebesthätigkeit für die obwaltenden Bedürfniſſe nicht aus=
reicht, dürfte gegen die ſubſidiäre Berechtigung und Nothwen=
digkeit einer ſtaatlichen Armenpflege und Armenſteuer nichts
Stichhaltiges einzuwenden ſein[3].

Ferner zur Verhütung oder Beſeitigung von Monopolen,
wie ſie der Beſitz von großem Kapital zum Schaden der wirt=
ſchaftlich Schwachen ermöglicht, ſpricht Thomas der Staats=
gewalt das Recht zu, beſtimmte Preiſe feſtzuſetzen[4]. Das iſt eine

---

sibi invicem communicent de suis bonis, habebit talis modus vivendi bonum, quod est ex utroque scl. ex communitate possessionum et distinctione earum: oportet enim possessiones simpliciter
quidem esse proprias quantum ad proprietatem dominii, sed secundum aliquem modum communes. *Quomodo autem usus rerum
propriarum possit fieri communis, hoc pertinet ad providentiam
boni legislatoris.* Liberatore a. a. O. S. 247.

[1] v. Hertling, Naturrecht S. 53.

[2] *De reg. princ.* l. 1, c. 14: Tertio vero requiritur, *ut per
regentis industriam necessariorum ad bene vivendum adsit suffi-
ciens copia.* Contzen, Zur Würdigung des Mittelalters S. 16.
Baſilius Antoniades, Entſtehung und Verfaſſung des Staates
nach Thomas von Aquino S. 5. [3] Peſch a. a. O. S. 186 f.

[4] 2, 2, q. 77, a. 2 ad 2: ... Et ideo has mensuras *publica*

wichtige Function; denn eine gerechte Tarifirung der Preise bildet einen wesentlichen Theil der Socialordnung, an die der Friede und der Wohlstand der Völker geknüpft ist. „Das weite Gebiet der Gerechtigkeit ist der eigentliche Wirkungskreis der Obrigkeit, und da die Gerechtigkeit jedesmal leidet, so oft in Handel und Wandel die Gleichheit zwischen dem Werthe der Ware und ihrem Preise überschritten worden und unzählige Interessen dadurch berührt werden, so kann eine weise und gerechte Obrigkeit in Sachen der ausgleichenden Gerechtigkeit sich unmöglich gleichgiltig verhalten. Sie ist verpflichtet, nicht nur für jede arge Verletzung der Preise den Recurs zu den Gerichten zu gestatten, sie muß, soviel an ihr liegt, durch eine gerechte Tarirung der verkäuflichen Dinge und feste Normirung ihrer Preise solchen Streitigkeiten und Processen auch vorbeugen." [1]

Ein ähnliches Verhältniß, das die Gefahr der Ausbeutung in sich birgt, besteht zwischen Kapital und Arbeit. Die Mittellosigkeit des Arbeiters macht es meist dem Arbeitgeber möglich, den Lohn so weit herabzudrücken, daß er kein menschenwürdiges Auskommen mehr gewährt. Die Intervention des Staates, die Thomas zur Festsetzung der Warenpreise wünscht, kann analogerweise auch zur Bestimmung der Arbeitslöhne, eines Lohnminimums angenommen werden [2].

---

auctoritate vel consuetudine institutas praeterire non licet. Caro, Der Wucher (Leipzig 1893) S. 103.

[1] v. Vogelsang, Gesammelte Aufsätze über socialpolitische und verwandte Themata I, 400 f.

[2] Cathrein, Moralphilosophie II, 516. Christl.-sociale Blätter 1891, S. 372. In der Praxis wird vielleicht in dieser Beziehung mehr durch Arbeitercoalitionen erreicht (v. Hertling, Naturrecht S. 62). Ueber die staatlichen Pflichten bezüglich der Arbeiterfrage f. Die sociale Frage beleuchtet durch die Stimmen aus Maria-Laach, 4. Heft: Lehmkuhl S. J., Die sociale Noth und der kirchliche Einfluß (Freiburg 1892) S. 44; 7. Heft: Lehmkuhl, Internationale Regelung der socialen Frage (Freiburg 1893) S. 10. Pesch a. a. O. S. 168.

Das Recht des Staates, das Eigenthum im Interesse der Armen zu belasten und die wirtschaftlich Schwachen gegen Ausbeutung in Schutz zu nehmen, zeigt, daß er das Recht besitzt, die Auswüchse des Kapitalismus zu beschneiden; das Eigenthum muß also nicht nothwendig gerade in der Gestalt des „werbenden Kapitals" auftreten, das unter der Herrschaft der freien Concurrenz den Arbeiter zur unpersönlichen Ware herabwürdigt. Damit ist auch der Nachweis erbracht, daß in den äußern Erscheinungsweisen des Eigenthums nach Umständen ein gewisser Wechsel sich vollziehen kann, während das Princip des Eigenthums unwandelbar in der menschlichen Natur begründet ist [1].

Aus all dem folgt, daß es der Staat in der Vertheilung des Eigenthums nicht bei dem „freien Spiel der Kräfte" bewenden lassen darf, er muß vielmehr in positiver Weise handeln. Damit allen ein tugendhaftes Leben, die Erreichung ihres letzten Zweckes möglich werde, muß er dafür sorgen, daß alle Staatsangehörigen mit dem nothwendigen Bedarf an zeitlichen Gütern versehen sind.

§ 9.
Wichtigkeit einer richtigen Vertheilung des Eigenthums.

Der moderne Kapitalismus, der nur auf stetige Steigerung der Production ausgeht, ist um eine richtige Vertheilung der Güter durchaus nicht besorgt; kalten Blicks sieht er Plutokratie und Pauperismus einander gegenüberstehen [2]. Der Socialismus geht bei Ausgleichung dieser Gegensätze radical zu Werke; er endigt nothwendigerweise, da sein Vertheilungs-

---

[1] Staatslexikon der Görres-Gesellschaft II, 519. Ratzinger a. a. O. S. 80. Das ist der wahre Kern der socialistischen Geschichtsphilosophie.

[2] Samter a. a. O. S. 216. Jörg, Geschichte der socialpolitischen Parteien S. 80 ff.

maßstab, die Arbeit, praktisch unbrauchbar ist, in communi=
stischer, gleicher Vertheilung[1].

Thomas rüttelt nicht an dem von Gott gewollten Unter=
schied von reich und arm; aus der von ihm gelehrten Un=
gleichheit der Menschen ergibt sich vielmehr, daß er auch eine
Ungleichheit in der Vertheilung des Vermögens für berechtigt
halten mußte. Denn auf dem Gebiete des Erwerbes machen
sich ja jene Verschiedenheiten vor allem geltend. Da muß in
der Regel der an Intelligenz Aermere hinter dem geistig Be=
deutendern, der körperlich Schwächere hinter dem kräftigern
und geschicktern Arbeiter zurückstehen. Aber diese Gegensätze
sollen sich nach seiner Ansicht doch nicht so schroff und un=
vermittelt gegenüberstehen[2] wie zwei feindliche Heerlager, sondern
der Staat soll vor allem auf einem kräftigen, zahlreichen Mittel=
stand beruhen[3]. Die Gefahr, daß in wenigen Händen alles
Eigenthum sich anhäufe, wußte das alttestamentliche Gesetz zu
vermeiden durch die Bestimmung, daß nach einer bestimmten
Zeit aller veräußerte Besitz seinem ursprünglichen Herrn an=
heimfalle. Es war damit eine gewisse Beständigkeit des Eigen=
thums garantirt. Es konnte keiner, noch viel weniger ganze
Generationen in dauernde Armut versinken.

Schon Aristoteles hat den Segen eines wohlhabenden Mittel=
standes erkannt[4]. Im Commentar zur Politik beleuchtet Tho=
mas im einzelnen den Gedankengang des Stagiriten.

---

[1] Cathrein, Moralphilosophie II, 174 ff. Held, Zwei Bücher
zur socialen Geschichte Englands (Leipzig 1881) S. 370. Stimmen
aus Maria=Laach XLIII, 402 ff.

[2] 1, 2, q. 105, a. 2 ad 3: Ad tertium dicendum, quod, sicut
Philosophus (Polit. l. 2, c. 5) dicit, *regulatio possessionum* multum confert ad conservationem civitatis vel gentis . . . Si enim
passim possessiones vendantur, potest contingere, quod omnes possessiones ad *paucos* deveniant.

[3] *Comm. in Aristot. Polit.* lib. 4, lect. 10. Périn a. a. O. I, 39.

[4] Arist. Polit. 4, 11. Weiß, Sociale Frage II, 543. v. Hert=
ling, Reden und Aufsätze socialpolitischen Inhalts S. 56.

Der mittlere Besitz ist für das tugendhafte Leben des Einzelnen wie für den ruhigen Bestand des Staates am besten.
Denn wie die Tugend selbst in der Mitte liegt, so sind auch
diejenigen Bürger die besten, welche dem Mittelstande angehören.
Die beiden Extreme, zu großer Reichthum und Pauperismus,
entfernen von der Mitte, in welcher die Tugend liegt. Ganz
im allgemeinen sagt Thomas: Die Bürger mit mittlerem Besitz
sind die besten, denn sie leisten der Stimme der Vernunft am
bereitwilligsten Gehorsam[1]. Dagegen führt zu großer Reichthum oder zu großes Elend zu Leidenschaften, welche die Stimme
der Vernunft übertönen: jener hat im Gefolge Verachtung
anderer und Gewaltthätigkeit; der allzu Reiche ist geneigt, nur
seinen ungeordneten Launen zu folgen; dieses aber macht hab-
süchtig und tückisch. Die vom Glück ganz Vernachlässigten
werden auf Mittel und Wege bedacht sein, um zu Reichthum
zu gelangen. In der Wahl dieser Mittel aber werden sie
nicht allzu wählerisch sein[2].

Worin bestehen nun im einzelnen die Vorzüge des
Mittelstandes? Die Bürger mit mittlerem Besitz lieben, sagen
Aristoteles und sein Commentator, ihren Fürsten. Damit ist
aber für den Staat schon viel gewonnen; es ist der Bestand
der Autorität gesichert. Wahrer Patriotismus, echte
und volle Hingabe an die Sache des Vaterlandes wird sich
zumeist beim Mittelstande finden. Er ist an der Aufrecht-

---

[1] *Comm. in Polit.* lib. 4, lect. 10: Illi sunt optimi cives, qui
facillime oboediunt rationi, sed medii in civitate facillime oboediunt
rationi, non autem extremi.

[2] *Ibid.*: Ille qui excedit vel in pulchritudine vel fortitudine
vel nobilitate vel divitiis alios contemnit et fit iniuriosus et in-
clinatur etiam propter excessum alicuius istorum ad inordinatas
delectationes ... Egeni autem valde debiles vel viles deficiunt a
ratione et fiunt avari ... Isti autem superegeni diversos modos
et diversas vias inveniunt, quibus possint habere divitias vel po-
tentiam ... Propter quod manifestum est, quod sunt astuti et
nequam in parvis valde.

erhaltung der staatlichen Ordnung am meisten interessirt. Er braucht Ruhe und Sicherheit, damit er ungestört der Arbeit obliegen kann. Weil so dem Mittelstand am meisten am ge= sicherten Fortbestand des Staates gelegen ist, werden auch die staatlichen Aemter am besten in den Händen des Mittelstandes verwaltet werden[1]. Die allzu Reichen dagegen wollen sich keiner Autorität fügen. Von Jugend auf sind sie es gewohnt, ihrem Vergnügen zu fröhnen[2]. Ebensowenig kennen die allzu Armen wahren Gehorsam; sie erblicken in den Fürsten nur ihre Unterdrücker und legen ihnen die Schuld an ihrem Elende zur Last. Ihr Gehorsam entspringt lediglich der Furcht; sie fügen sich nur dem despotischen Zwange[3]. Zur guten Ver= waltung der Staatsämter sind beide Klassen wenig geschickt. Die Verachtung der Geldaristokratie gegen alle, die ihr an Besitz nicht ebenbürtig sind, und der Neid der Armen gegen die Reichen machen eine gute Führung der Staatsämter recht unwahrscheinlich. Ein gewisses Wohlwollen der öffentlichen Behörden gegen die Unterthanen ist für die Verwaltung des Staates nothwendig. Aber Verachtung und Neid vertragen sich damit nicht[4]. Der Mittelstand hat auch eine vermittelnde

---

[1] Ibid.: Illi sunt optimi in civitate, qui amant principes et magistratus curant ac bene consulunt bono reipublicae: sed medii amant principes, non autem extremi.

[2] Ibid.: Illi qui excedunt alios in bonis fortunae, sicut in divitiis, potentiis et in amicis et in consimilibus, nec subici volunt aliis nec sciunt. Nam a pueritia in deliciis nutriti sunt. Et ideo doctoribus non sunt assueti subici, propter hoc non subici eis volunt, quia non possunt inclinari ad oppositum eius ad quod inclinantur ex assuetudine, sed statim ex nativitate inclinantur ad oppositum eius quod est subici.

[3] Ibid.: Isti pauperes etiam principes non amant, quia opprimi reputant se ab eis ... Illi etiam, qui excellenter egeni sunt, in tantum sunt humiles, quod nesciunt principari, sed subici etiam servili principatu; nam subiciuntur principatu despotico, qui est domini ad servum.

[4] Ibid.: Egeni valde invident aliis nec magistratus gerere

Aufgabe im Staate zu erfüllen. Die Reichen und die Armen
würden naturgemäß in beſtändigem Hader leben, wenn ſie ſich
ganz unvermittelt gegenüberſtänden. Ein kräftiger Mittelſtand
verhindert, daß die beiden Gegenſätze ſich gegenſeitig aufreiben.
Er wird die Unterdrückung der Armen durch die Reichen ſo=
wie die Empörung der Beſitzloſen gegen den Beſitz verhindern[1].
Deswegen bleibt nur der Staat, der hauptſächlich aus Bürgern
mit mittlerem Beſitze beſteht, von Aufſtänden und Unruhen
verſchont[2]. Thomas hat auch ſchon den großen Ein=
fluß erkannt, den die ſocialen Verhältniſſe auf
die Staatsverfaſſung äußern. Wenn im Staate Pluto=
kratie und Pauperismus einander gegenüberſtehen, da wird
je nach dem Uebergewicht der einen Klaſſe über die andere
entweder Volksherrſchaft oder Oligarchie oder gar Tyrannis
entſtehen[3].

Das wären aber nach der Anſicht des hl. Thomas keine
geſunden Zuſtände. Er will auf politiſchem Gebiete ebenſo=
wenig von abſoluten Gegenſätzen etwas wiſſen, als er ſich mit
den ſocialen befreunden konnte. Er ſtellt als Princip für die

---

sciunt. Divites valde contemnunt . . . Invidere vero et contemnere
sunt contra rationem reipublicae . . . quia amicitia necessaria est in
civitate . . . Sed invidia et contemptus sunt contra rationem
amicitiae.

[1] Ibid.: Si una pars praeter rationem velit opprimere aliam
partem, sicut si divites pauperes velint opprimere, pars media ad-
iungit se pauperibus . . . Si autem pauperes velint insurgere contra
divites praeter rationem, medii iungunt divitibus se et reprimunt
pauperes. Et ideo medii prohibent fieri excessus in civitate.

[2] Ibid.: Respublica, quae est ex mediis, . . . sola et sine se-
ditione et turbatione est.

[3] Ibid.: Ubi sunt qui valde excedunt in divitiis aut indigentes
valde, erit ibi aut status popularis aut paucorum intemperatus, in
quo pauci divites valde dominantur secundum voluntatem suam,
aut erit tyrannis propter ambos excessus scilicet divitiarum et
egestatis, ex populari enim nimis superbo insurgit tyrannis. Similiter ex paucorum potentia.

Einrichtung eines Staates den Satz auf, es sollen alle Staatsangehörigen in irgend einer Weise an der Regierung theilnehmen; denn nur eine solche Verfassung werden alle lieben.
Aus diesem Grunde ist die Monarchie die beste Staatsform,
wenn sie mit der Aristokratie und Demokratie gemischt ist. So
wird die Macht des Königs einerseits beschränkt, andererseits
durch die Mitwirkung anderer Factoren in rechter Weise geleitet [1].

Noch einen Grund macht Thomas mit Aristoteles dafür
geltend, daß für den Staat der Mittelstand am besten sei:
die Geschichte zeigt, daß die besten Gesetzgeber immer aus diesem
hervorgegangen sind [2].

§ 10.
Berechtigung des Collectiveigenthums.

Trotzdem Thomas die Nothwendigkeit des individuellen
Eigenthums lehrt, ist er doch weit von der Einseitigkeit entfernt, nur diesem allein Berechtigung zuzuerkennen. Die Gesellschaft besteht ja nicht bloß aus Individuen, sondern sie
gliedert sich in verschiedene sociale Gruppen, welche als moralische Persönlichkeiten fungiren. Wie das Individuum
gerade deshalb von Natur aus eigenthumsberechtigt ist, weil
es nur unter der Voraussetzung des Eigenthums sich erhalten
und entwickeln kann, so ist dieses Verhältniß auch für jene
socialen Gruppen maßgebend [3]. Die Familie, der Staat, die

---

[1] Histor.-polit. Blätter LXXVII, 120. — 1, 2, q. 105, a. 1 c:
Talis est omnis optima politia bene commixta ex regno, in
quantum unus praeest, ex aristocratia, in quantum multi princi-
pantur secundum virtutem, et ex democratia, i. e. ex potestate
populi, in quantum ex popularibus possunt eligi principes, et ad
populum pertinet electio principum. Vgl. C. Frantz, Kritik aller
Parteien S. 121 ff.

[2] Comment. in Polit. l. c.: Optimi legislatores fuerunt de
mediis, sicut Solon.

[3] Wetzer und Weltes Kirchenlexikon IV, 283 f. S. auch

Kirche und Ordensgenossenschaften bedürfen zur Erfüllung ihrer Aufgaben des Eigenthums.

Für die Familie hat Thomas schon dadurch die Eigenthumsberechtigung nachgewiesen, daß er das Erbrecht als naturgemäß aufgezeigt hat.

Auch der Staat ist eigenthumsberechtigt, da er sonst seinen Zwecken nicht genügen könnte; er hat nach dem früher Gesagten ein Recht, von den Unterthanen für den Staatshaushalt Steuern zu erheben, die natürlich in sein Eigenthum übergehen[1].

Desgleichen gibt es klösterliche Vereinigungen, welche Gemeineigenthum besitzen. Thomas betont dies im Anschlusse an eine Stelle des hl. Augustinus gegen die Secte der Apostoliker, die in den Fehler des Socialismus verfallen sind und alles Privateigenthum negiert haben[2].

Eingehend beschäftigt sich Thomas mit dem Eigenthum der Kirche[3]. Sie bedarf vor allem des Eigenthums an Cultgebäuden[4], nicht Gottes wegen — wie Thomas ausführt —, dessen

---

Ab. Samter, Das Eigenthum in seiner socialen Bedeutung S. 2. *Costa-Rossetti* l. c. p. 342 sq.

[1] S. den betreffenden Abschnitt (§ 8: Staat und Privateigenthum). Die Stellen bei Contzen (Geschichte der volkswirtschaftlichen Literatur im Mittelalter S. 32. 35), in denen die Verwendung des Staatsschatzes, also des Staatseigenthums, behandelt wird, sind dem 7., 13., 15. Kapitel des zweiten Buches von „De regimine principum" entnommen, deren Echtheit zweifelhaft ist.

[2] 2, 2, q. 66, a. 2 c: . . . quales habet catholica ecclesia et monachos et clericos plurimos.

[3] *Nic. Thoemes*, Commentatio litteraria et critica de S. Thomae Aquinatis operibus, Abschnitt *„De bonis et reditibus ecclesiasticis"*, p. 142.

[4] 2, 2, q. 84, a. 3 ad 2: Determinatus locus eligitur ad adorandum, non propter Deum qui adoratur, quasi loco concludatur, sed propter ipsos adorantes; et hoc triplici ratione: primo quidem propter loci consecrationem, ex qua specialem concipiunt devotionem orantes, ut magis exaudiantur . . . secundo propter sacra mysteria et alia sanctitatis signa, quae ibi continentur; tertio propter

Unendlichkeit nicht an den Raum gebunden ist, sondern der Gläu=
bigen wegen, damit sie durch die Heiligkeit des Ortes mehr zur
Andacht gestimmt würden und so leichter Erhörung fänden.

Außerdem hat die Kirche ein Recht auf verschiedene Ein=
künfte seitens der Gläubigen: sacrificia, oblationes, pri-
mitiae, decimae [1], welche in das kirchliche Eigenthum über=
gehen und von ihr zum Gottesdienste, zum Unterhalt der
Priester und zur Unterstützung der Armen verwendet werden [2].

Zum Begriff der Oblationen gehört, daß sie freiwillig
gegeben werden; doch kann in bestimmten Fällen eine Pflicht
hierzu bestehen, besonders auf Grund eines Vertrages, wenn
die Kirche dem andern Contrahenten ein ihr gehöriges
Grundstück überlassen hat [3]. Außer den kirchlichen Gebäuden

---

concursum multorum adorantium, ex quo fit oratio magis ex-
audibilis, secundum illud Matth. 18, 20: Ubi sunt duo vel tres con-
gregati in nomine meo, ibi sum ego in medio eorum.

[1] *Thoemes* l. c. p. 144.

[2] Ibid. q. 86, a. 2 c: Non solum ut eas in suos usus con-
vertant, verum etiam ut fideliter eas dispensent, partim quidem
expendendo eas in his, quae pertinent ad cultum, partim vero in
his, quae pertinent ad proprium victum . . . partim etiam in *usus
pauperum*, qui sunt, quantum fieri potest, de rebus ecclesiae sus-
tentandi. Ibid. q. 87, a. 4 ad 4: Decimae debent cedere in sub-
ventionem pauperum per dispensationem clericorum.

[3] Ibid. q. 86, a. 1 c: Huiusmodi ergo oblationes de sui ratione habent, quod *voluntarie offerantur* . . . Potest tamen contingere, quod aliquis ad oblationes *teneatur*, quadruplici ratione:
primo quidem ex praecedenti conventione, *sicut cum alicui conceditur fundus ecclesiae*, ut certis temporibus certas oblationes
faciat, quod tamen habet rationem census; secundo propter prae-
cedentem deputationem sive promissionem, sicut cum aliquis offert
donationem inter vivos, vel *cum relinquit in testamento ecclesiae
aliquam rem mobilem vel immobilem* in posterum solvendum; tertio
modo propter ecclesiae necessitatem, puta si ministri ecclesiae non
haberent unde sustentarentur; quarto propter consuetudinem: tenentur enim fideles in aliquibus solemnitatibus ad aliquas oblationes
consuetas.

kann also die Kirche noch anderweitig Grundbesitz haben,
ohne in ihrer Erwerbsfähigkeit an Grenzen gebunden zu sein;
sie kann wie weltliche Fürsten ganze Länder zu eigen haben[1],
und Thomas vertheidigt sie gegen den von den Secten seiner
Zeit gemachten Vorwurf, sie sei durch ihren großen Besitz verwelt=
licht und deshalb nicht mehr dieselbe wie zur apostolischen Zeit[2].

Der zeitliche Besitz vermag das Wesen der Kirche nicht
zu verändern; dies besteht in dem Glauben, den Sacramenten
und dem Oberhaupt[3]. Es ist zwar die äußere Lage der Kirche
eine andere als in der apostolischen Zeit; aber die Kirche ist
in ihrem Wesen deswegen keine andere geworden[4].

---

[1] *Thoemes* l. c. p. 147: Praeter eas autem annuas decimas et
oblationes populi frequentes ecclesia multos fundos et possessiones,
ducatos, principatus et ipsa regna ex more saecularium principum
tenebat partim propria partim feudalia, ita ut „omnibus modis
habendi" ea subiecta possideret. *Apparet Thomam Aquinatem hunc
rerum statum defendisse et approbasse . . .*

[2] *Quodlib.* 12, q. 13: Deinde fuit quaesitum, utrum sit una
ecclesia, quae fuit in principio tempore apostolorum et quae est
modo. Et videtur quod non. Quia nunc non utitur eisdem regulis.
Tunc enim praelati erant sine auro et argento in zonis suis. Ergo . . .
— Praeterea non legitur, quod Christus et apostoli habuerint
castra; modo autem ecclesia habet. Ergo . . .

[3] Ibid.: Respondeo dicendum, quod eadem est numero ecclesia,
quae tunc erat, et quae nunc est, quia eadem fides et eadem fidei
sacramenta, eadem professio, unde dicit apostolus 1 Cor. 1, 13:
Divisus est Christus? Absit.

[4] Ibid.: Est ideo alius status ecclesiae nunc et tunc, non autem
est alia ecclesia.

Zweites Kapitel.

Die Lehre des Socialismus vom Eigenthum in ihrer geschichtlichen Entwicklung.

I. Periode des Individualismus.

§ 1.

Die großen Bewegungen an der Schwelle der Neuzeit haben dem christlich-scholastischen Naturrecht, wie es in der Eigenthumslehre des hl. Thomas zu Tage tritt, ein anderes, auf heidnischer Grundlage fußendes gegenübergestellt. Reformation und Humanismus haben in die Gedankenwelt der modernen Zeit den **Individualismus** als bewegendes Princip eingeführt, der aus der Philosophie in die Nationalökonomie, aus der Lehre von der Volkswirtschaft in diese **Wirtschaft selbst**, ins praktische Leben überging. Der **Humanismus** erneuerte die antiken Systeme; vor allem war es die Stoa und Epikur, welche den uneingeschränkten Individualismus, jene den der Vernunft, dieser den des Interesses [1], in die Neuzeit einbürgerten. Auch die von dem Hauch des Humanismus berührte **Jurisprudenz** arbeitete mit an der Einführung des antiken Individualismus durch Wiederbelebung des römischen Rechts [2]. Um alle Gebiete des geistigen Lebens, Philosophie, Recht und Religion, mit dem zersetzenden Individualismus zu durch-

---

[1] Hasbach, Die allgemeinen philosophischen Grundlagen S. 11. Brentano, Die Volkswirtschaft und ihre concreten Grundlagen S. 81 f.

[2] Hasbach a. a. O. S. 21.

tränken, war ein dritter Factor thätig, die Reforma=
tion[1]. Als Typus derselben gelten die englischen Levellers,
welche nicht einmal die Autorität der Gemeinden anerkennen
wollten, sondern für jeden einzelnen Gläubigen ein un=
umschränktes Recht der Selbstbestimmung in Sachen der Reli=
gion forderten[2].

Der Individualismus entsprach einem Bedürfnisse der Zeit,
dem Bedürfnisse nach Freiheit, nach Geltendmachung der Per=
sönlichkeit, die der Absolutismus zu ersticken suchte. Dieser
fand in Ludwig XIV. seinen praktischen, in Jean Bodin
(1530—1596) und Thomas Hobbes (1588—1679) seine
theoretischen Vertreter[3]. In der rücksichtslosesten Weise verfuhr
der Absolutismus gegen das Eigenthum der Bürger, das Gebiet,
auf welchem sich zumeist die Freiheit zu bethätigen sucht[4]. So
hatte auch Montesquieu (1689—1755), obwohl er die
Heiligkeit des Eigenthums betont, im „Geiste der Gesetze" das
Eigenthum aus dem Gesetze hergeleitet[5].

Eine eigenthümliche, den Absolutismus begleitende Er=
scheinung war die Literatur der Staatsromane[6], in

---

[1] Ebd. S. 30. Wie sehr die Reformation zur Entwicklung des
Socialismus beigetragen, s. Hohoff, Die Revolution seit dem 16.
Jahrhundert (Freiburg 1887) S. 148 ff. Val. Mayer, Das Eigen=
thum nach den verschiedenen Weltanschauungen S. 30. Christl.=sociale
Blätter 1880, S. 727 ff. Ueber den Communismus eines Hus s.
Wetzer u. Weltes Kirchenlexikon III, 749.

[2] Hohoff, Protestantismus und Socialismus (Paderborn 1881)
S. 44. Vgl. über die Levellers auch Hasbach a. a. O. S. 28. Felix,
Der Einfluß der Religion auf die Entwicklung des Eigenthums S. 37.

[3] Bluntschli, Geschichte der neueren Staatswissenschaften (Mün=
chen und Leipzig 1881) S. 26. 120. 186.

[4] Stimmen aus Maria=Laach XV, 488. E. Jaeger, Die fran=
zösische Revolution und die sociale Bewegung I (Berlin 1890), 367.

[5] E. Jaeger a. a. O. I, 239. Ahrens, Das Naturrecht (Braun=
schweig 1846) S. 254.

[6] Ueber deren Bedeutung s. R. v. Mohl, Geschichte und Lite=
ratur der Staatswissenschaften (Erlangen 1855) S. 167 ff. Stein

denen oft die edelsten Geister, ein Thomas Morus, ein Fene=
lon [1], die bestehenden Zustände kritisirten.

Gegenüber dem Absolutismus und den dichterischen Schil=
derungen besserer Zustände sucht die neue naturrechtliche Rich=
tung von allen historischen Rechten absehend die allgemeinen
Menschenrechte festzustellen [2]. Alle diese neuen Systeme greifen
auf einen angeblichen Naturzustand zurück, der ihnen ins=
gesamt als ein staatloser erscheint. In diesem Zustand finden
die Naturrechtslehrer nur das freie Individuum vor, das
nach stoischer Anschauung lediglich der Stimme seiner Vernunft,
dem Naturrecht, zu gehorchen hat und einen Zug zur Gemein=
schaft (οἰϰείωσις) in sich empfindet, nach epikureischer An=
schauung aber noch gar kein Recht kennt, sondern erst durch
den Nutzen bewogen mit andern zum Staat zusammentritt
und ein Recht schafft [3].

Das stoische Naturrecht der Neuzeit nimmt seinen Ausgang
von Hugo Grotius, der durch die Idee des gesellschaftlichen
Vertrages die Anregung zu jenem demokratischen Socialismus
gab, an den sich Rousseaus Name knüpft [4], und erreicht seinen
Höhepunkt in John Locke [5]. Dieser geht in seinem „Treatise

(Die industrielle Gesellschaft [Leipzig 1850] S. 104) spricht ihnen
jeden Einfluß auf Entwicklung des Socialismus ab; dagegen Mohl
a. a. O.

[1] Thill a. a. O. S. 20. Ueber Thomas Morus' „Utopia" s.
Kautzky, Thomas More und seine Utopien. Stuttgart 1890. v. Hert=
ling, Offener Brief S. 11. Mit Unrecht betrachtet Sudre (Ge=
schichte des Communismus [Berlin 1882] S. 112) Morus als den
Vater des modernen Communismus. Weitere Staatsromane sind auf=
geführt bei Bluntschli, Deutsches Staats=Wörterbuch, Art. „So=
cialismus und Communismus", S. 503 f.

[2] Bluntschli a. a. O. S. 505.

[3] Hasbach a. a. O. S. 5 ff.

[4] Theod. Meyer, Die Grundsätze der Sittlichkeit und des
Rechts S. 49.

[5] Hasbach a. a. O. S. 26.

of Government" (1689), um Begründung und Zweck des
Staates zu erklären, auf den Naturzustand der Menschen zurück.
In diesem lebten sie in voller Freiheit und Gleichheit[1].
Der Hauptzweck bei Gründung der bürgerlichen Gesellschaft ist
für Locke die Erhaltung des Eigenthums; der Staat ist somit
bloßer Rechtsstaat[2]. Zur Rechtfertigung des Privateigenthums
bedient er sich der Arbeitstheorie, die der Socialismus von
ihm übernommen hat[3]. Gott gab dem Menschen die Erde als
gemeinsames Eigenthum. Der Mensch hat das Recht auf Selbst-
erhaltung, folglich auch auf die Unterhaltsmittel. Da die von
der Erde freiwillig geschenkten Unterhaltsmittel nicht genügen, so
muß der Mensch die Erde bearbeiten. Durch seine Thätigkeit
mischt er mit der Erde etwas, was sein Privateigenthum ist, und
dadurch macht er das Grundstück zu seinem Privateigenthum[4].

Die andere individualistische Richtung beruht auf Epikur;
Pierre Gassendi und Thomas Hobbes sind ihre Hauptvertreter. Der Naturzustand der Menschheit erscheint ihnen als
der rechtlose Kriegszustand der Individuen. Indem
die von Selbstsucht und Furcht bewegten Menschenatome feindlich gegeneinander drängen, entwickelt sich die Erkenntniß der
Unsicherheit. Der Staat kommt dadurch zu stande, daß die
Einzelnen ihren Willen dem eines andern unterordnen; erst
jetzt gibt es ein Recht[5].

Mandeville hat den wirtschaftlichen Gesichtspunkt
in die naturrechtliche Gesellschaft hineingetragen. Nicht durch
das Bedürfniß nach Frieden, sondern durch das ebenso egoistische

---

[1] Hasbach a. a. O. S. 48.   [2] Ebd. S. 52.
[3] Cathrein, Moralphilosophie II, 223. Christl.-sociale Blätter
1882, S. 52. Thill a. a. O. S. 66.
[4] Hasbach a. a. O. S. 50. Infolge seiner Arbeitstheorie bekennt
sich Locke auch zum Recht auf den vollen Arbeitsertrag (A. Menger,
Das Recht auf den vollen Arbeitsertrag [Stuttgart 1891] S. 42).
[5] Hasbach a. a. O. S. 36 ff. 95 ff. Bluntschli, Geschichte
der neueren Staatswissenschaften S. 125 ff.

nach den Diensten anderer werden die Menschen zusammen=
gebunden [1].

Den Nachweis zu versuchen, daß die selbstsüchtigen Triebe
nicht, wie das Christenthum lehrt, verderbt, sondern gut seien,
ließ sich Shaftesbury angelegen sein [2]. Newton war es
gelungen, in der Gravitation ein allgemeinstes Princip für die
Erklärung aller Bewegungen innerhalb unseres Sonnensystems
aufzustellen. Die Welt erschien wie eine große Maschine, die
auf mechanischem Wege zweckmäßige Bewegungen vollführt.
Durch diese Anschauung angeregt, stellte sich Shaftesbury die
menschliche Seele als eine Maschine vor, in welcher vom
Schöpfer das Räderwerk der Triebe und Leidenschaften auf
Auswirkung der menschlichen Glückseligkeit eingerichtet ist [3].

Dieses Naturrecht bildet das Fundament, auf dem Adam
Smith und François Quesnay die nationalökonomische
Wissenschaft aufbauten. Die klassische Nationalökonomie Eng-
lands beginnt mit Smiths „Reichthum der Nationen" (1776) [4].

Wie Locke tritt Smith entschieden der Beschränkung der
natürlichen Freiheit entgegen. Unbeschränkte Arbeits=
und Kapitalfreiheit gehört zu den angeborenen Menschen=
rechten. Vom Staat will er nur Frieden und eine erträgliche
Rechtspflege. Der Ausbruch einer wilden Concurrenz soll
durch positive Gesetze, über deren Inhalt aber nichts verlautet,
und durch die öffentliche Meinung hintangehalten werden [5].
Smith läßt das Selbstinteresse unter der Herrschaft der freien
Concurrenz mit der Gleichmäßigkeit einer Naturkraft [6]
wirken und so den Markt mit dem der Nachfrage entsprechenden

---

[1] Hasbach a. a. O. S. 97. 136.   [2] Ebd. S. 103.
[3] Ebd. S. 142 ff.
[4] Adolf Held, Zwei Bücher zur socialen Geschichte Englands
S. 154.   [5] Hasbach a. a. O. S. 73 ff.
[6] S. über dieses „Naturgesetz" Stimmen aus Maria=Laach
Bd. XLIII, Art. „Der Grundirrthum des liberalen Oekonomismus",
von Pesch.

Angebot von Waren versehen. Er schreibt ihr die vortheil=
haftesten Wirkungen zu: sie erzieht die Individuen zur Thätig=
keit und Vorsicht, versöhnt die Klassen, fördert die Individual=
wirtschaften und bringt den gesunden Zustand des volkswirt=
schaftlichen Organismus hervor [1].

Für den Naturzustand nimmt er Gemeineigenthum an [2];
das Privateigenthum ist ihm daher eine h i s t o r i s c h e K a t e =
g o r i e [3]. Diese Entwicklung ist aber für ihn nicht besonders
erfreulich [4]. In der Begründung des Privateigenthums be=
kennt er sich ganz zu Locke. Er ist der erste, welcher aus der
Lehre, daß die Arbeit allein Werth schaffe, den Satz folgerte,
daß dem Arbeiter der ganze Werth allein gehöre
und daß die Rente ein Abzug sei zu Ungunsten des Arbeiters,
— ohne jedoch diesen Satz consequent ausgebildet zu haben,
da er Eigenthum und Rente als eine selbstverständliche Noth=
wendigkeit in civilisirten Gesellschaften betrachtet [5]. Doch tritt
er energisch für hohe Arbeitslöhne ein [6].

In Frankreich hat Ludwigs XV. Leibarzt F r a n ç o i s
Q u e s n a y die Lockeschen Lehren von dem ewigen Recht auf
Eigenthum und Freiheit fortentwickelt zur Lehre von dem
Naturrecht des Menschen auf wirtschaftliche Freiheit. Das beste
Mittel, das größtmögliche Gedeihen der ganzen Menschheit zu
bewirken, ist ihm die f r e i e C o n c u r r e n z. Zur Durchführung
dieser Ordnung größter Freiheit und Sicherheit ernennen die
Menschen eine schützende Obrigkeit und treten in die bürgerliche
Gesellschaft ein [7].

---

[1] Hasbach a. a. O. S. 84 f. Brentano, Das Arbeitsverhältniß
gemäß dem heutigen Recht (Leipzig 1877) S. 60 ff.

[2] Hasbach a. a. O. S. 77.   [3] Ad. Held a. a. O. S. 161.

[4] Hasbach a. a. O. S. 57.   [5] Ad. Held a. a. O. S. 164.

[6] Brentano, Ueber das Verhältniß von Arbeitslohn und Ar=
beitszeit zur Arbeitsleistung (Leipzig 1893) S. 2 f.; Das Arbeits=
verhältniß S. 252 ff.

[7] Hasbach a. a. O. S. 58 ff.

Dieser von Quesnay und Smith in die Nationalökonomie eingeführte Individualismus hat dem Socialismus den Boden bereitet, der im Unterschied von seinen Vorgängern im Alterthum und Mittelalter einen chronischen Charakter trägt. Er hat den menschlichen Egoismus zum Triebrad des Wirtschaftslebens erhoben und, da er aus der Wissenschaft in das Leben überging, durch die Schrecken der freien Concurrenz nothwendig seinen Widerpart im Socialismus heraufbeschworen. Er hat ihm zugleich fertige Bausteine für sein System übergeben: die übertriebene Werthschätzung des irdischen Besitzes und Genusses, den jedoch der Socialismus nicht mehr als den Preis egoistischen Jagens gelten, sondern allen zukommen lassen will, die Idee der Gleichheit; denn es ist sicher, „daß keine geistige Macht in der neuern Zeit den Menschen den Grundsatz so tief eingeprägt hat, sich als gleich zu betrachten“ [1]. Die Ideen der Freiheit und Gleichheit im Naturzustande mußten wegen ihres Contrastes mit der Wirklichkeit bei der Masse desto eher Anklang finden; die kommende Zeit ist ein schmerzliches Ringen nach diesen trügerischen Idealen und die französische Revolution dessen furchtbarster Ausdruck. Vor allem aber hat er durch die Arbeitstheorie dem Socialismus selber die gefährlichste Waffe zur Bekämpfung des Privateigenthums in die Hand gedrückt.

II. Entwicklung des französischen Socialismus.

§ 2.

Der Socialismus vor der französischen Revolution.

Das damalige Frankreich bot ein trauriges Bild, ganz das Gegentheil eines glücklichen Naturzustandes, von dem die Philosophen träumten. Das Volk war zum großen Theil infolge der Begünstigung der Industrie durch Colberts Mercantilsystem

---

[1] Hasbach a. a. O. S. 132.

proletarisirt. Die beiden bevorrechteten Stände, Adel und
Clerus, waren im Besitze eines ungeheuern Landcomplexes [1] und
im Genusse von Monopolen und Privilegien, welche die ganze
Steuerlast auf den dritten Stand überwälzten, diesen aber,
auch in seinen durch Intelligenz und Kapital hervorragenden
Gliedern, von jeder Theilnahme an der Staatsgewalt sowie
vom Erwerb des privilegirten Grundbesitzes ausschlossen [2].

Das mußte zu Untersuchungen über die sociale Lage an=
spornen. Und deren Resultat? Von den meisten wird die
Schuld an allem Unglück dem Privateigenthum beigemessen.
Ganz natürlich; denn das neue, heidnische Naturrecht vermochte
dem Eigenthum keine unerschütterliche Basis mehr zu geben.

Am meisten unterwühlte Rousseau durch seine blendende
Sprache die Fundamente der socialen Ordnung. Dem Glanz
der Rede entsprach freilich nicht immer die Consequenz der
Gedanken, und so kam es, daß Rousseau in der Eigenthums=
frage sich in unlösbare Widersprüche verwickelte [3]. Wenn er
das Privateigenthum für die wahre Grundlage der bürgerlichen
Gesellschaft hält, so hindert ihn das nicht, gegen eben dieses
Recht wieder in die feurigsten Diatriben auszubrechen. Schon
in der Beantwortung der von der Akademie zu Dijon gestellten
Preisfrage: „Sur l'origine et les fondements de l'inégalité
parmi les hommes“ (1754) findet er den Grund aller Un=
gleichheit im Eigenthum und erklärt, daß dieselbe nicht in
Uebereinstimmung sei mit dem Gesetze der Natur [4]. Denn

---

[1] Ueber die Vertheilung des Grundbesitzes im damaligen Frank=
reich s. Elsters, Staatswissenschaftliche Studien Bd. IV, Heft 2, Art.
von Boris Minzes: „Die Nationalgüterveräußerung während der
französischen Revolution“ (Jena 1892), S. 21 ff. Stein, Geschichte
der socialen Bewegung in Frankreich. I. Bd.: Der Begriff der Ge=
sellschaft und die sociale Geschichte der französischen Revolution (Leipzig
1850) S. 6. L. Felix, Der Einfluß der Religion auf die Entwick=
lung des Eigenthums S. 223.

[2] Stein a. a. O. S. 5—13.

[3] Sudre a. a. O. S. 167.   [4] Stein a. a. O. S. 30.

Civilisation und Ungleichheit sind die Quelle aller Verbrechen[1]. Das Privateigenthum, dieses Grundübel, verdankt sein Entstehen der Gewalt, ist somit eine rein menschliche und daher jederzeit widerrufliche Einrichtung. Im „Emile" (1, V.) erklärt Rousseau, es könne durch den allgemeinen Willen wieder aufgehoben werden, wie es auch in Sparta zu Lycurgs Zeiten geschehen sei. Es widerstreitet dem natürlichen Recht, denn die Früchte gehören allen, die Erde aber niemand. Daher darf keiner ohne ausdrückliche Genehmigung aller von dem gemeinsamen Vorrath mehr nehmen, als er braucht. Wie die klassische Nationalökonomie faßt Rousseau das Eigenthum als Frucht der Arbeit[2] und verwirft folgerichtig auch das Erbrecht, weil dadurch der Vater dem Sohne das Recht übertrage, seinem Nächsten unnütz zu sein. Der Rentner unterscheide sich in nichts von einem Räuber[3]. Aber kein Mensch hat das Recht, mehr zu arbeiten, als er für seine Lebensnothdurft braucht; das durch Mehrarbeit Erworbene ist Usurpation.

Rousseaus praktische Vorschläge waren allerdings nicht das logische Ergebniß dieser Grundsätze. Er will nur die äußersten Extreme der Vermögensungleichheit vermieden wissen. Kein Bürger soll so reich sein, um andere zu kaufen, keiner so arm, um sich von andern kaufen zu lassen. Deswegen will Rousseau eine progressive Steuer[4].

Es sind die Lehren des Socialismus, die dieser Schriftsteller voll Leidenschaft unter die Massen wirft; aber die Schwäche seines Charakters scheut davor zurück, ihre Anwendung im Leben zu verlangen. Doch der Gedanke blieb, daß die Ungleichheit keine innere Nothwendigkeit sei, sondern daß nur die äußere Gewalt, der Staat, sie dem Menschen auferlegt habe, und

---

[1] Bei Thill a. a. O. S. 21 ist die bekannte Stelle citirt. Sudre a. a. O. S. 171.

[2] Rousseau, Emile oder Ueber die Erziehung. Uebersetzt von C. F. Cramer. I. Theil (Berlin 1789), S. 170.

[3] Ebd. II. Theil, S. 87. [4] Jaeger a. a. O. S. 364 f.

daß die Verfassung die Staatsgewalt hindere, ihren
Beruf zu erfüllen und die Rückkehr der Gleichheit anzubahnen [1].

Rousseaus Gedanken kehren wenig modificirt bei Helvetius
und Mably wieder; nur nimmt bei ihnen der glückliche
Naturzustand die Form spartanischer Einfachheit und Armut
an. Darin ist gerade Mably originell, daß er eine Gleichheit
der Bürger in der Armut will. Um diese herzustellen, müssen
Abschaffung des Erbrechtes und strenge Luxusgesetze zusammenwirken [2]. Der Forderung der Gütergemeinschaft, bei der Mably
zuerst angelangt war (De la législation. 1776), sucht Morelly
eine moralische und philosophische Grundlage zu geben. Er behauptet, daß der Mensch gut geboren werde und daß seine Leidenschaften berechtigt seien; die Laster entstammen alle dem Privateigenthum. Mit der Einführung unbedingter Gütergemeinschaft
werde die Habsucht, der Keim aller Laster, aus der Welt fliehen [3].
Auf die spätern Socialisten hat Morelly in mehrfacher Hinsicht
Einfluß geübt [4]. Fourier hat das genossenschaftliche Zusammenleben, wie es Morelly entworfen, nur mit verschiedener Vertheilung der Producte nach Arbeit, Kapital und Talent, wieder
aufgenommen. Auch das Recht auf Arbeit findet sich schon bei
Morelly ausgesprochen: jeder Bürger ist eine öffentliche Person,
die auf Staatskosten erhalten und beschäftigt werden muß [5].

In dem fanatischen Brissot de Warville vereinigen sich
alle vorausgegangenen Angriffe auf Eigenthum und Familie
wie in ihrem Brennpunkte. Das materielle Bedürfniß ist ihm
alleiniger Rechtsgrund des Eigenthums. Mit dem Bedürfniß
erlischt auch das Eigenthum, das mithin kein dauerndes und
ausschließliches sein kann. Der Reiche ist der wahre Dieb.
Eigenthum ist Diebstahl, sagt später Proudhon.

---

[1] Stein a. a. O. S. 31.

[2] Sudre a. a. O. S. 165.   [3] Ebd. S. 151 ff.

[4] Stein (a. a. O. S. 160) rechnet ihn allerdings zu den Utopisten, die ohne Einfluß geblieben sind.

[5] Sudre a. a. O. S. 155. Jaeger a. a. O. S. 394.

Briffots thierische Menschen kennen bloß rohen Genuß; des=
wegen ist Briffot der socialistische Grundsatz, daß bloß die
Arbeit Werth erzeuge, merkwürdigerweise fremd; er stellt sich
die Materie vor als dem Menschen unmittelbar zu Diensten,
ohne erst durch Arbeit zu einem Gut umgewandelt werden zu
müssen [1].

§ 3.

Die socialen Bewegungen während der Revolution.

Sogar die Männer der Gesetzgebung und Verwaltung
geißelten die Entartung der damaligen Eigenthumsordnung in
einer an Socialismus streifenden Weise [2] und drangen, vom
Ernst der Lage erschüttert, auf Abstellung der bestehenden Zu=
stände. Aber ein Turgot, Necker und Calonne verlangten um=
sonst von Ludwig XVI. Aufhebung der Privilegien. Die ein=
zige, aber folgenschwere Concession, die man nothgedrungen
machte, war die Berufung der *états généraux* an Stelle der
Notabeln, die nur eine Vertretung von Adel und Clerus ge=
wesen waren. Sofort zeigte der tiers état seine Ueberlegen=
heit; er erzwang Abstimmung nach Köpfen und damit An=
erkennung der politischen Gleichheit aller Staats=
mitglieder. Die états waren jetzt nicht mehr Vertreter der
Stände, sondern gleich untereinander, vertraten sie die Gesamt=
heit der Gleichen, die Nation; die von den Philosophen ver=
kündete Idee der Gleichheit strebt nach Verwirklichung. Die
Nivellirung der Unterschiede nahm einen raschen Fortgang. Die
berühmte Nacht des 4. August zerbrach die alten Privilegien, und
Mirabeau verfaßte (26. August) seine *Déclaration des droits
de l'homme:* Gleichheit aller Menschen in der Gesellschaft,
in Macht, Erwerb, Thätigkeit und Besitz; daneben aber auch
Freiheit und Sicherheit des Eigenthums. Am

---

[1] Sudre a. a. O. S. 177—189. Jaeger a. a. O. S. 399 ff.
[2] Stein a. a. O. I, 154 f. Jaeger a. a. O. S. 371 f.

8. April 1791 fiel durch das Decret: „Tous hérétiers en égal degré succéderont par portions égales", auch der große adelige Besitz der Gleichheitsidee zum Opfer. Immer mehr sich verkleinernd, brachte er den Adeligen mit jeder Generation dem Bauern einen Schritt näher. Um möglichst viele zu Grundbesitzern zu machen, wurden die Staatsdomänen verkauft.

Doch bald zeigten sich neue Unterschiede. Denn die Gleichheit, die der dritte Stand errungen hatte, war eine rein negative: Befreiung vom Joch der Privilegien. Die Verfassung von 1791 gab freilich eine gleiche Theilnahme aller an der Bildung des Staatswillens. Aber alle zugleich können nicht herrschen; das Volk muß die Tüchtigsten wählen, d. h. diejenigen, denen ihr Besitz die höchste Ausbildung gestattet. Besteht aber in der Gesellschaft der Gegensatz von Besitz und Nichtbesitz, so muß auch die Verfassung einen Census für die Wahlen aufweisen. Im September 1791 siegte wirklich das Princip der auf den Besitz gebauten staatsbürgerlichen Gesellschaft über das Princip der Gleichheit. Es gibt also wieder eine herrschende und unterworfene Klasse; gleich sind nicht mehr die Persönlichkeiten, sondern nur die, welche ein bestimmtes Quantum besitzen.

Daneben bestanden noch zwei ungeheure Massen von Grundbesitz, die schon durch ihren Umfang eine Ungleichheit in der Gesellschaft hervorrufen mußten; das waren die großen Güter der Kirche und des Adels. Durch das Decret vom 27. November 1790, welches von den Priestern den bürgerlichen Eid verlangte, und durch das andere vom 9. November 1791, welches die emigrirten Adeligen bei Strafe der Güterconfiscation zur Rückkehr aufforderte, wurde das Eigenthum dieser Stände ein Opfer der Gleichheitsidee, die den tiers état beherrschte. Zugleich aber beginnt jetzt in der Gleichheitsidee sich eine Scheidung zu vollziehen. Die negative Auffassung, die jedem die rechtliche Fähigkeit zuerkennt, seine Individualität in vollster Freiheit aus eigener Kraft auszubilden, anerkennt eine Ungleichheit der Individualitäten als möglich und berechtigt, während die positive davon ausgeht, daß die Individualitäten gleich sind und daß die Ungleichheit, nur von Besitz und Erziehung herrührend, die reine Unnatur ist. Die Gironde und Montagne sind die Verkörperung beider Auffassungen.

Durch den Sieg der Montagnards über die Girondisten gewann die positive Auffassung die Oberhand. In dem Acte constitutionnel présenté au Peuple Français vom 24. Juni 1793 hat das Princip der Gleichheit scheinbar den Höhepunkt erreicht, der Staat kennt keine Ungleichheit mehr unter seinen Bürgern. Aber die Gesellschaft, durch die jede Verfassung bedingt ist, bestand doch nicht aus Gleichen; alle Ungleichheit, die nicht aus dem Privileg stammte, hatte man gar nicht angegriffen, vielmehr garantirte die Verfassung als droits naturels et imprescriptibles: *l'égalité* und *la propriété*. Es bestand somit ein absoluter Widerspruch zwischen Verfassung und Gesellschaft. Die materielle Gewalt, der Terrorismus, wollte denselben lösen und die Gleichheit erzwingen. Robespierre machte zum erstenmal die Verwirklichung der absoluten Gleichheit zur Aufgabe der Staatsgewalt. Jede Verletzung derselben durch ein Mehr an Geist oder Besitz erschien als Verbrechen; mit unmenschlicher Grausamkeit ward dagegen gewüthet, bis endlich Robespierre und sein Anhang dem eigenen Gesetz verfielen.

Der Fels, an dem sich der Gleichheitsfanatismus gebrochen hatte, war der Besitz. Die Führer des Volkes begriffen, daß mit den politischen Einrichtungen für die Gleichheit nichts gewonnen sei. Der Idee der Gütergemeinschaft, die jetzt in Gracchus Babeuf zu Tage tritt, war schon auf mannigfache Weise vorgearbeitet. Man hatte den Staat als Herrn des Eigenthumsrechts proclamirt und im vermeintlichen Interesse des Ganzen das Eigenthum des Adels und Clerus an-

gegriffen; man hatte ferner das höchste Glück in die Verwirklichung der Gleichheit und Freiheit gesetzt.

Somit hatte man also bloß die nothwendige Folgerung aus
den frühern Prämissen zu ziehen, um bei der Forderung der
communauté des biens et des travaux anzulangen. Das that
Babeuf. Damit das Recht eines jeden auf ein glückliches Dasein verwirklicht werden kann, wird die Arbeit als eine Pflicht
aller aufgestellt. Die Solidarität von Glück und Arbeit hat
zur Folge, daß sie gesetzlich geregelt werden muß. Alle sollen
der Reihe nach an den unangenehmen Arbeiten theilnehmen. Dafür
soll die vollkommenste Gleichheit der Genüsse eingeführt werden
und a l l e n a u f a l l e s e i n R e c h t zustehen. Aber man fürchtet
für die Gleichheit gerade wegen des erhofften Ueberflusses; deswegen sollen alle in höchst einfachen Wohnungen hausen und
in gleichen Kleidern gehen. So verliert sich schon dieser Communismus in die Kleinlichkeiten der Kleiderordnung. Aber
immer wird der Unterschied der geistigen Begabung bestehen.
Deswegen „hat unser Comité", sagt Buonarotti, dem wir die
Nachrichten über Babeuf verdanken, „einstimmig festgestellt, die
Arbeiten der Kunst und der Handwerke auf diejenigen zu beschränken, welche sich leicht allen mittheilen lassen".

Die V e r t h e i l u n g der Güter sollte nach den Bedürfnissen
erfolgen. Die Consequenzen wurden freilich nicht bedacht. Denn
die Entscheidung, wie groß das Bedürfniß des Einzelnen ist,
wird nicht dem Einzelnen zu überlassen, sondern in die Hände
der öffentlichen Gewalt zu legen sein. Und doch soll der Communismus die Verwirklichung der Freiheit sein! Werden aber
die Bedürfnisse als gleich gesetzt, so daß die vertheilende Gewalt absolut gleiche Theile zuzuweisen hätte, so würde der Einzelne sie beschränken können, und so wäre die Folge der gleichen
Vertheilung U n g l e i c h h e i t.

Für die Entwicklung des Socialismus ist dies System insofern von Bedeutung, als es die Vorstellung einer Organisation
der nationalen Arbeit enthält.

§ 4.

Die Entwicklung des Socialismus in der industriellen Gesellschaft.

Die bisherigen Gleichheitsbewegungen hatten zu nichts geführt; man war über die Rechtsgleichheit nicht hinausgekommen. Diese aber ist rein negativ. Der Versuch Napoleons, die Gesellschaft nach Art der feudalen durch Wiedereinführung der Majorate und des Adels zu organisiren, mißlang. Aber die gesellschaftliche Ordnung ist ein absolutes Bedürfniß der menschlichen Gemeinschaft. Das Wesen der Rechtsgleichheit ist es dagegen, alle Bestimmungen aufzuheben, welche dem Einzelnen oder einer Klasse ohne ihr Zuthun einen Vorrang vor andern geben. Soll daher dennoch eine Gesellschaft, ein Unterschied entstehen, so muß er durch ein an die Persönlichkeit selber geknüpftes, jedem offenstehendes Element hervorgerufen werden. Das ist der Besitz. Wenn aber der Besitzer durch seinen Besitz nicht bloß Bedürfnisse befriedigen, sondern seine gesellschaftliche Stellung erhalten soll, so muß er ihn der Allgemeinheit gegenüber zur Geltung bringen, indem der bloß individuelle Erwerb zum Unternehmen wird. So entsteht der Unterschied der Unternehmer und Arbeiter. In der Klasse der Unternehmer scheiden sich die größern Kapitalisten von den kleinern, die zu jenen bald in dasselbe Verhältniß kommen, in welchem die Arbeiter zu ihnen stehen.

Der Kaiser begünstigte die Unternehmungen auf jede Weise. Die Continentalsperre erzwang förmlich vom Volke das Leben der Unternehmungen; man führte die Wollen- und Baumwollspinnereien ein; die Industrie beginnt auf dem Continent eigentlich erst mit jener Epoche.

Die von Karl X. versuchte Reaction führte bekanntlich zur Julirevolution, die der industriellen Gesellschaft den vollständigen Sieg verschaffte[1]. Derselbe bedeutete die

---

[1] Die bisherigen Ausführungen sind zumeist entnommen Stein a. a. O. S. 5—341.

völlige Abhängigkeit der Arbeitskraft von den Besitzern des
Stoffes, die brutale Herrschaft des Kapitals, mit einem Wort
den Materialismus der menschlichen Gesellschaft. Das Wahl-
gesetz vom 19. April 1831 machte auch ganz folgerichtig die
Theilnahme am Staatswillen vom Census abhängig. Durch
den Census wird somit die volkswirtschaftliche Gesellschaft in
eine herrschende und eine beherrschte Klasse geschieden.

Die Maschine hat die Entwicklung des Gegensatzes zwischen
Besitz und Arbeit beschleunigt. Sie hat das Familienverhältniß,
wie es früher zwischen Meister und Geselle bestand, unmöglich gemacht. Die Verselbständigung des Arbeiters bedeutete
aber nichts anderes als die Scheidung der Arbeitskraft
vom Besitze; von da bis zur feindlichen Trennung ist bloß
ein Schritt. Die Löhne sinken durch das Ueberhandnehmen der
Maschine; die zu Hunderten in der Fabrik concentrirten Arbeiter
sehen sich gleich im Elend, das sie zwingt, um jeden Preis
zu arbeiten, und fühlen sich als eigenen Stand, aus dem je
herauszutreten für sie und ihre Nachkommen wenig Aussicht
besteht [1].

Auf diesen um das Bewußtsein seiner Menschenwürde ge-
brachten Stand konnte die physiokratische Lehre von einer classe
stérile nicht ohne Eindruck bleiben; noch mehr mußte der Satz
Adam Smiths, daß im ganzen Gebiete des Güterlebens die
Arbeit das Erzeugende ist, den Arbeiterstand dazu führen,
die Aufhebung des persönlichen Eigenthums anzustreben. Saint-
Simon und Charles Fourier sind die Theoretiker dieses
Standes. Saint-Simon stellt zuerst den bourgeois, den
Vertreter der Geldmacht, dem industriel gegenüber [2]; das
Kapital nehme den Gewinn der industriellen Thätigkeit für sich
allein in Anspruch. Zu den industriels rechnet er — recht

---

[1] Ueber die Lage des Proletariats siehe Stein a. a. O. II. Bd.
Die industrielle Gesellschaft (Leipzig 1850) S. 59—99.
[2] Ebd. S. 169.

im Gegensatz zum heutigen Socialismus — auch den thätigen
Unternehmer auf dem Gebiete des Handels, der Industrie
und der Finanzen. Infolgedessen konnte er, obwohl ihm die
Arbeit Quelle alles Werthes ist, nicht zur Forderung des vollen
Arbeitsertrages gelangen [1]. Diese verträgt sich ja auch nicht
mit dem Privateigenthum, und die diesem feindliche Consequenz seiner Lehre hat Saint-Simon nicht direct
gezogen. Er nennt das Eigenthum sogar in den „Vues sur
la législation" die nothwendige Basis einer politischen Gesellschaft. Es beruht auf dem allgemeinen Nutzen, — und dieser
kann sich freilich ändern. Hier liegt der Ausgangspunkt alles
Zweifels an dem Rechte des Eigenthums.

Diesen letzten Schritt zum Socialismus machte sein Schüler
Bazard. Im Besitze erblickte er den unüberwindlichen Gegner
der Gleichheit, der es dem Arbeiter unmöglich macht, zu materieller Selbständigkeit zu gelangen. Wird das immer so
bleiben? In der Geschichtsphilosophie des Socialismus be-
fangen, sieht er in der Concurrenz der industriellen Gesellschaft,
in dem Antagonismus der Einzelnen nur einen Durchgangspunkt
in der fortschreitenden Entwicklung zur Association. Die gegenwärtige Eigenthumsordnung ist, wie die Geschichte zeigt, nichts
Absolutes und Unveränderliches [2]. Um die Loslösung des Eigenthums von den Familien zu erreichen, soll das Erbrecht des
Verdienstes an Stelle des Erbrechts der Blutsverwandtschaft
treten. Nicht das Eigenthum überhaupt, sondern nur das ererbte soll verschwinden; das durch Arbeit erworbene Eigenthum ist allein berechtigt. So will es auch das vom Saint-
Simonismus aufgestellte Vertheilungsprincip: À chacun selon
sa capacité, à chaque capacité *selon ses oeuvres*. Nicht
die absolute Gleichheit Babeufs wird verlangt, aber die Ungleichheit soll nicht mehr vom Zufall des Erbrechts, sondern

---

[1] Menger a. a. O. S. 65.
[2] Wetzer u. Weltes Kirchenlexikon III[2], 752.

von Fähigkeit und Arbeit, von der Persönlichkeit selber bedingt sein[1].

Als die Julirevolution mit dem Sieg der industriellen Gesellschaft die Kluft zwischen bourgeois und ouvrier aufgezeigt
hatte, erlangte der Saint=Simonismus auch praktische Bedeutung. Er hat in jenen Gegensatz eine feindselige Erbitterung
hineingebracht, indem er den Besitz mit dem Müßiggang iden-
tificirte und zuerst das Lohnverhältniß eine exploitation du
travailleur par l'oisif nannte. Ja die Schule Saint=Simons
verstieg sich sogar zu praktischen Versuchen. Aber Enfantin
bereitete mit seiner Lehre von der Emancipation des Weibes,
wodurch er nur den untrennbaren Zusammenhang zwischen
Eigenthum und Familie erwies, der Schule ein schnelles Ende[2].

Während Saint = Simon zu seinem System durch die
wirkliche Lage der Gesellschaft und deswegen auch
im Leben zu unmittelbarer Bedeutung gelangt war, ist für
Fourier das Princip der Persönlichkeit Ausgangspunkt
seiner abstracten Untersuchungen[3]. Er erblickt die Vollendung
des Menschen in der Harmonie des Genusses. Die Triebe
sind da, mithin sind sie von Gott; ihre Befriedigung ist das
Glück, mithin ist diese der Wille Gottes; das Böse entsteht
nur aus der Nichtbefriedigung. Diese Theorie mußte zur Aufhebung der Familie führen.

Das Hinderniß, das sich der Befriedigung der Triebe, der
Harmonie, entgegenstellt, ist der Mangel des Reichthums.
Dieser ist erste Quelle des Glücks. Der Mangel rührt
davon her, daß gerade diejenigen, die ihn genießen, unproductiv
sind, und daß die Zersplitterung des Grundbesitzes einen ratio-
nellen Betrieb unmöglich macht.

---

[1] Sudre a. a. O. S. 229.

[2] Die Ausführungen über den Saint=Simonismus sind aus Stein
a. a. O. II, 133—227.

[3] Parallele zwischen Saint=Simon und Fourier bei Stein a. a. O.
II, 228—237.

Früher, im Edenismus, belehrt uns Fourier in seinem Traité de l'association domestique-agricole, hatte jeder das Recht, zu jagen, zu fischen und Früchte zu sammeln. Da nach vollständiger Occupation der Natur die Ausübung dieser ökonomischen Grundrechte nicht mehr möglich ist, steht jedem als Aequivalent ein Anspruch auf ein Existenzminimum seitens der Gesellschaft zu [1]. Um dies zu ermöglichen, ist eine Neuordnung des Besitzes durch die landwirtschaftliche Association und der Arbeit durch die industrielle Attraction nothwendig. Erstere besteht darin, daß die Besitzer ihre Grundstücke mit ihrer vereinzelten Bearbeitung an die Gemeinschaft abtreten, ohne sich jedoch des Eigenthumsrechtes zu begeben, damit sie ihrer natürlichen Anlage entsprechend bebaut werden [2]. Um dies von den Eigenthümern zu erreichen, dazu genüge die Aussicht auf den hohen Gewinn, welcher die Folge dieser harmonischen Bodencultur sein würde.

Um uns die Neuordnung der Arbeit zu veranschaulichen, entwickelt Fourier seine interessante Theorie der menschlichen Triebe. Die Arbeit muß einen Trieb befriedigen. Dies geschieht, indem jeder diejenige Arbeit übernimmt, zu welcher ihn der sinnliche Trieb des Luxus hintreibt. Ein jeder hat zu irgend einer Arbeit Lust, und diese wird, weil mit Lust gethan, rasch und gut vollführt. Weil jedoch die individuell zersplitterte Arbeit nicht genügt, bewirkt der Trieb der Gruppe die Vereinigung der Arbeitskräfte. Aus den einzelnen Gruppen entstehen durch die drei Serientriebe die Serien. Die Industrie-Serien finden ihren Einigungspunkt in der von Fourier voll Phantasie geschilderten Phalange [3]. Fourier will, wie sein Schüler Victor Considérant, das

---

[1] Menger a. a. O. S. 16. 17. Stimmen aus Maria=Laach 1892, S. 405. Bebel, Charles Fourier. Sein Leben und seine Theorien (Stuttgart 1888) S. 84 ff. 232.

[2] Cathrein, Der Socialismus S. 10.

[3] Bebel a. a. O. S. 104 ff.

5**

Eigenthum bestehen lassen; deswegen geschieht die Vertheilung
der Güter nicht nach dem Maßstabe der Arbeit, wie bei Saint-
Simon, sondern neben der Arbeit finden Kapital und
Talent ihre Berücksichtigung.

Was diesem System seine Bedeutung für die Entwicklung
des Socialismus sichert, ist seine Auffassung von der Arbeit
als Quelle des Glücks (travail attrayant), sowie die freilich
überschwängliche Betonung des Nutzens, der aus der Association fließt [1].

§ 5.
Der Communismus nach der Julirevolution.

Die Julirevolution hatte das Kapital zur Herrschaft gebracht. Das neue Königthum, eingesetzt vom Kapital, erfuhr
als Ausdruck der Herrschaft desselben den gleichen Haß. Der
Republikanismus war eine sociale Thatsache. Derselbe orga-
nisirte sich in geheimen Verbindungen, besonders der Société
des amis du Peuple, an deren Stelle seit 1833 die Société
des droits de l'homme trat, welche die Erklärung der Menschenrechte von Robespierre zu ihrem Programm machte. Demzufolge sollte die Staatsgewalt die Einrichtung
der Arbeit und die Vertheilung der Güter übernehmen, und diese Gewalt sollte das Volk, die
Masse sein.

Der Republikanismus wurde durch die Nationalgarde gänzlich besiegt, doch nicht ohne den Arbeiterstand zum Hasse gegen
das Kapital aufgereizt und zur selbstbewußten Klasse gemacht
zu haben. So war das Proletariat der Gegenwart in Frankreich entstanden. Gerade die an der Demokratie irre gewordenen Republikaner wurden zu begeisterten Anhängern der ab-

---

[1] Die Ausführungen über Fourier sind aus Stein a. a. O. II,
237—330. S. auch Vierteljahrschrift für Volkswirtschaft, Politik
und Culturgeschichte. Herausgegeben von Karl Braun, 30. Jahrg.
III (Berlin 1893), 245.

soluten Egalität und des Babeuffschen Communismus. Mit
Gewalt wollten die Apostel der neuen Lehre den ersehnten Zustand verwirklichen. Aber nach der Niederlage vom 12. Mai
1839 wandten sich die besonnenen Arbeiter von den Égali-
taires ab, um sich dem religiösen Communismus zu
ergeben. Diese religiöse Richtung suchte die Forderung der
Gleichheit aus der Religion, aus dem Evangelium herzuleiten.
So kam Lamennais, ursprünglich von der richtigen Erkenntniß ausgehend, daß die katholische Kirche auch eine sociale
Erlösung · zu verwirklichen habe [1], in seinen „Paroles d'un
croyant" (1834) [2] zur Lehre einer vom Evangelium ge-
botenen absoluten Gleichheit. An diesem Communismus
ändert es nichts, wenn er das Eigenthum geachtet und die Ungleichheit auf dem Wege der Arbeit beseitigt wissen will. Im „Livre
du Peuple" (1838) bezeichnet er es dagegen als die Quelle
aller Laster, das der gottgewollten Fraternität aller hinderlich
im Wege steht. So glaubte auch Cabet („Voyage en Icarie".
1840) die Gütergemeinschaft, die in der Entwicklung der Geschichte liege, durch den Geist des Christenthums gefordert.

Pierre Leroux suchte dem Communismus eine reli-
gionsphilosophische Grundlage zu geben. „Der Mensch",
sagt er, „ist ein Ich, dessen nothwendiges Nicht-Ich das Gleiche
des Menschen ist, oder im allgemeinen die Menschheit (l'humanité). Dieses Ich, welches der Mensch ist, würde nicht
existiren, wenn das dem Ich entsprechende Nicht-Ich, d. h. das
Gleiche oder die Menschheit, aufhörte, im Verhältniß und
in Gemeinschaft mit diesem Ich zu sein" (De l'humanité tom. I, livre 5, p. 269). Jetzt steht Pierre Leroux vor
der Frage, nach welchem Grundgesetz jenes Verhältniß geregelt

---

[1] Reischl, Arbeiterfrage und Socialismus (München 1874)
S. 128 f.

[2] Der Inhalt ist angegeben bei Bluntschli, Deutsches Staats-
Wörterbuch, Art. „Lamennais", von Joh. Huber. Stein a. a. O.
II, 420. Histor.-polit. Blätter 1840, I, 580.

werden soll. „In dem menschlichen Bewußtsein findet sich
gegenwärtig ein neues Princip, das Dogma der Gleich=
heit" (ebd., préface). Um zur Idee der Gleichheit zu ge=
langen, mußte die Menschheit drei Perioden durchschreiten,
deren letzte Leroux le régime des castes de *propriété* nennt.
Gegenwärtig steht die Menschheit an der Grenze derselben.
„Mensch" bedeutet heute „gleich".

Welches wird aber die Zukunft sein? Um diese zu
erkennen, muß er dasjenige von ihr wissen, was in ihr über
alle äußern Gestaltungen erhaben ist; das ist der Begriff der
Menschheit. Die Idee der Einheit der vielen, der humanité,
wirkt auf Leroux überwältigend; er vergißt die Idee des
Einzelnen; die unité ist sein einziger Gedanke, und so kommt
er zu dem Princip für die Zukunft der menschlichen Ent=
wicklung, daß die höchste Bestimmung der Menschheit die
sein müsse, alles individuelle Leben in Staat, Familie und
Eigenthum vollkommen in jene Einheit aufgehen zu lassen. Die
Idee der Menschheit kennt keinen besondern Staat, keine ein=
zelne Familie, kein persönliches Eigenthum. Die Bestätigung
dieses Gedankens findet er in der Idee der höchsten Einheit,
in der Idee Gottes. Die in bestimmter Form erfaßte Idee
dieser Gottheit ist die Religion. Durch Mosaismus und Chri=
stenthum hindurch, welche die absolute Einheit nicht erfaßten,
geht der Gang der Geschichte einer neuen, dieser Idee wahrhaft
genügenden Religion entgegen. Aber es ist umsonst, bei Leroux
nach dem bestimmten Inhalt seiner Religion zu suchen[1].

§ 6.

Erstes Auftreten der socialen Demokratie.

Der Verbindung mit dem Republikanismus ist es zuzu=
schreiben, daß es dem Proletariat allmählich zum Bewußtsein
kam, daß nicht durch Revolten, sondern nur durch Theilnahme

---

[1] Stein a. a. O. II, 347—450.

an der Staatsgewalt eine gründliche Besserung seiner Lage her=
beigeführt werden könne.   Hier ist der erste Anfang der so=
cialen Demokratie zu suchen.   Dem Verlangen nach Wahl=
reform kam sogar die Minorität in der Kammer, welche doch
den Besitz vertrat, entgegen, denn die Majorität war unter
dem gouvernement personnel Louis Philipps einem corrum=
pirenden Bestechungssystem zum Opfer gefallen.   Damit war
aber das Kapital selbst in der Kammer aus seiner Macht=
stellung verdrängt.   Das Verbot der sogen. Reformbankette,
auf denen die besitzende Klasse den Ruf nach Wahlreform erhob,
führte am 22. Februar 1848 zum Straßenkampf; eine Le=
gion der Nationalgarde nach der andern schloß sich dem Rufe
Vive la réforme an, und schon der 23. Februar entschied
den Sieg der besitzenden Klasse. Aber die Masse wollte
von einer solchen Herrschaft so wenig wie vom Königthum
etwas wissen. Schon am 24. Februar wurde die be=
sitzende Klasse durch die nichtbesitzende bewältigt,
das Königthum gestürzt und die Republik pro=
clamirt.

Aber weil das Volk die Gesellschaft ist, diese aber damals
in Frankreich die industrielle war, so bedeutete Republik und
Volkssouveränität die Souveränität der industriellen Gesell=
schaft, die Herrschaft des Kapitals über die Arbeit. Allerdings
konnte die demokratische Republik der arbeitenden Klasse nicht
allen Antheil an der Staatsgewalt verweigern, theils des Prin=
cips der Volkssouveränität wegen, theils aus Klugheit, um
die erregten Arbeiter zu beschwichtigen. So kam es, daß in
der provisorischen Regierung der Führer der Arbeiterpartei,
Ledru=Rollin, mit dem Ministerium des Innern betraut
ward. Auch die eigentlich socialistischen Ideen fanden in der
Regierung an Louis Blanc und an dem Arbeiter Albert
ihre Vertreter. Durch diesen politischen Erfolg sah sich die
niedere Klasse dem Ziel ihrer Wünsche, der Ausgleichung der
socialen Unterschiede, mit einem Male näher gerückt. Presse

und Clubs, besonders der club des droits de l'homme,
arbeiteten an der Organisirung des Proletariats, die auch vom
gouvernement provisoire durch das Decret gefördert wurde,
daß jeder mündige und ehrenhafte Franzose Mitglied der Na=
tionalgarde sein solle.

Am 25. Februar verlangte eine Abtheilung Arbeiter die
Anerkennung des Rechtes auf Arbeit. Nach dem von
Louis Blanc entworfenen Decret verpflichtete sich die proviso=
rische Regierung, dem Arbeiter seinen Unterhalt durch Arbeit
zu garantiren, und schon der nächste Tag rief die *ateliers
nationaux* ins Leben. Als hier die Zahl der Arbeiter infolge
der durch die Revolution hervorgerufenen Verkehrsstockung ins
unendliche stieg, mußte die Regierung den nichtbeschäftigten
Arbeitern eine Unterstützung gewähren. Alle Arbeitsscheuen
strömten aus der Provinz in die Hauptstadt zusammen und
ließen sich hier auf öffentliche Kosten erhalten. Die National=
werkstätten wurden für die Besitzenden ein Gegenstand des
Schreckens nicht bloß deswegen, weil das müßige Volk für
communistische Ideen und die Aufreizung der Clubs sehr em=
pfänglich war, sondern weil auch durch Ansammeln ungeheurer
Arbeitermassen das Gefühl äußerer Standesgemeinschaft im
Proletariat mächtig gefördert wurde.

Am 28. Februar stellte das Volk die Forderung eines
ministère du progrès und der *organisation du travail*. Die
staatliche Centralisation hatte ja in der französischen Geschichte
von jeher eine bedeutende Rolle gespielt. Sie war es, welche
die verschiedenen Elemente, aus denen sich Frankreich heraus=
bildete, zu einem Ganzen verschmolz. Deswegen wendet sich
jetzt das Volk, von jeher an die Staatsthätigkeit gewöhnt, an
diese um Hilfe gegen den Druck des Kapitals. Den wissen=
schaftlichen Ausdruck hatte diese Bewegung schon in dem von
Louis Blanc in der Revue du progrès (1841) veröffentlichten
Artikel „Organisation du travail" gefunden. Er geht darin
von dem Satze aus, daß die Concurrenz das Verderben der

ganzen Gesellschaft sei. Will man die Concurrenz, die durch
die Kapitalien entsteht, beherrschen, so muß man dieß durch
das Kapital selber thun. Der Staat als der größte Kapi=
talist hat die Macht, die übrigen Kapitalien zu beherrschen.
Er soll deswegen als Producent auftreten, und da er billiger
produciren kann als die kleinern Kapitalien, so wird er sie
bald von der Concurrenz ausschließen. Wenn so der Staat
Alleinherrscher des Güterlebens geworden ist, so be=
ginnt seine Fürsorge für die Arbeiter, wodurch die sociale Frage
ihre Lösung findet. Er vereinigt alle industriellen
Werkstätten in seiner Hand und nimmt jeden Ar=
beiter in dieselben auf. Anfangs werden die Löhne noch
ungleich sein. Mit dem Auftreten des demokratischen Princips
in der Staatsindustrie verschwindet auch die Ungleichheit der
Löhne. Die Arbeiter der einzelnen ateliers sociaux haben
Zeit gehabt, „sich gegenseitig zu würdigen", und wählen nun
ihre Vorsteher selbst. Alsdann wird auch der Lohn nicht mehr
ungleich sein, da die verschiedene Arbeit nur eine verschiedene
Beschäftigung, keinen verschiedenen Erwerb involvirt.

Natürlich wird der Lohn ein reichlicher sein. Aber fast
klingt es wie ein leiser Zweifel, wenn Louis Blanc als Frucht
von der künftigen Erziehung erhofft, daß der Einzelne den Sporn
seiner Thätigkeit nicht mehr in erhöhter Einnahme, sondern in
der Befriedigung des allgemeinen Wohlstandes suche. Der Grund=
gedanke Louis Blancs, die sociale Frage durch die Allmacht
des Staates zu lösen, harmonirte aufs innigste mit der
ganzen Individualität der französischen Nation; naturgemäß
mußte das Proletariat angeregt werden, nach der Staatsgewalt
zu trachten. So ist der goubernementale Socialis=
mus Louis Blancs der Beginn der Socialdemo=
kratie.

Aber statt des vom Volke geforderten politischen Organes,
des ministère du progrès, wurden lediglich die Conferenzen
im Luxembourg zur Untersuchung der Arbeiterlage einge=

richtet, die wenig praktiſchen Nutzen hatten. Und als der
Wunſch des Proletariats nach Theilnahme an der Staats=
gewalt ſich zu verwirklichen ſchien, indem die proviſoriſche Re=
gierung abzutreten gedachte und deshalb auf Grundlage des
allgemeinen Stimmrechtes die Wahlen für eine conſtituirende
Verſammlung anberaumte, da wehrte ſich jetzt merkwürdigerweiſe
das Proletariat gegen dieſe Wahlen, für welche es vorher
gekämpft. Denn das communiſtiſch=ſocialiſtiſche Element in
ſeiner Gegnerſchaft gegen jedes Eigenthum ſtand nicht mehr
bloß dem Kapital, ſondern jedem Beſitz gegenüber und gerieth
ſo in die Minorität. Die Maſſendemonſtrationen des Prole=
tariats gegen die Wahlen führten zu nichts; die Wahlen
fanden ſtatt und die weit überwiegende Mehrzahl der Stimmen
gehörte der demokratiſchen Partei, die wenigſten der ſocialiſtiſchen.

Louis Blanc verlangte nach Eröffnung der Kammer wieder
ein ministère du progrès. Der Antrag wurde auf Ver=
langen eines Arbeiters verworfen. Das bedeutete die
Trennung des vernünftigen Arbeiterſtandes von der commu=
niſtiſchen Richtung. Die Führer des Proletariats erkannten,
daß von der Kammer, welche die Souveränität der Beſitzenden
vertrat, nichts zu hoffen ſei. Deswegen ſollte ſie geſprengt
werden. Am 15. Mai wurde die Kammer überrumpelt; aber
ſchon nach kurzer Zeit war der Aufſtand unterdrückt. Es war
dies die zweite große Niederlage, welche das Prole=
tariat erlitt.

Aber immer war es noch eine furchtbare Macht durch die
Schuld des gouvernement provisoire, welches die Clubs
hatte entſtehen laſſen, das Recht auf Arbeit garantirt und die
ateliers nationaux eingerichtet hatte. Trotzdem war die
Thätigkeit der Kammer, die das Bild völliger Unordnung
bot, nicht auf eine Verſöhnung der niedern Klaſſe, ſondern
gegen dieſelbe gerichtet. Louis Blanc ſollte in Anklagezuſtand
verſetzt werden; die Nationalwerkſtätten wurden aufgehoben, und
Tauſende von Arbeitern verloren den Unterhalt. Der Anlaß

eines letzten, furchtbaren Aufstandes war gegeben, der jedoch in
kurzem mit blutiger Gewalt unterdrückt war. Aber der gesell=
schaftliche Gegensatz dauerte fort; denn die Besiegung des Juni=
aufstandes war wieder die Sicherung der industriellen Gesell=
schaft. Die Anhänger der socialen Demokratie, unter ihnen
Louis Blanc, mußten flüchten. Alle socialistisch=communistischen
Secten waren discreditirt und aufgelöst, oder hatten sich, wie
Cabet mit seinen ikarischen Communisten, zur Auswanderung
verstanden [1].

§ 7.
Proudhon.

Nur an Pierre Joseph Proudhon hatte die Sache
des Proletariats noch einen bedeutenden Vertreter, der den
Zusammenbruch aller Schulen überdauerte, weil er sich gegen
alle negativ=kritisch verhalten hatte. Er ist negativ gegen alles,
in politischer Beziehung gegen Demokratie und Monarchie, in
socialer gegen Eigenthum und Communismus [2]; er ist eine iso=
lirte, von allen socialistischen Schulen unabhängige Erscheinung.
In maßloser Weise, die an Brissot erinnert, ereifert sich Proud=
hon gegen das Eigenthum in seiner Untersuchung „Qu'est-
ce que la propriété? ou recherches sur le principe du
droit et du gouvernement" (Paris 1840). Alle seine Aus=
führungen gipfeln in dem Satz, auf den er sich viel zu gut
thut: Eigenthum ist Diebstahl. Doch kann er die Ur=

---

[1] Stein a. a. O. III. Bd.: Das Königthum die Republik (Leipzig
1850) S. 122—353.

[2] Diese gleich feindselige Stellung gegen Eigenthum und Commu=
nismus veranlaßt Marx zu einer herben Kritik Proudhons im „So=
cialdemokrat" Nr. 16. 17. 18, Jahrg. 1865. (Abgedruckt in der von
Engels besorgten Ausgabe des „Elend der Philosophie", S. xxxi f.)
Scheel (Art. „Socialismus und Communismus" in Schönbergs
Handbuch der politischen Oekonomie I [Tübingen 1890], 118) rechnet
Proudhon zu den Halbsocialisten.

heberschaft dieser Formel nicht für sich in Anspruch nehmen;
Brissot und Babeuf hatten sie bereits ausgesprochen; eine
ähnliche Aeußerung findet sich sogar schon bei Locke in seinen
„Two treatises of Government"[1].

Wie kam Proudhon zu diesem grimmigen Hasse gegen das
Eigenthum? Er ist Anhänger des Egalitätsprincips und erkennt, daß immer das Eigenthum es gewesen ist, welches die
seit 1791 in die Verfassungen übergegangene Gleichheit zer-
stört hat[2]. Man kann, sagt er, das Eigenthum nicht zu den
natürlichen und unveräußerlichen Menschenrechten neben der
Freiheit, Gleichheit und Sicherheit rechnen. Es
gleicht diesen ganz und gar nicht; denn für die Mehrzahl der
Bürger existirt es nur als Möglichkeit, und für die, welche
es genießen, kann es so mannigfache Modificationen annehmen,
daß der Begriff eines natürlichen Rechtes dadurch aufgehoben
wird. Es ist auch kein gesellschaftliches Recht, denn es ist
einleuchtend, daß, wenn jedermanns Güter von der Gesellschaft
herrührten, die Bedingungen für alle gleich wären[3].

Das Eigenthum ist somit ungerecht; alle Versuche seiner
Rechtfertigung erreichen gerade das Gegentheil und sprechen
immer für die Gleichheit und gegen das Eigenthum[4]. Proudhon verwirft deshalb alle Eigenthumstheorien ganz unterschieds-
los, die wahren und die falschen, zuerst die, welche das Eigenthum auf die Occupation begründet. Diese muß natürlich
ein reciprokes, d. h. allen Menschen gleicherweise zustehendes
Recht sein. Weil nun jedermann dieses Recht hat, so wäre die
Zahl der Occupanten durch Geburts- und Todesfälle eine stets
wechselnde; die Besitzergreifung ist daher außer stande, ein feststehendes Recht, das Eigenthum, zu begründen, sondern nur den

[1] Menger a. a. O. S. 74.

[2] Stein a. a. O. III, 366—367. Périn, Christliche Politik
I, 342 ff.

[3] R. Diehl, P. J. Proudhon. Seine Lehre und sein Leben
(Halle 1888) S. 4. [4] Stein a. a. O. III, 367.

Besitz, den Nießbrauch. Der Nutznießer ist für die ihm
anvertraute Sache der Gesellschaft verantwortlich, die allein in
dauernder Weise besitzen kann. Gegen das Grundeigenthum
spricht noch ein anderer Grund. Dasselbe ist wegen der Be=
grenztheit der Erde unzulässig, deren Gebrauch, weil für alle
nothwendig, nicht dem Vortheil weniger dienen darf. „Die
Gleichheit der Rechte ist durch die Gleichheit der Bedürfnisse
bewiesen; die Gleichheit des Rechtes kann nun, wenn die Sache
begrenzt ist, auf keine andere Weise realisirt werden als durch
die Gleichheit des Besitzes." [1] Ein anderer Titel des Eigenthums=
erwerbes ist die Arbeit. Das ist so recht die Eigenthümlichkeit
des Socialismus, das Eigenthum nur aus der Arbeit herzu=
leiten. Und Proudhon? Negativ wie immer, geht er auch hier
seine eigene Bahn, verfällt sogar in das andere Extrem, der Arbeit
jede Fähigkeit, Eigenthum zu erwerben, zu bestreiten. Natür=
lich kann er diesen Gedanken nicht consequent durchführen; er
muß wenigstens ein Eigenthum an den Früchten zugeben, nur
am Grund und Boden soll die Arbeit kein Eigenthum begründen,
weil sie denselben nicht erzeugen kann. Als ob die Arbeit allein
und unmittelbar die Früchte des Bodens erzeugte! Aber
Proudhon ist es wohl nur darum zu thun, das Eigenthum an
dem Boden zu läugnen, den man nicht selber bebaut [2].

In gleicher Unklarheit bewegt sich die Behauptung, daß
die Arbeit die Gleichheit des Eigenthums herbei=
führe. In der Gesellschaft müssen alle Löhne gleich sein.
Der Satz von Saint=Simon: jedem nach seiner Fähigkeit
und jeder Fähigkeit nach ihren Werken, und der Satz von
Fourier: jedem nach seinem Kapital, nach seiner Arbeit und
seinem Talent, sind falsch. Zuerst muß das Kapital aus der
Reihe der Gegenstände der Wiedererstattung gestrichen werden.
Denn das Kapital beruht offenbar auf der Occupation, die

---

[1] Diehl a. a. O. S. 4—6.
[2] Stein a. a. O. III, 370 f. Diehl a. a. O. S. 6 f.

von den Fourieristen selbst verworfen wird. Der Unterschied
der Talente darf keinen ungleichen Arbeitslohn begründen;
denn er ist nur eine Specialität der Talente und das
Werk der allgemeinen Intelligenz. Auch die ungleiche
Arbeit ist kein Grund, den Arbeitslohn ungleich zu vertheilen;
denn, sagt Proudhon, solange die Arbeiter in Gemeinschaft
arbeiten, sind sie gleich, und es wäre ein Widerspruch, wenn
der eine besser bezahlt würde als der andere. Proudhon ist
auch ein Gegner jener Theorien, welche das Eigenthum aus
der allgemeinen Einwilligung und aus dem positiven
Gesetz abzuleiten suchen [1].

Aber mit dem Eigenthum hängt doch die Selbständigkeit
der Persönlichkeit innig zusammen; das fühlt Proudhon, und
deshalb will er den Communismus so wenig wie das Eigenthum. Er greift zur Geschichte und sucht mit einer Hegelschen
Formel aus diesem Widerspruch herauszukommen: „Die Gütergemeinschaft, die erste Weise, die erste Bestimmung der
Sociabilität, ist die erste Grenze der gesellschaftlichen Entwicklung, die Thesis. Auch sie enthält die Ungleichheit,
aber im umgekehrten Sinne des Eigenthums; das Eigenthum
ist die Ausbeutung des Schwachen durch den Starken, die
Gütergemeinschaft die Ausbeutung des Starken durch
den Schwachen. Das Eigenthum, die der Gütergemeinschaft entgegengesetzte Erscheinung, bildet die zweite Grenze,
die Antithesis. Mithin bleibt es noch übrig, die dritte
Bestimmung, die Synthesis, zu entdecken, und wir werden
die geforderte Lösung haben. Nun ergibt sich diese Synthesis
nothwendig aus der Correction der Thesis durch die Antithesis.“ Aus ihr wird sich dann „die wahre Gestalt der menschlichen Gesellschaftung bilden“. Diese Correction ist die „Anarchie“. „Sie ist die Form der Regierung, der wir uns täglich
nähern.“

---

[1] Diehl a. a. O. S. 7.

Aber das Resultat, mit dem Proudhon sein Werk schließt, die Synthese aus der These und Antithese sei die dritte zu erwartende Gesellschaftsform, war ihm doch selbst zu nichts= sagend und unbefriedigend[1]. Nach einer Reihe anderer Schriften, in welchen er dem Eigenthum gegenüber einen viel gemäßigtern und versöhnlichern Standpunkt einnimmt[2], sucht er in der 1848 publicirten Broschüre „Organisation du crédit et de la circulation et solution du problème social" ein positives System zu finden. Er knüpft an das staatlich anerkannte Recht auf Arbeit an: „Das Recht auf Arbeit setzt nothwendig voraus das Recht, sich der Instrumente der Arbeit zu bedienen. . . Der Arbeiter bedarf außer den In= strumenten seiner Kunst einen Rohstoff, denn man arbeitet nicht ins leere. . ." Das Recht auf Arbeit schließt also noch das Recht auf den Stoff der Arbeit ein.

Aber wozu würde die Arbeit dienen, wenn der Arbeiter nicht Eigenthümer seines Productes, der Totalität seines Pro= ductes wäre; wenn er wie heute einen Theil dieses Productes unter dem Titel Gewinn, Miethe oder Interesse[3] unter den Händen des Kapitalisten, des Unternehmers oder des Eigen= thümers lassen müßte? . . . Der Arbeiter muß also Eigen= thümer seines Productes, seines ganzen Productes sein. Außer= dem bleibt noch „eine vierte Bedingung übrig, . . . nämlich daß der Arbeiter sein Product austauschen kann, weil ohne Tausch das Product so gut ist, als wäre es nicht"[4].

Diese Aufgabe soll nun eine banque d'échange lösen, in welcher ohne Geld jedem für sein Product, das er in die=

---

[1] Stein a. a. O. III, 376 ff.

[2] Diehl a. a. O. S. 88 ff. Hier sind solche Stellen angeführt.

[3] Jedes Zinsnehmen erklärt Proudhon für Diebstahl (Caro a. a. O. S. 74).

[4] Proudhons neueste Schriften. Theoretischer und praktischer Be= weis des Socialismus oder Revolution durch den Credit. Heraus= gegeben von Theodor Opitz (Leipzig 1849). S. 62 f.

selbe hineinträgt, der Stoff zu weitern Unternehmungen gegeben
und mithin ein directer Austausch der Producte erzielt werden
sollte[1]. Der praktische Versuch, den Proudhon zur Aus=
führung dieses Projectes 1849 machte, ist kläglich in die
Brüche gegangen[2].

Mit Proudhon hatte sich der französische Socialismus aus=
gelebt, die führende Rolle in der modernen Bewe=
gung ist auf den deutschen Socialismus überge=
gangen, welcher sich als die Weiterentwicklung des franzö=
sischen und des verhältnißmäßig erst spät entstandenen englischen
Socialismus darstellt.

III. Der englische Socialismus.

§ 8.

Der französische und englische Socialismus entstammen
dem gleichen Princip; es ist der Individualismus eines Locke
und Smith. Aber der Entwicklungsgang des englischen So=
cialismus ist ein viel langsamerer und bewegt sich in ruhigern
Geleisen; er ist nicht von jenen heftigen socialen Erschütterungen
begleitet, die wir in Frankreich wahrgenommen haben. Es ist
dies um so auffallender, weil von England das industrielle
Leben mit seiner gähnenden Kluft zwischen Kapital und Arbeit
seinen Ausgang nahm[3]. Der Grund dieser merkwürdigen Er=
scheinung liegt in der englischen Verfassung, welche sozusagen
ein Naturproduct, d. h. nicht die rationelle Consequenz irgend
eines principiellen Gedankens, sondern das Product der gesamten
Geschichte des englischen Volkes und ebendeshalb ihrer Zeit
wirklich die beste Verfassung war, die es gab[4]. Zwar findet sich

---

[1] Stein a. a. O. III, 390—392.   [2] Ebd. S. 396.

[3] Bluntschli, Deutsches Staats=Wörterbuch, Art. „Socialis=
mus", S. 530. L. Brentano, Das Arbeitsverhältniß gemäß dem
heutigen Recht (Leipzig 1877) S. 44.

[4] Histor.=polit. Blätter LXXXVIII, 677: Art. „Die englische
Verfassung", von Victor Cathrein. Ab. Held a. a. O. S. 3.

auch in England, wie in Frankreich, eine herrschende Klasse,
der große adelige Grundbesitz, welcher nicht bloß im Parla=
ment herrschte, sondern auch den Staat durch die Ehrenämter
des Selfgovernments verwaltete, die er als staatliche Pflicht
übernahm.   Wir haben aber hier n i c h t e i n e r e c h t l i c h
a b g e s c h l o s s e n e h e r r s c h e n d e K l a s s e, sondern sie hängt
mit dem ganzen Volke organisch zusammen, indem die jüngern
Söhne der Herrschenden ins Volk hinabsteigen, die Herrschenden
selbst sich durch neuernannte Pairs und neuentstandenen Grund=
besitz stets ergänzen, — und wir haben ein f r e i e s, w o h l=
h a b e n d e s V o l k.   An dem Wahlrecht nahm allerdings nur
die nicht zahlreiche Mittelklasse theil, aber die Masse des Volkes
war in ihrem Streben nach Erwerb geschützt und gefördert.
Die eigentliche Leibeigenschaft verschwand in England schon
im Mittelalter.

   Die großen Ereignisse von 1776 und besonders die fran=
zösische Revolution warfen ihre Wellen auch nach England
hinüber.   Der hier herrschende Individualismus steigerte sich
im weitern Verlaufe zum Radicalismus und endigte schließlich
in dem Socialismus eines Robert Owen.   Begünstigt wurde
dieser Fortschritt durch Einführung des Maschinenwesens, das
aus einem freien, wohlhabenden Volk allmählich ein hungerndes
Proletariat erzeugte[1].   Aber der sociale Gegensatz von Arbeit
und Kapital kam erst spät, viel später als in Frankreich, zum
klaren Bewußtsein.

   Der Gang der Entwicklung zeigt folgendes Bild: Einzelne
Schriftsteller, die nach dem Glück des Individuums suchen,
kommen zu dem gewiß maßvollen Verlangen einer Ausdehnung
des Wahlrechtes und der Freiheit, seine Religion sich selbst zu
bestimmen, wollen also Beibehaltung der als gut erkannten

---

[1] Ein anschauliches Bild dieser Umwälzung entwirft Mr. Sid=
ney Webb (Die britische Genossenschaftsbewegung. Herausgegeben
von L. Brentano [Leipzig 1893]. S. 6 ff.).

Verfassung mit einigen Modificationen. Dagegen bei einzelnen Individualisten finden wir auch direct dem Socialismus vorgearbeitet. So verbindet William Godwin den denkbar extremsten Individualismus mit dem Postulate der Vermögensgleichheit[1]. Dabei verwirft er aber den communistischen Staat, will Privateigenthum und Individualwirtschaft aufrecht erhalten[2]. Vom Staat will er überhaupt nichts wissen, denn alle Regierung ist vom Uebel[3]. Aber um dieses Ideal der „Gesellschaft ohne Regierung" erreichen zu können, muß, wie er selbst gestehen muß, das Eigenthum auf eine gerechte Basis gestellt werden, d. h. es muß das herrschende System des Sondereigenthums abgeschafft werden. Jeder soll nach seinen Bedürfnissen bekommen, aber er erwartet allgemeine Genügsamkeit und Bedürfnißlosigkeit[4].

Consequenter ist schon Charles Hall, der vorschlägt, der Staat solle den ganzen Grund und Boden einziehen und denselben an die Familien nach Verhältniß ihrer Größe in Parcellen vertheilen; er will also eine Verbindung von Collectiveigenthum und Individualwirtschaft[5].

Adam Smith hat, wie schon gezeigt, den Individualismus in die Nationalökonomie eingeführt und die Arbeit als Quelle alles Werthes erklärt. Unter Ricardo wurde die klassische Nationalökonomie[6] zu einer gefügigen Dienerin der ausschließlichen Interessen des mobilen Kapitals.

Er behauptet, daß der Werth der Waren regulirt wird durch die Quantität der Hervorbringungsarbeit. Ob die wirklich aufgewendete Hervorbringungsarbeit oder die nach dem

---

[1] Held a. a. O. S. 98.   [2] Menger a. a. O. S. 44.
[3] Held a. a. O. S. 100.   [4] Ebd. S. 106. 107.
[5] Menger a. a. O. S. 49.
[6] Der Name rührt nach Brentano (Die klassische Nationalökonomie [Leipzig 1888] S. 2 ff.) daher, daß sie, wie die klassische Kunst, nicht von dem wirklichen, sondern von einem abstracten Menschen ausgeht.

jetzigen Stande nothwendige Hervorbringungsarbeit gemeint
sei, bleibt unentschieden. Erst Marx hat den Satz scharf
formulirt, indem er sagte, der Werth werde bestimmt durch
die Quantität gesellschaftlich nothwendiger Arbeitszeit, und er
hat auch aus dem Ricardo'schen Axiom die Verwerflichkeit alles
Einkommens auf Grund des Besitzes abgeleitet[1]. Die Grund-
rententheorie Ricardos, wonach der Preis des Kornes sich
durch die Arbeitsmenge bestimmt, die auf dem schlechtesten
Boden aufgewendet werden muß, dessen Anbau zur Versorgung
der Bevölkerung mit Nahrungsmitteln noch nöthig ist[2], durch-
bricht die obige Werthregel und verfolgt den Zweck, zu zeigen,
daß nur das Grundeigenthum in Widerspruch mit
der natürlichen Gerechtigkeit stehe, das Kapitaleigenthum nicht. Wieder hat der Socialismus die Consequenz gezogen und Aufhebung des Grundeigenthums verlangt[3], zugleich aber auch die des Kapitaleigenthums.

Auch das „eherne Lohngesetz" ist bereits von Ricardo aufgestellt, aber nicht, wie später von Lassalle, gegen das Kapital,
sondern gegen das Grundeigenthum verwerthet worden[4].

In anderer Weise ist Malthus den Interessen des Kapitals
dienstbar geworden. Sein Glaube an wirtschaftliche Naturgesetze läßt ihn in dem Elend der Proletarier den Ausdruck
eines solchen absolut wirkenden Gesetzes erblicken. Während
die Menschenzahl die Tendenz hat, in geometrischer Progression
zu wachsen, lassen sich die Unterhaltsmittel nur in arithmetischer
Progression vermehren, und so müssen die Ueberzähligen durch
Elend und Krankheit beseitigt werden. Als das kleinere Uebel
erscheint also die Enthaltsamkeit des Proletariats, welches so-

---

[1] Held a. a. O. S. 176 ff. Pringsheim, Die Ricardo'sche
Werththeorie (Breslau 1883) S. 84 ff.
[2] L. Brentano (Die klass. Nationalökonomie S. 14) behauptet,
daß dieser Satz fälschlich Ricardo als Urheber zugeschrieben werde,
da er schon vorher (1777) von James Anderson aufgestellt worden sei.
[3] Held a. a. O. S. 184.   [4] Ebd. S. 188—190.

mit ganz allein durch die aus Nützlichkeitserwägungen her=
vorgehende Sittlichkeit sein Glück begründen kann[1]. Von sitt=
lichen Pflichten des Kapitals hat aber Malthus nichts gewußt.

Den Zusammenhang zwischen Individualismus und Radi=
calismus hat Bentham vermittelt. Er erklärt, die Pflicht
des Unterthanen zum Gehorsam bestehe nur so lange, als es
das Interesse der Individuen gestatte. Diese Schranken=
losigkeit der menschlichen Freiheit müßte nothwendig in der
Anarchie endigen[2].

In seinen nationalökonomischen Schriften ist Bentham
vorherrschend freiheitsschwärmender Manchestermann[3], weicht
aber doch vom Manchesterthum aus Wohlwollen gegen die
Arbeiter vielfach ab[4]. Daneben machen sich auch an Socia=
lismus stark anklingende Anschauungen geltend. Das Eigen=
thum, das er wie Montesquieu lediglich als ein Resultat
des Gesetzes betrachtet[5], soll wenigstens in Bezug auf Ver=
erbung beschränkt werden, indem dem Staat alle Güter jener
Verstorbenen zufallen sollen, welche nur Verwandte von einem
Verwandtschaftsgrade hinterlassen, bei dem Heirat gestattet ist.
Die Industriehäuser, die er zur Aufnahme der Armen vor=
schlägt, ähneln stark den Phalansterien Fouriers.

In politischer Hinsicht war er Demokrat; voll Haß gegen
die Aristokratie trat er auf die Seite der Radicalen, mit denen
er in dem Hauptpostulat der radicalen Parlamentsform über=
einstimmt[6]. Dieser englische Radicalismus, der die
beiden Gegensätze der industriellen Gesellschaft in
dem Rufe nach Ausdehnung des Wahlrechtes ver=
einigte, richtete sich vor allem gegen die grund=
besitzende Aristokratie. Der sociale Gegensatz von

---

[1] Held a. a. O. S. 205—210.   [2] Ebb. S. 252.

[3] Er ist deshalb Gegner der gesetzlichen Beschränkung des Wuchers
(Caro a. a. O. S. 20 ff.).

[4] Held a. a. O. S. 263.   [5] Ahrens, Naturrecht S. 254 f.

[6] Held a. a. O. S. 265 ff.

Kapital und Arbeit war somit dem Proletariate noch nicht zum Bewußtsein gekommen, und es hoffte mit immer mehr sich steigernder Leidenschaftlichkeit Besserung von politischer Gleichberechtigung. Hauptsächlich war es durch den kühnen Führer Cobbet dahin gebracht worden, seine Wünsche in einem politischen Programm zusammenzufassen, der so die politische Arbeiterpartei der Chartisten vorbereitet hat[1]. Er stachelte die Arbeiter gegen die Regierung, nicht gegen die Fabrikherren, auf[2]; die Tendenz der Besteuerung ist nach ihm, „eine Klasse von Leuten zu schaffen, die nicht arbeiten, von denen, die arbeiten, das Product ihrer Arbeit zu nehmen und es denen zu geben, die nicht arbeiten", d. h. also die Re= gierungspolitik, nicht das Kapital steckt den Marx'schen Mehr= werth ein[3]. Er ist ein Gegner der socialen Revolution und lehrt die Heilighaltung des Eigenthums, trotzdem er in seinem „Vermächtniß an die Arbeiter" den alten Satz reproducirt, daß Arbeit die Grundlage alles Eigenthums sein solle, während das englische Grundeigenthum auf Eroberung beruhe[4].

Nach der Durchsetzung der Reformbill von 1832 trennte sich der Radicalismus der Arbeiter scharf und be= wußt von dem der Mittelklassen, indem diese als Frei= händler oder Manchestermänner, die Arbeiter aber als Chartisten auftraten[5]. Das Kapital hatte die Vertretung im Parlament erreicht und begann nun, alles seinen wirtschaftlichen Interessen unterzuordnen[6]. Die Chartisten, enttäuscht durch die schonende Parlamentsreform, stellten immer noch politische Forderungen: allgemeines Stimmrecht, Diäten für die Parlamentsmitglieder, damit auch Arme eine Wahl annehmen können. Die Nicht= bewilligung derselben rief blutige Aufstände hervor[7]. Erst

---

[1] Held a. a. O. S. 296. 301. Webb a. a. O. S. 29. Ueber den Chartismus s. auch Brentano, Das Arbeitsverhältniß S. 103 ff. [2] Held a. a. O. S. 299. [3] Ebd. S. 302. Webb a. a. O. S. 30. [4] Held a. a. O. S. 307. 308. [5] Ebd. S. 330. [6] Ebd. S. 341 f. [7] Bluntschli, Deutsches Staats=Wörterbuch S. 534.

Robert Owen hat die Bestrebungen des Prole=
tariats vom politischen Gebiet auf das sociale
hinübergeleitet und den englischen Socialismus
begründet, welcher der rein politischen Agitation fern=
blieb und die ebenso maßvolle als nützliche Cooperativ=
bewegung erzeugte[1], wodurch England von den heftigen Er=
schütterungen bewahrt blieb. Owen hat das Wesen der so=
cialen Frage, den tiefen Gegensatz zwischen Kapital und Arbeit
erkannt, aber er predigt keinen Klassenkampf, sondern ruft nur
den Besitzenden ihre socialen Pflichten ins Gedächtniß[2]. Er
gehört zu den utopischen Socialisten, welche ohne Gewaltthat
und politische Revolution alle Leiden der Menschheit durch ein
von ihnen erfundenes Weltbeglückungssystem aufheben und dieses
durch die Kraft der Ueberzeugung einführen wollen[3].

Owen geht von dem Satz aus, jeder habe von Natur das
Streben nach möglichst großem Glück[4]. Der Zweck des Ein=
zelnen wie der Gesellschaft liegt ihm darin, Reichthum zu erwerben
und zu genießen[5]. Bisher aber wurde dieses Glück nicht er=
reicht infolge falscher Erziehung, vornehmlich durch Schuld
der Kirche und ihrer Dogmen und der durch sie bewirkten
falschen Erkenntniß. Infolge einer mechanisch=materialistischen
Auffassung vom Menschen, derzufolge er sich denselben als ein
bildsames, nur durch äußere Einwirkungen bestimmtes Material
denkt, kommt er naturgemäß dazu, den freien Willen und da=
mit die sittliche Verantwortlichkeit zu läugnen[6]. Für ein solches
unfreies Wesen ist freilich kein Privateigenthum erforderlich,
dessen Nothwendigkeit ja zumeist in der menschlichen Freiheit

---

[1] Held a. a. O. S. 342 ff. 386. Webb a. a. O. S. 14. Ueber
den Anschluß der Trades' Unions an die Internationale seit 1866
siehe R. Meyer, Der Emancipationskampf II (Berlin 1874), 749 ff.

[2] Held a. a. O. S. 351. Robert Owen verdanken wir die Idee
einer Arbeiterschutzgesetzgebung (Webb a. a. O. S. 13).

[3] Held a. a. O. S. 344.   [4] Ebd. S. 352.

[5] Ebd. S. 369.   [6] Ebd. S. 356.

beruht. Die rechte Erziehung, glaubt Owen, wird den Menschen
so umformen, daß er aufhört, das Privateigenthum
zu schätzen[1]. Diese sittliche Umbildung wollte er nun in
seiner Arbeiterschaft zu Lanark, später auch in New Harmony
in Amerika herbeiführen, indem er die den Menschen bestimmen-
den äußern Verhältnisse so günstig als möglich zu gestalten
suchte. Nach einem vielversprechenden Anfange zerfielen diese
Versuche wieder vollständig[2].

Er verlangte bereits im Jahre 1817, daß man die un-
beschäftigten Arbeiter in großen Etablissements vereinige, deren
Gründung und Leitung der Staat übernehmen solle. 500 bis
1500 Personen sollten da in „mutual cooperation" Ackerbau und Industrie treiben. Ein Streit über die Producten-
vertheilung wird infolge allgemeiner Zufriedenheit gar nicht
entstehen; ein achtstündiger Arbeitstag wird im stande sein,
Ueberfluß an allem Nothwendigen herzuzaubern[3]. Aber für
den Verkehr der Communitäten unter sich ist doch ein Werthmesser nöthig. Das natürliche Werthmaß ist für Owen die
menschliche Arbeit, und zwar die durchschnittliche menschliche Arbeit[4]. Aber Owen zieht nicht die sich fast auf-
drängende Consequenz, für den Arbeiter allein das ganze
Product oder den vollen Arbeitsertrag zu begehren; er begnügt
sich mit einem „billigen Antheil". Die Idee von der Arbeit

---

[1] Held a. a. O. S. 376.

[2] Ebd. S. 348. 364. Ueber die praktischen Versuche Owens in
Amerika s. Heinrich Semler, Geschichte des Socialismus und
Communismus in Nordamerika S. 9—38. Vgl. auch Christl.=sociale
Blätter 1890, S. 317 ff.

[3] Held a. a. O. S. 359. 360. Bebel redet von zwei bis drei
Stunden Arbeitszeit.

[4] Diesen Gedanken hat Owen schon im Jahre 1820 entwickelt;
den Streit, ob Marx oder Rodbertus die Priorität, die Arbeit als
Werthmaß aufgestellt zu haben, zuzuerkennen sei, ist somit müßig
(Held a. a. O. S. 366, Note 1). Vgl. Marx, Das Elend der
Philosophie, Einleitung von Engels.

als Werthmesser statt des den Arbeiter benachtheiligenden Gel= des begeisterte Owen noch zu einem letzten praktischen Ver= such, zur Gründung einer Arbeitsbörse (1832), der aber noch kläglicher endigte als die frühern [1].

Die gleiche Inconsequenz findet sich bei Owens Schüler William Thompson. Die Arbeit gilt ihm als Quelle und Maß alles Werthes; das Product gehört somit dem Arbeiten= den ganz allein [2]. Davon darf der Kapitalist allerdings gewisse Abzüge machen zum Wiederersatz der Productionskosten; in Wirklichkeit aber eigne er sich den ganzen Ertrag an und reducire den Antheil des Arbeiters auf die bloße Lebensnothdurft. Was ist das anderes als die Marxsche Lehre vom „Mehr= werthe" und Lassalles „ehernes Lohngesetz"? [3] Aber die revo= lutionäre Consequenz der Abschaffung des Kapitalbesitzes hat auch Thompson nicht gezogen, obwohl er die Vereinigung von Arbeiter und Kapitalisten wünscht, damit ersterer wirklich sein ganzes Product genießen könne. Ja er duldet sogar einen mäßigen Kapitalgewinn und eine mäßige Grundrente, hergestellt durch freien Vertrag. Er steckt eben noch zu tief im regierungs= feindlichen Radicalismus eines Cobbett, als daß er im Kapital

---

[1] Held a. a. O. S. 366 ff.

[2] Damit verträgt sich nicht recht die von Thompson geforderte wirtschaftliche Gleichheit.

[3] Stimmen aus Maria=Laach XLIII, 412 f. Webb a. a. O. S. 41. Menger, Das Recht auf den vollen Arbeitsertrag S. 54 ff. 82. 101. Menger sagt a. a. O. S. IV und V: „Die fast absolute Un= kenntniß des englischen und französischen Socialismus, namentlich der ältern Zeit, hat nicht wenig zu der übermäßigen Werthschätzung bei= getragen, welche die Schriften von Marx und Robbertus gegen= wärtig genießen... Ich werde in dieser Schrift den Nachweis führen, daß Marx und Robbertus ihre wichtigsten socialistischen Theorien ältern englischen und französischen Theoretikern entlehnt haben, ohne die Quellen ihrer Ansichten zu nennen. Ja ich nehme keinen An= stand, zu erklären, daß Marx und Robbertus, die man sogar als die Schöpfer des wissenschaftlichen Socialismus hinstellen möchte, von ihren Vorbildern an Tiefe und Gründlichkeit bei weitem übertroffen werden."

den Hauptfeind des Arbeiters geſehen hätte. Aus dieſer eigen=
thümlichen Verbindung des Owenſchen Socialismus und des
Radicalismus erklärt es ſich, daß er von richtiger Erziehung
und von einem wahren Repräſentativſyſtem Beſſerung
der Zuſtände erhofft [1].

Danebenher ging eine andere Bewegung. Ein Schüler
Benthams, John Stuart Mill, war infolge der eigenthüm=
lichen Richtung in England, vorwiegend in dem ariſtokratiſchen
Grundbeſitz, nicht im Kapital den Feind des Arbeiters zu er=
blicken, der Begründer des ſogen. Agrarſocialismus ge=
worden, der das Grundeigenthum vom ökonomiſchen wie rechts=
philoſophiſchen Standpunkt als weniger berechtigt anſieht als
das Kapitaleigenthum, weil Grund und Boden nicht wie das
Kapital Product der menſchlichen Arbeit ſei [2]. Es lag in dieſer
Bewegung auch ein phyſiokratiſcher Gedanke: Wirtſchaftlicher
Reichthum beſteht in Sachgütern. Aller Stoff aber entſtammt
der Erde. Mithin iſt nur die Rohproduction, vorzüglich die
Landwirtſchaft productiv. Nur hier iſt ein produit net, ein
Ueberſchuß über die aufgewendeten Koſten möglich. Alle üb=
rigen Klaſſen ſind ſteril, bloße Conſumenten. Pflicht des
Staates iſt es, ſeine Steuern da zu erheben, wo ein Ueber=
ſchuß vorhanden iſt; daraus folgt, daß das Grundeigenthum
die ganze Steuerlaſt zu tragen habe [3].

In neueſter Zeit fand dieſer eigenthümliche Zweig des
Socialismus Vertreter in England an Herbert Spencer [4],
Ruſſell Wallace, in Belgien an Emil de Laveleye,

---

[1] Held a. a. O. S. 378 ff.

[2] Ebd. S. 278 ff. Périn, Ueber den Reichthum II, 45 ff.

[3] Behrend, Die Verſtaatlichung von Grund und Boden. In=
auguraldiſſertation (1891) S. 4 ff. Hier iſt die hiſtoriſche Entwick=
lung des Agrarſocialismus geboten.

[4] Seine Schrift: „Von der Freiheit zur Gebundenheit", abgedruckt
in „Volkswirtſchaftl. Zeitfragen", 13. Jahrg. (Berlin 1891); deutſch
von Bode.

der den historischen Beweis von der Ungerechtigkeit des Privat=
grundeigenthums zu erbringen sucht[1], während in Amerika
Henry George dasselbe mit naturrechtlichen und national=
ökonomischen Gründen zu bekämpfen sucht[2]. Die ganze Ar=
gumentation Georges läßt sich in wenige Sätze resumiren:
Die Erde gehört allen; die Arbeit ist der allein legitime Eigen=
thumstitel; weil aber die Erde nicht die Frucht der menschlichen
Arbeit sein kann, kann sie auch nicht in individuelles Eigen=
thum übergehen[3].

IV. Lehre des modernen (deutschen) Socialismus vom Eigenthum.

§ 9.
Seine Grundlage in der deutschen Rechts=
philosophie.

In Deutschland fehlte für eine energische Entwicklung des
Socialismus lange Zeit der geeignete Boden, die industrielle
Gesellschaft. Aber in der deutschen Philosophie lag doch
schon seit langem der Keim bereit, der nur des äußern An=
stoßes durch die gesellschaftlichen Verhältnisse bedurfte, um sich
in Rodbertus, Lassalle und Marx zum klassischen
Socialismus, zum Träger der internationalen Be=
wegung zu entfalten[4].

Schon bei Christian Wolff finden sich stark an Socia=
lismus anklingende Anschauungen, besonders ein erdrückendes

---

[1] Die sociale Frage beleuchtet durch die Stimmen aus Maria=Laach,
5. Heft: Cathrein, Das Privateigenthum und seine Gegner (Frei=
burg 1892) S. 5 ff.

[2] Ebd. S. 41 ff. Menger a. a. O. S. 140 ff. In den „Volks=
wirtschaftl. Zeitfragen" (Berlin 1892), Art. von Hugo Preuß: „Die
Bodenbesitzreform als sociales Heilmittel".

[3] *Baudier*, La théorie de Henri George sur la propriété privée
du sol (Congrès scientifique international des catholiques tenu à
Paris du 8 au 13 avril 1888. Tome II, p. 48).

[4] Stimmen aus Maria=Laach LXIV, 13.

Uebergewicht des Staates über das Individuum [1]. Wolff lehrte
die Freiheit und Gleichheit der Menschen im Naturzustand und
den Untergang derselben durch Einführung des persönlichen Eigen=
thums und der Staatsgewalt (introducto dominio et im-
perio) [2]. Der Staat, der durch Vertrag entsteht, kann ganz ab=
solut sein. Die tiefsten Eingriffe in die persönliche Freiheit werden
von Wolff mit der Sorge für das Gemeinwohl gerechtfertigt; er
spricht den socialistischen Grundsatz aus, die Obrigkeit sei befugt,
jedermann zur Arbeit anzuhalten, und sie sei verpflichtet, dafür
zu sorgen, daß jeder, der arbeiten will, auch Arbeit finde; er
will, daß der Arbeitslohn und die Preise der Waren obrig=
keitlich taxirt werden; er beschränkt die Anzahl derer, die sich
einem bestimmten Beruf widmen dürfen [3].

Es ist immer wieder seine Vertragstheorie, auf welche
die Spätern, Kant und Fichte, den Staat und alles Recht
gründen wollen. Kant folgert die Nothwendigkeit eines Ver=
trags zum Entstehen des Privateigenthums daraus, weil rein
persönliche Acte, wie Specification und Occupation, der Ge=
sellschaft nicht die Verpflichtung auferlegen können, dasselbe
nicht zu verletzen. Solche alleinstehende Handlungen bewirken
höchstens ein provisorisches Eigenthum; definitiv wird dasselbe
erst durch gegenseitige Zustimmung aller Glieder
der Gesellschaft [4]. Fichte wird durch seinen merkwür=
digen Eigenthumsbegriff zur Vertragstheorie gezwungen. Er
faßt in dem „Geschlossenen Handelsstaat" (1800) das Eigen=
thumsrecht nicht als Recht auf den ausschließenden Besitz einer
Sache, sondern als das ausschließende Recht auf eine bestimmte
freie Thätigkeit, ob sich nun diese auf eine bestimmte Sache

---

[1] Bluntschli, Gesch. der neuern Staatswissenschaften S. 256.
Vgl. S. 88 ff. der vorliegenden Schrift.

[2] Bluntschli, Deutsches Staats=Wörterbuch S. 505. Stein,
Sociale Geschichte der französischen Revolution S. 25. 153.

[3] Bluntschli, Gesch. der neuern Staatswissenschaften S. 251 ff.

[4] Ahrens, Das Naturrecht S. 257 f.

6 **

beziehe oder nicht. Ein Eigenthum besteht daher nur im
Verhältniß zu andern Menschen, und das Eigenthumsrecht
hat daher seinen Rechtsgrund lediglich in einem Vertrag aller
mit allen, wodurch jedem die ihm ausschließlich angehörende
Sphäre seiner Thätigkeit bestimmt wird[1]. Indem er nun den
Eigenthumsvertrag untersucht, kommt er zur Unterscheidung
eines rein negativen, in welchem alle übrigen Verzicht leisten,
eines positiven, in dem alle Schutz des Eigenthums versprechen,
und des Vereinigungsvertrages zur Constituirung einer Schutz=
macht, die nur das Ganze, der Staat sein kann[2]. Der Zweck
alles Eigenthums ist, leben zu können. Eigenthum entsteht nur
durch Arbeit. In seinem 1793 erschienenen Werk „Beiträge
zur Berichtigung des Urtheils über die französische Revolution"
sagt er: „Die Bildung der Dinge durch eigene Kraft
ist der wahre Rechtsgrund des Eigenthums, aber
auch der einzig naturrechtliche. Wer nicht arbeitet, darf
wohl essen, wenn ich ihm etwas schenken will; aber er hat keinen
rechtskräftigen Anspruch aufs Essen. Er darf keines an=
dern Kräfte für sich verwenden. Auf die rohe Materie
hat jeder Mensch ursprünglich ein Zueignungsrecht, auf
die durch ihn modificirte ein Eigenthumsrecht."[3] Da also
nur die Arbeit Eigenthum begründen kann, so muß
ein jeder ein Gewerbe treiben. Fichte entwirft uns das Bild
einer Arbeitsorganisation, die einen socialistischen Polizeistaat
mit eiserner Zwangsgewalt als Executor braucht und gegen
die politische Freiheit, für die Fichte sich begeistert, grell ab=
sticht[4]. Da der Eigenthumsvertrag nur unter der Bedingung

---

[1] Dr. Conr. Schmidt, Der natürl. Arbeitslohn (Jena 1887).
In Elsters Staatswissenschaftl. Studien. Bd. I, Heft 1. Sybel,
Hist. Zeitschr. III (1860), 21, Art. v. Zeller: „Joh. Gottl. Fichte
als Politiker".

[2] Bluntschli a. a. O. S. 409. 410. Sybel a. a. O. S. 18.

[3] R. Meyer a. a. O. S. 29.

[4] Menger a. a. O. S. 33 ff. Held a. a. O. S. 366, Note 1.

der Gegenseitigkeit verbindlich ist, so muß der Staat jedem eine
Sphäre nach dem Grundsatz der Gleichheit anweisen. Die
Oberleitung in der organisirten Arbeit hat natürlich der „Ver-
nunftstaat", der die Zahl der Gewerbetreibenden festsetzt und
die Preise der Waren bestimmt[1]. Damit jede fremde Störung
von außen verhindert wird, soll sich der Staat streng von
andern abschließen[2]. Fichte ist also ein nationaler
Socialist wie Lassalle und Robbertus[3].

Mehr noch als Fichte ist Hegel für den modernen Socialismus von Bedeutung gewesen; das Hegelsche System trug
trotz seines anscheinend conservativen Charakters, der in dem
Gedanken gipfelte, das Wirkliche sei das Vernünftige, doch in
seiner dialektischen Methode das revolutionäre Princip in sich,
indem es die Weltgeschichte als einen Strom ununterbrochen
fortschreitender Entwicklung darstellte und jedes Stadium nur
als eine Vorbereitung für eine höhere Entwicklungsstufe erscheinen ließ. Hieraus folgt, daß das jetzt Vernünftige in der
nächsten Stufe der Entwicklung bereits unvernünftig sein kann[4].
Damit ist auch der Socialismus legitimirt und vernünftig,
wenn es ihm gelingt, zur Wirklichkeit zu werden[5]. Ferner
wurde durch die dialektische Methode die Geschichtsphilosophie
des Socialismus stark beeinflußt. Auch die Hegelsche Auffassung vom Staate als der höchsten Form des sittlichen
Ganzen, dem das Individuum sich unbedingt unterzuordnen
hat, ist ein wichtiges Glied im socialistischen Lehrgebäude geworden[6].

---

[1] O. Gerlach, Ueber die Bedingungen wirtschaftl. Thätigkeit
(Jena 1890) S. 16. In Elsters Staatswissenschaftl. Studien.
Bd. III, Heft 5.

[2] Sybel a. a. O. S. 22.   [3] R. Meyer a. a. O. S. 25.

[4] Sudre a. a. O. S. 390.

[5] Theod. Meyer, Die Arbeiterfrage und die christl.-ethischen
Socialprincipien S. 12.

[6] Sudre a. a. O. S. 392.

Auf dieser philosophischen Basis, beeinflußt durch die lite=
rarischen Erzeugnisse des französischen und englischen Socialis=
mus [1], mitten in der Atmosphäre des in Deutschland erwachten
industriellen Lebens erwuchsen die drei Hauptvertreter der Wissen=
schaft des deutschen, die Gegenwart beherrschenden Socialismus,
„bewaffnet mit der ganzen Bildung des Jahrhunderts [2]. Dem
gemeinsamen Gegner, dem Privateigenthum, suchen sie auf ver=
schiedenen Wegen beizukommen: Rodbertus durch seine Renten=
theorie, Lassalle durch sein „ehernes Lohngesetz“, Marx durch
seine Theorie vom „Mehrwerth“. Es liegt allen diesen gegen
das Eigenthum gerichteten Argumenten der gleiche Gedanke zu
Grunde, daß das Kapital den Arbeiter eines Theiles seines Arbeits=
productes beraube und seinen Antheil auf das Existenzminimum
beschränke.

§ 10.

Der deutsche Socialismus in seinen bedeutendsten
Vertretern.

I. Rodbertus.

Sein System beruht auf der irrigen, durch Adam Smith
und besonders durch Ricardos Schule in der Wissenschaft
heimisch gewordenen Voraussetzung, daß „alle Güter wirt=
schaftlich nur als Product der Arbeit anzusehen sind, nichts
als Arbeit kosten“ [3]. Wem gehört demnach das Arbeitsproduct
oder dessen äquivalenter Werth? Nach Rodbertus’ Ansicht nur
dem, der die zur Herstellung erforderliche materielle Arbeit
geleistet hat [4]. Aber in Wirklichkeit erhält es der Arbeiter
nicht, denn dieser ist nicht Herr der Arbeitsmittel. Das Grund=
und Kapitaleigenthum trifft die Schuld, die gerechte Vergeltung

---

[1] S. Menger a. a. O., Vorrede.

[2] Lassalle, Bastiat=Schulze, der ökonomische Julian (Berlin
1864) S. 241.

[3] Rodbertus, Zur Beleuchtung d. socialen Frage (1875) S. 68.

[4] Stimmen aus Maria=Laach 1892, S. 466.

der Arbeit zu hindern und sich in der Grundrente und dem
Kapitalgewinn als arbeitsloses Einkommen einen Theil des=
jenigen anzueignen, was von Rechts wegen dem Arbeiter ge=
hört. Auf dieser **Beraubung des Arbeiters**, deren po=
sitiv gesetzlicher Grund das Privateigenthum, deren wirtschaft=
licher aber die Arbeitstheilung ist, infolge deren der Arbeiter
mehr als das zum Leben Nothwendige hervorbringt [1], beruht die
Rente, nicht aber, wie Ricardo in einseitiger Begünstigung des
mobilen Kapitals behauptet, in dem Ueberschuß des Ertrages eines
Grundstückes über denjenigen Ertrag, den der schlechteste noch
angebaute Boden bei gleichem Productionsaufwand einbringt [2].

Vor der Arbeitstheilung, wo die Beschäftigungen darin
bestehen, **Stoffe zu occupiren**, gehören einem jeden seine
Jagdgeräthe und seine Jagdbeute, der Boden aber dem einen
so gut als dem andern [3]. Der besiegte Feind wird getödtet,
weil jeder nur so viel Beute macht, um sich und die Seinen
zu ernähren; mit der Theilung der Arbeit aber sind diejenigen
Beschäftigungen gegeben, welche die Natur in der Hervor=
bringung der Stoffe unterstützen, und erst in dieser Form ist
die Arbeit productiv genug, um einen die Nothdurft des Ar=
beiters übersteigenden Ertrag zu liefern. Seitdem gehören
Boden und Kapital dem Herrn, der in der ersten Zeit von
dem Arbeitsertrag des Sklaven lebte, jetzt aber von dem der freien
Lohnarbeiter lebt [4]. Es ist ein wichtiges Zugeständniß, daß

---

[1] Robbertus a. a. O. S. 15.

[2] Cathrein, Das Privatgrundeigenthum u. seine Gegner S. 46.

[3] Diese Anschauung ist ein Phantasiegebilde, dem das wirkliche
Verhalten der noch vor einiger Zeit bestandenen wie der noch exi=
stirenden, von der modernen Cultur unbeeinflußt gebliebenen Jagd=
völker widerspricht, die ihre Jagdreviere stamm= oder familienweise
streng abschließen und in denen keinem andern zu jagen gestattet ist
(Felix, Kritik des Socialismus [Leipzig 1893] S. 50).

[4] Gegenüber der Behauptung von Robbertus, daß seit dem Be=
stehen der Theilung der Arbeit thatsächlich andere den Boden angebaut
und das Kapital producirt haben, als die, denen beides gehört, ver=

Robbertus das Privateigenthum an den Productions=
factoren mit der Arbeitstheilung, deren Segnungen
er gar wohl zu schätzen weiß, entstehen läßt[1]. Anfang und Auf=
schwung der Cultur ist dadurch an das Auftreten und Bestehen
des Privateigenthums geknüpft. Die Arbeitstheilung will Rob=
bertus beibehalten wissen, und deshalb dürfen Boden,
Kapital und Product nicht den Arbeitern ge=
hören, sondern durch Aufhebung des Grund= und Kapital=
eigenthums soll nur die Ungerechtigkeit aufhören, daß das
Einkommen des Arbeiters nicht gleich seinem Arbeitsproduct
ist. Der Grundsatz: „Eigenthum ist Diebstahl", soll in den
richtigern umgekehrt werden: Das Eigenthum ist vor Dieb=
stahl, d. h. vor Entziehung eines Theiles des Productes
durch den Besitz, zu behüten. Denn „was ist denn Eigen=
thum von Rechts wegen, principiell? Das unbeschränkte
Recht auf die volle Frucht seiner Arbeit. Aber die heu=
tigen Eigenthumsverhältnisse, die von Grund= und Kapital=
eigenthum dominirt werden, beruhen gerade auf einer fort=
während Verletzung des Princips, gleichwie die Sklaverei,
die sich nur graduell, nicht principiell von Grund= und Kapital=
eigenthum unterscheidet. Beide bringen die Person mit Gewalt
um die volle Frucht ihrer Arbeit. Die Rente, diese unverdiente
Frucht der Arbeit anderer, ist ihm [dem Kapital] immanent."[2]
Andererseits hat aber Robbertus nichts dagegen einzuwenden,
daß diejenigen, welche eine Menge von Arbeitern mit einem
Kapital productiv zu beschäftigen verstehen, für ihre Dienste
Vergeltung finden, aber es kann das nur aus dem Pro=
duct der Arbeit geschehen; denn es gibt keine andere

---

weist Felix (Kritik des Socialismus [Leipzig 1893] S. 49) mit
Recht auf das Vorhandensein zahlreicher bloß mit Familienkräften
wirtschaftenden Bauern.

[1] Christl.=sociale Blätter 1884, S. 387.

[2] Robbertus, Vierter soc. Brief an Kirchmann (Berlin 1884)
S. 214 f.

Quelle des Reichthums als die materielle Arbeit[1].

Es ist ein weiteres wichtiges Zugeſtändniß, wenn Robbertus das Grund= und Kapitaleigenthum zwar nicht für eine abſolute, wohl aber für eine relative Nothwendigkeit hält, weil der freie Wille der Geſellſchaft noch nicht ſtark genug iſt, um den Zwang zur Arbeit, den jene Inſtitution ausübt, unnöthig zu machen[2]. Seine Stellung dem Privateigenthum gegenüber iſt überhaupt eine ſo ſchwankende[3], daß er die ſocialwirtſchaftliche Klaſſeneinthei= lung Arbeit, Grundbeſitz beibehalten und nur in der Verthei= lung des Arbeitsproducts Remedur geſchaffen wiſſen will[4].

Noch einen andern ſchweren Vorwurf erhebt Robbertus in ſeiner Schrift: „Zur Beleuchtung der ſocialen Frage", gegen das Privateigenthum, indem er es für den Pau= perismus in der Arbeiterbevölkerung und für die das Elend noch ſteigernden Handelskriſen verantwortlich macht. Der Nationalreichthum iſt fortwährend im Steigen begriffen; im gleichen Schritt aber geht einher die Verarmung derer, die den Reichthum hervorbringen. Das iſt nur möglich, wenn von dem ſtetig wachſenden Nationalvermögen nur eine Klaſſe, die der Grund= und Kapitalbeſitzer, profitirt. Weil ferner in der hochentwickelten Technik die Bedingungen für ein rapides Steigen der Production gegeben ſind und der karge Lohn der Arbeiter der hochgeſteigerten Production keinen Abfluß geſtattet, ſo tritt jene verhängnißvolle Stauung im ſocialen

---

[1] Adler, Robbertus, der Begründer des wiſſenſchaftl. Socia= lismus (Leipzig 1883) S. 21.

[2] Dieſe Ausführungen ſind dem dritten ſocialen Brief an Kirchmann von Robbertus (Widerlegung der Ricardoſchen Lehre von der Grundrente und Begründung einer neuen Rententheorie [Berlin 1851] S. 1—161. 285) entnommen.

[3] Stimmen aus Maria=Laach 1892, S. 466.

[4] Robbertus, Das Kapital (Berlin 1884), Einleitung von Kozak S. xvi f.

Proceß ein, die ganze Massen von Arbeitern brodlos macht [1].

Das Rettungsmittel erblickt Robbertus in der Aufhebung alles Grund= und Privateigenthums, aber nicht in einem Gesellschaftseigenthum von Agrargemein= den und Productivgenossenschaften [2], wie Lassalle, sondern in der Verstaatlichung alles rentirenden Privat= eigenthums [3]. Robbertus wehrt sich gegen den Gedanken, daß im Staatswillen die Freiheit der Individuen verschwinden würde. Das wäre nur dann der Fall, meint er, wenn die Vertheilung dem arbitrium des gesellschaftlichen Willens überlassen wäre. Aber es läßt sich „ein Communismus bloß in Bezug auf Boden und Kapital, ohne Communismus in Bezug auf die Ver= .theilung vorstellen. Alsdann ist nur das rentirende Eigen= thum aufgehoben, aber nicht das Eigenthum überhaupt. Viel= mehr ist dieses dann gerade auf sein Princip, die Arbeit, zu= rückgeführt“ [4]. Aber trotzdem ist es um die Freiheit in dem socialistischen Staat des Robbertus nicht gut bestellt [5]. Eine gesellschaftliche Behörde hat die Nationalproduction dem natio= nalen Bedürfniß anzupassen, das zu bestimmen ohne schwere Schädigung der individuellen Freiheit nicht möglich sein wird [6]. Robbertus tadelt, daß die Grund= und Kapitaleigenthümer bei der Production nur ihr Interesse im Auge haben, während jene Behörde ihre Thätigkeit auf die staatswirtschaftlichen Zwecke des Ganzen richte. Sie läßt nur solche Productionen vor= nehmen, welche dem Nationalbedürfniß entsprechen. Dagegen

---

[1] Vgl. Robbertus, Zur Beleuchtung d. socialen Frage (Berlin 1885) S. 97—176.

[2] Robbertus, Das Kapital, Einleitung S. xvi. Christl.=sociale Blätter 1884, S. 566.

[3] Dietzel, Karl Robbertus (Jena 1888) S. 58 f.

[4] Robbertus, Das Kapital S. 114—116; Zur Beleuchtung der socialen Frage S. 209 f.

[5] Christl.=sociale Blätter 1884, S. 563. Dietzel a. a. O. S. 37.

[6] Cathrein, Der Socialismus S. 115 ff.

wenden die Kapitalisten ihr Vermögen nur zu solchen Pro=
ductionen an, die ihnen voraussichtlich Rente abwerfen. Sie
richten sich nicht nach dem nationalen Bedürfniß, sondern
produciren planlos, ein jeder unabhängig vom andern. Das
Privatinteresse hält sie ab, sich gegenseitig zu entdecken. Den
Fortschritt in der Technik, den der eine erreicht hat, hütet er
ängstlich als sein Geschäftsgeheimniß.

Das Schlimmste aber ist (wie Robbertus schon bei Ableitung
der Rente dargelegt), daß die Arbeit nicht den vollen Werth
ihres Productes erhält, sondern wie eine Ware dem Gesetze
des Angebots und der Nachfrage unterworfen ist, so daß ihr
Lohn beständig nach dem zum Leben Nothwendigen gravitirt [1].
Aber nach welchem Maßstab will Robbertus die Arbeit entlohnen?
Wird nach Beseitigung des Eigenthums und der Rente der
Arbeiter den ganzen Ertrag der Arbeit bezw. dessen Aequivalent
erhalten? Scheinbar hat dies Robbertus beabsichtigt. Denn
das Eigenthum soll auf sein Princip, die Arbeit, zurückgeführt
werden. Deswegen soll auch bei der Vertheilung der Producte
nur die Arbeit Berücksichtigung finden; der Ertrag soll nach
dem „normalen Werkarbeitstage" vertheilt werden [2].
Aber diesen Ertrag wird der Arbeiter doch nicht unverkürzt
erhalten. Neben den Abzügen, die zur Erneuerung der Arbeits=
mittel erforderlich sind, muß noch ein weiterer Theil weg=
genommen werden, um diejenigen zu entlohnen, welche die
immaterielle Arbeit leisten [3].

Robbertus hat den unerschütterlichen Glauben, daß die
geschichtliche Entwicklung dem Socialismus, oder wie er sich
immer ausdrückt, dem Communismus zusteuere [4]. Freilich
müßten auch die Menschen andere werden, daß sie des Zwangs
zur Arbeit, der in der Privateigenthumsinstitution liegt, ent=

---

[1] Robbertus, Das Kapital S. 120—183.
[2] Cathrein, Moralphilosophie II, 179 f.
[3] Robbertus, Zur Beleuchtung der socialen Frage S. 145.
[4] Robbertus, Das Kapital S. 221. Dietzel a. a. O. S. 192.

behren können. Heute ist ihre sittliche Kraft noch nicht groß
genug, „um das Gelobte Land der Erlösung vom Grund= und
Kapitaleigenthum durch freie Arbeit erwerben und behaupten
zu können" [1]. Der allen Socialisten eigene Optimismus hilft
auch Robbertus über dieses Bedenken hinweg; die Lehre von
einer durch die Sünde verderbten Menschennatur ist ihm
fremd [2].

II. Lassalle.

Ausgehend von dem gleichen Princip wie Robbertus konnte
Lassalle zu keinem wesentlich verschiedenen Resultate gelangen.
Direct ausgesprochen hat er allerdings die Aufhebung des
Privateigenthums nicht; denn er war nicht ein einsamer Theo=
retiker wie Robbertus; der große Agitator mußte aus mancherlei
Bedenken mit seinem letzten Ziele zurückhalten [3].

Lassalle stellt sich auf den Satz Ricardos, im Preise der
Producte werde nichts bezahlt als Arbeitsmengen [4]. Der Ka=
pitalprofit ist somit kein constituirender Factor des Preises
der Dinge, sondern er bildet sich „durch die Differenz
zwischen dem Verkaufspreis des Products und der Summe
der Löhne sämtlicher Arbeiter, die zu seinem Zustandekommen
beigetragen" [5], durch eine Uebervortheilung der Arbeit, der
doch der ganze Werth des Productes zukäme. „Das Eigen=
thum ist Fremdthum geworden." [6] Der Kapitalgewinn ist daher
ein „Eigenthum an fremdem Arbeitswerth", das der Unter=

---

[1] Robbertus a. a. O. S. 226. Diezel a. a. O. S. 77.

[2] Christl.=sociale Blätter 1884, S. 389. — Die Lehre von Rob=
bertus ist auch bündig dargestellt in den Christl.=soc. Blättern 1877,
S. 316—320 (Art. „Der Socialist Robbertus"). Stimmen aus
Maria=Laach 1894, S. 7—14 (Art. „Der Staatssocialismus").

[3] H. v. Sybel, Die Lehren d. heutigen Socialismus und Com=
munismus (Bonn 1872) S. 78.

[4] Lassalle, Bastiat=Schulze, der ökonomische Julian S. 125.
Vgl. E. Jaeger, Der moderne Socialismus (Berlin 1873) S. 247.

[5] Lassalle, System d. erworbenen Rechte I (Leipzig 1861), 264.

[6] Lassalle, Bastiat=Schulze S. 209.

nehmer infolge seiner überlegenen gesellschaftlichen Stellung an sich zieht; denn da er über Substrat und Vorschuß zur Arbeit verfügt, so ist der Arbeiter, der seine Arbeit losschlagen muß, executirt vom Hunger [1], auf ihn angewiesen und muß es sich gefallen lassen, daß ersterer sich das Product aneignet [2]. In dieser „Anhäufung fremder Arbeit" vollzieht sich die Entstehungs=geschichte des Kapitals. Mit seinem ganzen Ingrimm und Spott überschüttet Lassalle in seiner Polemik gegen den „Ar=beiterkönig" Schulze den Satz, daß die Kapitalien durch Sparen eines Theiles des Einkommens entstehen, daß Kapital=profit „Entbehrungslohn" sei [3]. Ebenso weist er die Ableitung des Kapitalgewinnes aus dem Risico des Unternehmers von sich. Aus dem wirklichen Vorhandensein des Risicos folgert er nur, daß man die Production so gestalten müsse, daß das Risico und damit die Berechtigung des Kapitalprofites schwindet [4]. Lassalle findet in der modernen Gesellschaft den tiefen Wider=spruch vor, daß die Production eine gemeinsame, cooperative ist, während die Distribution der erzeugten Producte keine ge=meinsame, sondern eine individuelle ist, indem das Product nicht nur als Gegenstand, sondern auch seinem Werthe nach in das individuelle Eigenthum des Unternehmers übergeht [5].

Die Hauptwaffe, die Lassalle gegen das Kapital führt, ist das schon von Smith und Ricardo aufgestellte „eherne öko=nomische Lohngesetz" [6]. Dasselbe behauptet, daß der Ar=beitslohn unter der Herrschaft von Angebot und Nachfrage im Durchschnitt sich immer auf den Lebensunterhalt reducirt, der in einem Volke gewohnheitsmäßig zur Fristung der Existenz

[1] Lassalle a. a. O. S. 188.

[2] Lassalles Briefe an Robbertus=Jagetzow (Berlin 1878) S. 63.

[3] Bast.=Schulze S. 110.   [4] Ebd. S. 218.   [5] Ebd. S. 43.

[6] Arbeiterlesebuch (Frankfurt 1863) S. 5. Brentano (Meine Polemik mit Karl Marx [Berlin 1890] S. 6) sagt, daß das eherne Lohngesetz nicht erst von Ricardo, sondern schon von Turgot stamme. Siehe die Widerlegung dieses Lohngesetzes bei Cathrein, Moralphilosophie II, 140.

und zur Fortpflanzung erforderlich ist. Würde er sich dauernd
über diesen Durchschnitt erheben, so wäre die Folge eine Ver=
mehrung der Arbeiterbevölkerung und damit des Angebots von
Händen, wodurch der Lohn wieder auf seinen frühern Stand
herabgedrückt würde. Er kann auch nicht dauernd unter den
nothwendigen Lebensunterhalt fallen, weil durch die Noth eine
Verminderung der Arbeiterbevölkerung und des Angebotes von
Arbeit entstünde und dadurch der Lohn auf seine ursprüngliche
Höhe zurückgeführt würde. Dieses in der Agitation äußerst
wirksame und auch ins Gothaer Programm aufgenommene
Lohngesetz wurde von Marx als „ein empörender Rückschritt“
bezeichnet und schroff abgewiesen [1]. Es beweist auch in der
That gegen das Eigenthum nichts, sondern setzt die
zügellose Herrschaft des Kapitalismus voraus; dieser
Herrschaft einer unbeschränkten Concurrenz lassen sich aber
Schranken ziehen, ohne wegen des Mißbrauchs auch das Eigen=
thum aufheben zu müssen. Doch gerade die Aufhebung des
Privateigenthums ist die Tendenz, die Lassalle mit der Auf=
stellung des Lohngesetzes verfolgt. Konnte er aber diese Forde=
rung mit seinen Rechtsanschauungen in Einklang bringen?
Sowohl seine Rechtsphilosophie als auch seine Geschichtsauf=
fassung mußten ihn nothwendig zu der Ansicht bestimmen, daß die
Beseitigung des Privateigenthums vom Standpunkte des Rechtes
möglich, vom Standpunkte der Geschichte aus sogar das
nothwendige Endergebniß der Entwicklung sei. Die einzig
mögliche Grundlage des Eigenthums, das Natur=
recht, das vor allem positiven menschlichen Recht
vorhanden, diesem Basis und Richtschnur sein
muß, hat Lassalle geläugnet. Er tritt der Auf=
fassung entgegen, daß das Naturrecht „als ein seit ewig
und allgemein giltiges, als ein vernunftmäßiges“,

[1] Stimmen aus Maria=Laach XLV, 468; XLVI, 22. —
Die Widerlegung s. Cathrein a. a. O. II, 142. Christl.=sociale
Blätter 1884, S. 660 ff. 718 ff.

„welches zum positiven oder historischen Recht im Verhält=
niß eines allgemeinen Gedankenkerns zu seinen Ausführungen",
oder wie Hegel selbst sich ausdrückt, „wie im Verhältniß der
Institutionen zu den Pandekten" stehe, zu denken sei. Den
Zusammenhang, „die Versöhnung" zwischen Naturrecht und
positivem Recht gibt zwar Lassalle insofern zu, als das
Naturrecht im historischen Rechte waltet. Diese Auffassung
gilt ihm als einseitig und nicht erschöpfend, weil nicht auch
umgekehrt das Naturrecht als historisch gewordenes aner=
kannt wird. Wenn es demnach kein selbständiges, über dem
historischen stehendes Naturrecht gibt, so hat die Rechts=
philosophie unrecht, von „ewigen und absoluten Kategorien"
zu sprechen, als „Kategorien des logischen Begriffes", die
ein für allemal mit dem Denken, mit der Natur gegeben
sind [1]. Solche Kategorien gibt es für Lassalle nicht. Sowohl
die „ökonomische Kategorie ‚Kapital'" als die „juristische Kate=
gorie ‚Eigenthum'" sind nichts als „Kategorien des historischen
Geistes" [2]. Lassalle stellt also das Eigenthumsrecht und die
zufällige zeitliche Erscheinungsform des Eigenthums im Kapital
auf gleiche Linie. Wer ist nun die Quelle dieses historischen
Rechtes? Vielleicht das Staatsoberhaupt? Lassalle ist eine
rein demokratische Natur [3]; der Ursprung des Rechtes liegt
ihm somit im Volke, in der Organisation des Volkes, im
Staat. In dieser Anerkennung des Absolutismus verräth
sich der Einfluß Hegels, der den Staat zum „präsenten Gott"
erhob [4]. Mit Recht verwirft Lassalle den Staat der liberalen
Bourgeoisie als eine „Nachtwächteridee", dessen Zweck mit dem
Schutz des Eigenthums und der persönlichen Freiheit erschöpft
ist; aber er geräth in das andere Extrem, dem Staate allein
mit Unterdrückung der persönlichen Freiheit und mit Ausschluß

---

[1] Lassalle, System der erworbenen Rechte I, 69.
[2] Bastiat=Schulze S. 201 u. Anm.
[3] Jaeger, Der moderne Socialismus S. 241.
[4] Cathrein a. a. O. II, 430.

der Mitwirkung von Kirche und Familie die Erfüllung der
Culturaufgaben der Menschheit zu überweisen. Der Zweck
des Staates ist ihm, das menschliche Wesen zur positiven Ent=
faltung und fortschreitenden Entwicklung zu bringen, mithin
die menschliche Bestimmung, die Cultur, deren das Menschen=
geschlecht fähig ist, zu verwirklichen[1]. Neben dieser Staats=
omnipotenz können selbständige Rechte des Individuums, die
schon mit seiner Natur vor der Anerkennung durch den Staat
gegeben wären, nicht zusammenbestehen. Es gibt demzufolge
kein natürliches, sondern nur ein historisches, ein positives
Recht; „alleinige Quelle des Rechtes ist das gemeinsame Be=
wußtsein des ganzen Volkes, der allgemeine Geist"[2].

Folglich ist auch das Eigenthum, diese historische Kate=
gorie, nur auf den Staatswillen und auf seinen Ausdruck im
Staatsgesetz basirt. Hobbes findet daher die vollste Billigung
Lassalles, weil er „viel tiefer als alle rationalistischen Juristen,
Pseudophilosophen und Liberale, die in dem Staat nur eine
Anstalt sehen, um das als ihm vorausgehend und als natur=
rechtlich gedachte Eigenthum zu schützen", „das Eigenthum
erst durch den positiven Staat und als positive
Staatseinrichtung entstehen lasse"[3]. Trotz dieses
schwankenden Untergrundes, auf den Lassalle das Privateigen=
thum stellt, ist scheinbar doch noch ein Ausweg geboten, um
dem historisch entstandenen Eigenthumsrechte die Garantie des
Bestandes zu sichern. Es gibt ja außer den angebornen natür=
lichen Rechten auch erworbene, die durch Ersitzung die volle
Festigkeit und Unantastbarkeit erlangen. Aber dann wäre ja
die Ersitzung unabhängig von der alleinigen Rechtsquelle, dem
Staatswillen. Wie jedes Recht nur dem „allgemeinen Geist"
seinen Ursprung verdankt, so hat es auch keinen Anspruch
auf längern Bestand, als es derselbe „allgemeine Geist" für

[1] Trost a. a. O. S. 36—38.
[2] Lassalle, System der erworbenen Rechte I, 194.
[3] Ders., Bastiat=Schulze S. 36, Note 2.

gut findet; nur so lange ist der Inhalt des Rechtes als ein
erlaubter anzusehen; ein demselben zuwiderlaufendes Ersitzungs=
recht gibt es nicht. Deßhalb ist von Anfang an jedem Ver=
trag, durch den ein neues Recht erzeugt wird, „die stillschweigende
Clausel hinzuzudenken, es solle das in demselben für sich oder
andere stipulirte Recht nur auf so lange Zeit Geltung haben,
solange die Gesetzgebung ein solches Recht überhaupt als zu=
lässig betrachten wird"[1].

So hat Lassalle die Frage nach der rechtlichen Möglichkeit,
der Erlaubtheit einer Aufhebung alles Privateigenthums durch
den Staat entschieden bejahend beantwortet. In seiner materia=
listischen Geschichtsphilosophie hält er sie aber überdies für das
nothwendige Endergebniß der historischen Entwick=
lung. Denn „der Athemzug der Geschichte geht seit lange auf
eine immer steigende Abschaffung der Privilegien"[2], der cultur=
historische Gang aller Rechtsgeschichte besteht darin, „immer mehr
die Eigenthumssphäre des Privatindividuums zu beschränken,
immer mehr Objecte außerhalb des Privateigenthums zu
setzen"[3]. Am Anfang der Geschichte suchte der Mensch wie
ein Kind alles in den Bereich seiner Privatwillkür zu ziehen;
es bestand sogar das Eigenthum am Menschen: Sklave, Weib
und Kind waren Eigenthum des Hausvaters. Aber die
Sklaverei wird allmählich zur Leibeigenschaft, und heute, nach=
dem das Eigenthum an der unmittelbaren Benutzbarkeit eines
andern Menschen verschwunden ist, steht die Welt vor der
Frage, ob ein solches auf die mittelbare Ausbeutung exi=
stiren, ob die freie Bethätigung der Arbeitskraft abhängig sein
soll vom Besitzer von Arbeitssubstrat und Arbeitsvorschuß und
ob infolge dieser Abhängigkeit des Arbeiters dem Unternehmer
bloß in Kraft seines Besitzes, abgesehen von der Remuneration

---

[1] Lassalle, System d. erworbenen Rechte I, 194.
[2] Ders., Arbeiterprogramm (3. Aufl., Leipzig 1870) S. 33.
[3] Ders., System der erworbenen Rechte I, 259, Note 1.

seiner etwaigen geistigen Arbeit, ein Eigenthum an fremder
Arbeit zustehen solle [1].

Durch Annahme dieser mit der Entwicklung der mensch=
lichen Freiheit fortschreitenden Emancipation vom Privateigen=
thum, einer spontanen Annäherung an Gemeineigenthum des
Staates sucht Lassalle der revolutionären Consequenz zu ent=
gehen, die in der Anerkennung des Staates als einziger Rechts=
quelle liegt. Aus agitatorischen Rücksichten hat er nie direct
von einer durch den Staat zu vollziehenden zwangsweisen Auf=
hebung des Privateigenthums gesprochen [2], desto ausdrücklicher
hat er die Unbeschränktheit des Volkswillens hinsichtlich anderer
mit dem Eigenthum verwandter Rechte betont, und hat so
wenigstens indirect das absolute Recht des Staates
über das Eigenthum der Bürger nahegelegt [3]. Da
diese Rechte durch Erlöschen des sie bedingenden Staatswillens
aufhören, so wird durch ihre Aufhebung kein fremdes Recht
verletzt [4]; die Frage nach einer Entschädigung der bisherigen
Eigenthümer ist damit schon gelöst. Eine solche Pflicht des
Staates kann Lassalle in logischer Folgerung aus seiner Theorie
im Gegensatz zu Savigny nicht anerkennen [5].

Ganz rücksichtslos verfuhr Lassalle mit dem Erbrecht,
das mit dem Privateigenthum steht und fällt [6]. Die Zurück=
haltung, die er gegenüber dem Eigenthum beobachtete, hat er
hier fallen lassen. Hatte er es schon durch Anerkennung der
Arbeit als Schöpferin alles Werthes angegriffen und über=
dies für eine bloße Kategorie des historischen Geistes erklärt [7],
so spricht er es auch unumwunden aus, daß es nunmehr mit

---

[1] Lassalle a. a. O. I, 260. 264.

[2] H. v. Sybel a. a. O. S. 78. Christl.=soc. Blätter 1882, S. 718.

[3] Lassalle a. a. O. I, 198.   [4] Ebb. I, 198.

[5] Ebb. I, 224 ff. — Briefe von Ferd. Lassalle an Karl
Robbertus S. 14—15. H. v. Sybel a. a. O. S. 75.

[6] Theob. Meyer, Die Arbeiterfrage S. 111.

[7] Bastiat=Schulze S. 201. Jaeger a. a. O. S. 296.

den nationalen und geschichtlichen Anschauungen
Europas im Widerspruch stehe. Die alten Römer
glaubten, daß der durch Testament ernannte Erbe das Gefäß
sei, in welchem der persönliche Wille des Erblassers fortbestehe,
während nach der jetzt herrschenden Vorstellung der Wille mit
dem Tode erlischt, und deshalb nicht mehr die Befugniß hat,
über sein Vermögen zu verfügen. Ebenso hat sich die Voraus=
setzung für das Intestaterbrecht im nationalen Bewußt=
sein verloren, nämlich der Gedanke der alten Germanen, daß
nicht der augenblickliche Inhaber, sondern die Familie Eigen=
thümer des Vermögens sei, so daß durch Einrücken des Sohnes
an die Stelle des Vaters kein Wechsel im Subject des Eigen=
thums eintritt. Woher soll also das Erbrecht seine Berechtigung
ableiten, wenn das gemeinsame Bewußtsein aufgehört hat es
anzuerkennen?[1]

Mit Lassalles Geschichtsauffassung von einer von selbst
sich vollziehenden Entwicklung zum Gemeineigenthum hin will
es sich nicht recht in Einklang setzen lassen, daß er mit einem
Vorschlag zur Beseitigung des Kapitals hervortritt.
Durch kein revolutionäres Mittel, sondern in einer mehr in=
directen Weise nach dem Projecte eines Louis Blanc soll die
Uebermacht des Kapitals über die Arbeit gebrochen werden.
Der Gruppensocialismus soll die heutige Wirtschafts=
ordnung ablösen. Productivgenossenschaften, Vereinigungen
der Arbeiter desselben Gewerbes innerhalb des Staatsgebiets[2]
müssen mit dem nöthigen Kapital versehen werden, um den
Arbeiter von der Ausbeutung durch den Unternehmer zu be=
freien und das Lohnsystem ganz zu beseitigen, damit der
Arbeiter den vollen Arbeitsertrag erhalte und so das Eigen=
thum auf sein allein wahres Princip, die Arbeit, zurückgeführt

---

[1] H. v. Sybel a. a. O. S. 78. 79. Brandes, Ferdinand
Lassalle (Berlin 1877) S. 84 ff.

[2] Lassalle ist wie Fichte nationaler Socialist (Stimmen aus
Maria=Laach 1893, S. 21). Jaeger a. a. O. S. 240.

werde[1]. Damit wäre nun freilich dem Privatkapital die
Möglichkeit genommen, ein arbeitsloses Einkommen zu beziehen,
wenn nicht die Schwierigkeit, jedem genau nach seiner Arbeit
zu geben, das Ganze zur Illusion machte. Wie sollten auch
die erforderlichen ungeheuern Kapitalien beschafft werden?
Dies wollte Lassalle durch das allgemeine Stimmrecht ermöglichen, für welches er auf politischem Gebiete kämpfte[2]. Der
von den Arbeitern bestimmte Staatswille, d. h. ihre Mehr-
heit im gesetzgebenden Körper, braucht nicht einmal von dem
ihm zustehenden Recht Gebrauch zu machen, alles ihm nicht
mehr zusagende Recht für erloschen zu erklären, sondern bloß
die nöthigen Kapitalien zur Verfügung zu stellen, die Gemeineigenthum der Productivassociationen werden sollten. Durch
Erdrückung des privaten Kapitals würde allerdings die Ausbeutung des Arbeiters durch dasselbe beseitigt, aber die Concurrenz würde unter den einzelnen Genossenschaften nur um
so lebhafter und in noch größerem Maßstabe entbrennen.
Ferner würde an die Stelle des individuellen Eigenthums das
Corporationseigenthum treten, Grund- und Kapitaleigenthum
würde also fortbestehen und so lange würde auch Grundrente und Kapitalgewinn, das arbeitslose Einkommen, nicht
verschwinden[3]. Ist dann aber ein voller Arbeitsertrag
möglich?

Was würde eigentlich die Wirkung dieser Productivassociationen sein, dieses „mildesten Uebergangsmittels" zu

---

[1] Lassalles Briefe an Robbertus S. 63; Bastiat-Schulze
S. 211. — Doch bezeichnet Lassalle die Productivgenossenschaften nur
als ein bahnbrechendes Mittel, um eine weitere Entwicklung hervor-
zurufen, nicht aber als die Lösung der socialen Frage selbst (Arbeiterlesebuch S. 41), als das mildeste Uebergangsmittel (Bastiat-Schulze
S. 211). In Wirklichkeit waren sie nichts als ein agitatorisches
Manöver (Hitze a. a. O. S. 279. Mehring, Die deutsche Socialdemokratie [Bremen 1877] S. 170). Die Gründe gegen das Project
j. Brandes a. a. O. S. 221 ff.

[2] Jaeger a. a. O. S. 262 ff.   [3] Menger a. a. O. S. 122 f.

einem Zustande, den Lassalle mehr verdeckt, als klar kennzeichnet?[1] Allerdings ein Aufhören der „Beraubung" des Arbeiters durch den Privatkapitalisten, allerdings eine Beseitigung des privaten Kapitals überhaupt, aber damit auch eine **radicale Vernichtung jedes Privateigenthums an Productionsmitteln**[2]. Das war es, was Lassalle als im Gange der Geschichte liegend ersah, in ihrem Drängen, immer mehr mit den Privilegien aufzuräumen. Nach Verschwinden des Hauptprivilegs, des privaten Eigenthums an den Productionsgegenständen, aber bliebe nur noch ein Eigenthum an Genußmitteln bestehen, und daraus würde sich ein Zustand **erzwungener naturwidriger Gleichheit** ergeben, der durch ein bloßes Mehr von Genußgütern gewiß nicht aufgehoben wird[3]. Denn was soll nach Befriedigung der Lebensbedürfnisse mit dem Reste geschehen? Productiv kann und darf er nicht angewendet werden; es bleibt nur eine unsinnige Verschwendung möglich[4], wenn man zu Gunsten des Socialismus einen reichen Ertrag der Arbeit annehmen will.

III. Marx.

Die Bedeutung, welche Karl Marx für den Socialismus der Gegenwart besitzt, ergibt sich am überzeugendsten aus einer Vergleichung des Gothaer Programms von 1875 und des Erfurter Programms vom Jahre 1891[5]. Ersteres

---

[1] **Marx** macht es Lassalle zum Vorwurf, daß er den Hauptgedanken des Socialismus in den Hintergrund dränge (Stimmen aus Maria=Laach XLIV, 22).

[2] **Jörg** (a. a. O. S. 227) meint allerdings, daß das Eigenthum von der Lassalleschen Lehre bezüglich der Productivassociationen gar nicht berührt werde.   [3] **Jaeger** a. a. O. S. 298.

[4] Ebd. S. 300. **Schäffle**, Die Quintessenz des Socialismus (4. Aufl. 1878) S. 61.

[5] Beide Programme sind abgedruckt bei **Cathrein**, Der Socialismus S. 30 ff. Kritik des Erfurter Programms in Stimmen aus Maria=Laach LXV, 105 ff.

war bekanntlich ein Compromiß zwischen den Anhängern
von Marx und den Lassalleanern und enthielt infolgedessen
auch die Hauptpunkte der Lehre Lassalles[1]. Es wurde die
Zerbrechung des ehernen Lohngesetzes, die Errichtung von
socialistischen Productivgenossenschaften gefordert und
die nationale Beschränkung der künftigen Gesellschafts=
ordnung verkündet. Das neueste Programm, zu dem sich der
moderne Socialismus bekennt, hat aber den Einfluß Lassalles
völlig abgestreift, wohl veranlaßt durch die vernichtende Kritik,
die Marx an dem Gothaer Programm geübt. Die Führer
des heutigen Socialismus stehen vollkommen unter dem Banne
der Marxschen Lehre, soweit diese nicht im Eifer der Agitation
durch Milderung oder Zuthaten modificirt wird[2]. Marx
kann demnach als der typische Vertreter des mo=
dernen Socialismus gelten[3]. — Während Rodbertus und
Lassalle gleich Fichte nationale Socialisten waren, hatte Marx
schon 1847 im communistischen Manifest den Proletariern aller
Länder zugerufen: „Vereinigt euch!" Er war der Schöpfer der
Internationale[4]; seine Lehre vom Eigenthum darf
deshalb als die herrschende, nicht bloß einer ein=
zelnen nationalen Gruppe, sondern als die des
internationalen Socialismus angesehen werden.
Damit ist nicht gesagt, daß Marx trotz seiner internationalen

---

[1] Auf dem Parteitag in Halle 1890 gestand Liebknecht, man
habe bisher das eherne Lohngesetz in bewußter Unwahrhaftigkeit als
Agitationsmittel gebraucht (Brentano, Meine Polemik mit Karl
Marx [Berlin 1890] S. 4. 7. Menger a. a. O. S. 120).

[2] Schäffle hat in seiner „Quintessenz des Socialismus" zu
zeigen gesucht, was dem Princip des Socialismus unwesentlich und
auf Rechnung der Agitatoren zu setzen ist.

[3] Jaeger a. a. O. S. 403. Hist.=pol. Blätter LXXI, 646.
Stimmen aus Maria=Laach XLVI, 13. F. Felix, Kritik des
Socialismus S. 27.

[4] Cathrein, Der Socialismus S. 12. Stimmen aus Maria=
Laach X, 441. R. Meyer a. a. O. I, 94 ff.

Stellung in seiner Kritik des Privateigenthums auch originell gewesen ist; die Waffe, mit welcher er es bekämpft, seine **Mehrwerthstheorie**, hat er den Schriften des englischen Socialisten William Thompson entnommen, nur daß er noch in einem wichtigen Punkte hinter diesem zurückbleibt. Er hat keine rechtsphilosophische Kritik des Privateigenthums gegeben[1], sondern sucht mit mathematischen und nationalökonomischen Formeln die Unrechtmäßigkeit des Kapitalbesitzes zu erweisen.

Marx faßt das Privateigenthum als das Ergebniß eines geschichtlichen Processes, nicht als etwas in der menschlichen Natur Begründetes, oder um mit seinen Worten zu reden, nicht als „eine abstracte und ewige Idee" auf[2]. Es ist für ihn eine feststehende Thatsache, daß auf der primitiven Entwicklungsstufe der Gesellschaft die Productionsmittel im gesellschaftlichen Eigenthum sich befanden[3]. Das Product, das Ergebniß der gemeinsamen Arbeit, fällt unmittelbar in das Eigenthum der Gesellschaft und wird unter die Einzelnen nach Bedürfniß vertheilt. Aber infolge steigender Entwicklung der Productivkräfte sahen sich die einzelnen Gemeinwesen genöthigt, ihren Ueberfluß gegen den der andern auszutauschen, und indem dieser Tauschverkehr gar bald auch im Innern stattfand, mußte das Privateigenthum das Gemeineigenthum verdrängen. So führt also die Steigerung der Production, die Entfaltung der Cultur von selbst zum Privateigenthum — ein Gedanke, der sich auch bei Rodbertus gefunden hat. Aber es bleibt doch eigentlich unerklärt, wie in den friedvollen Zustand des Communismus der

---

[1] Menger a. a. O. S. 101.

[2] K. Marx, Das Elend der Philosophie (Stuttgart 1885) S. 156.

[3] K. Marx, Das Kapital I (3. Aufl. I. u. II. Bd. Hamburg 1883), 47, Anm. 30. — Das ist auch die Ansicht Engels (Ursprung der Familie, des Privateigenthums und des Staates. Stuttgart 1886).

Störefried Privateigenthum sich eingeschlichen habe, und
warum nicht vielmehr der nach Marx der Menschennatur
so ganz entsprechende Communismus über die einzelnen communistischen Gesellschaften durch Vereinigung derselben aus-
gedehnt wurde. Genug, das Privateigenthum ist entstanden.
Aber da jeder Producent Eigenthümer seiner Arbeitsmittel ist,
so ist der charakteristische Zug dieser Epoche zwerghaftes Eigenthum, Zersplitterung der Productionsmittel. Doch die geschichtliche Entwicklung schreitet fort, und so entsteht aus der
einfachen schließlich die kapitalistische Warenproduction, indem
das zwerghafte Eigenthum der vielen in das massenhafte Eigenthum weniger verwandelt wird[1]. Hier ist es, wo Marx mit
seiner Kritik einsetzt und in seiner Mehrwerthstheorie die Entstehung und Accumulation des Kapitals, das „von Kopf bis
Zehe aus allen Poren schmutz- und bluttriefend zur Welt"
kommt[2], drastisch vor Augen führt. Aber mit der Bekämpfung
der kapitalistischen Productionsweise, die eine rein zufällige Erscheinungsform des Privateigenthums ist, läßt es sich Marx
nicht genügen, nicht bloß daß er vereinzelte Ausschreitungen
unter der ungezügelten Herrschaft des Kapitals verallgemeinert
und sie als dem Kapital nothwendig anhaftend darstellt, er
verwechselt auch Kapital und Privateigenthum
und verwirft mit der wechselnden äußern Gestalt zugleich den
der menschlichen Natur entsprechenden und deshalb sich gleichbleibenden Inhalt[3].

Die Unterlage, die sich Marx für seinen Angriff auf das
Privateigenthum wählte, ist die Smith-Ricardosche Formel:
Die Arbeit ist alleinige Quelle alles Werthes. Aber im Gegensatz zu andern Socialisten faßt Marx den Begriff des Werthes
enger, indem er in vollkommen richtiger Weise gleich Ari-

---

[1] Stimmen aus Maria-Laach XL, 548 ff. — Hier sind auch die
einschlägigen Stellen aus dem „Kapital" citirt.

[2] Das Kapital I (4. Aufl.), 726.

[3] Stimmen aus Maria-Laach X, 451; XLI, 44.

stoteles[1] zwischen Gebrauchswerth und Tauschwerth
unterscheidet. Aber er unterscheidet nicht bloß, er schließt auch
beide voneinander aus und macht den Tauschwerth von dem
Gebrauchswerth völlig unabhängig. Nur hinsichtlich des erstern,
des Tauschwerthes, läßt er den Satz von der alleinigen Productivität der Arbeit gelten[2].

Er verwirft daher den Satz des Gothaer Programmes:
„Die Arbeit ist die Quelle alles Reichthums und aller Cultur.“
Nichts war leichter, als aus diesem Satz die Unrechtmäßigkeit
des meisten Eigenthums zu folgern. Doch unerbittlich nimmt
Marx diese Waffe dem „Vulgärsocialismus“ aus der Hand:
„Die Arbeit ist nicht die Quelle des Reichthums. Die Natur
ist ebensosehr die Quelle der Gebrauchswerthe als die Arbeit.“

Trotzdem ist Marx in keiner Weise zu Gunsten der heutigen
Gesellschaftsordnung in die Schranken getreten, sondern ihn
leitete die Ueberzeugung, daß seine Werththeorie geschickter sei,
die Unrechtmäßigkeit des Eigenthums an Productionsmitteln
zu erweisen. Hat er der Natur bei der Production von Ge-
brauchswerthen eine Mitwirkung zugestanden, so hat er doch
die Arbeit allein als das den Tauschwerth con-
stituirende Element gefaßt, während er dem Gebrauchswerth lediglich die Stelle eines Trägers, einer Voraussetzung
des Tauschwerthes überweist[3]. Freilich muß in demselben ein
Gemeinsames enthalten sein, an dem der Werth der Waren
sich bemißt; aber warum soll dies bloß die Arbeit sein, „die

---

[1] Polit. I, 9. Beispiel vom Schuh.

[2] Cathrein a. a. O. S. 74 f.

[3] Eine herbe Kritik des Widerspruchs, in den Marx sich verwickelt, indem er doch die Gebrauchswerthe wenigstens als „die stoff-
lichen Träger des Tauschwerthes“, andererseits aber den Tauschwerth
als etwas vom Gebrauchswerth durchaus Unabhängiges bezeichnet,
findet sich bei A. Lindwurm, Das Eigenthumsrecht und die Menschheitsidee im Staate (Leipzig 1878) S. 275 ff. Dieser Widerspruch
findet sich auch im III. Band des „Kapital“ (2. Theil, Hamburg 1894,
herausgegeben von Engels), S. 175. 176. 187 u. a.

„gesellschaftlich nothwendige Arbeit", die „abstract menschliche Arbeit", die in den Gütern krystallisirt vorliege, nicht aber auch der Gebrauchswerth, die Fähigkeit, menschliche Bedürfnisse zu befriedigen? Das tägliche Leben hätte Marx belehren können, daß gerade die Qualität der Ware über ihren Tauschwerth entscheidet, ohne Rücksicht auf das Arbeitsquantum, das in ihr „vergegenständlicht" ist. Eben weil nach Marx der Tauschwerth kein Atom Gebrauchswerth enthält, kommt er zu dem Schlusse, daß durch den bloßen Umtausch von Waren kein Mehrwerth, kein Gewinn erzielt werden könne, da immer nur gleiche Quantitäten Arbeit ausgetauscht werden [1]. Wie gelangt aber das Kapital zu seinem Profit, worin liegt das „Geheimniß der Plusmacherei"? Dies zu enthüllen ist die Aufgabe des Marxschen Werkes „Das Kapital". Der Kapitalist bereichert sich durch Aneignung des von der Arbeit geschaffenen Mehrwerthes. Es geschieht dies nicht nur durch unmittelbaren Druck auf den Arbeitslohn, sondern auch durch extensive und intensive Ausnutzung des Arbeitstages [2]. Denn die Werthveränderung des Geldes, das sich in Kapital verwandeln soll, kann nicht am Geld selbst vorgehen, das „zum Petrefact von gleichbleibender Werthgröße erstarrt", noch im Verkauf des Products, da nur gleiche Quantitäten Arbeit ausgetauscht werden, sondern nur dadurch, daß der Geldbesitzer auf dem Markte eine Ware vorfindet, deren Gebrauchswerth selbst die eigenthümliche Beschaffenheit besitzt, Quelle von Werth zu sein [3], und zwar Quelle von mehr Werth, als sie selber hat [4], und diese Ware heißt Arbeitskraft. In der heutigen Gesellschaftsordnung gilt die Arbeit als Ware; das charakterisirt die kapitalistische

---

[1] Stimmen aus Maria-Laach XL, 374—377.

[2] v. Scheel, Socialismus und Communismus. Aus Schönbergs „Handbuch b. politischen Oekonomie" I (Tübingen 1890), 124.

[3] Marx, Das Kapital I (3. Aufl.), 143.

[4] Ebd. I, 174.

Epoche[1]. Dieselben Gesetze, die den Tauschwerth der andern Waren bestimmen, sind auch bei der Ware Arbeitskraft maßgebend. Ihr Tauschwerth wird bestimmt durch die zu ihrer Herstellung erforderliche Arbeit oder durch den Werth der Lebensmittel, die zur Ernährung und Fortdauer der Arbeitskraft nöthig sind[2]. Aber diese hat auch noch einen Gebrauchs- werth, und während der Tauschwerth den niedersten Stand hat durch die Beschränkung auf das Existenzminimum, sucht das Kapital ihren Gebrauchswerth für sich mög- lichst zu steigern. Diese Werthdifferenz hatte der Kapitalist im Auge, als er die Arbeitskraft kaufte. „Der Kapitalist aber und der Geldbesitzer hat den Tageswerth der Arbeit be- zahlt; ihm gehört daher ihr Gebrauch während des Tages, die tagelange Arbeit."[3] So entsteht der „Mehrwerth, der den Kapitalisten mit allem Reiz einer Schöpfung aus nichts an- lacht". Aber es ist eine unerwiesene Behauptung, daß der Tauschwerth der Arbeitskraft den Gebrauchswerth derselben gar nicht berücksichtige, sondern nur nach ihren Productionskosten berechnet werde. Ferner, wenn auch die Tendenz des ent- fesselten Kapitalismus dahin geht, den Gewinn auf Kosten der Arbeit zu erhöhen und den Lohn auf den Rand des Existenz- minimums zurückzudrängen, so darf dies doch nicht dem Privat- eigenthum als solchem zur Last gelegt werden, als ob mit diesem die Exploitation der Arbeit wesentlich verknüpft wäre[4].

Auch Lassalle hatte gelehrt, daß der Arbeitslohn auf den nothwendigen Lebensunterhalt beschränkt bleibe, aber die Be- gründung durch das eherne ökonomische Lohngesetz wurde von

---

[1] Marx a. a. O. I, 147, Note 41.

[2] Ebd. I, 147. — Aber „der Preis der Lebensmittel ist wie der aller Waren in erster Linie durch den Preis der Arbeit bestimmt.... In andern Worten, wir wissen nicht, wodurch der Preis der Arbeit bestimmt ist" (Das Kapital III [2. Theil], 400).

[3] Ebd. I (2. Aufl., Hamburg 1872), 182.

[4] Stimmen aus Maria-Laach XL, 378.

Marx schroff abgewiesen[1]. Nach ihm sind es die Schwankungen
in der Accumulation des Kapitals, welche den Lohn innerhalb
gewisser Grenzen festhalten[2]. Im Wesen der kapitalistischen
Production liegt nach Marx sogar ein Moment, das ein ver=
hältnißmäßiges Sinken des Arbeitslohnes bewirkt.
Werden infolge technischer Verbesserungen die Lebensmittel
billiger beschafft, deren der Arbeiter bedarf, dann vermindert
sich auch der Tauschwerth der Arbeitskraft. Ja der Lohn
wird vom Kapitalisten häufig unter den Tauschwerth der
Arbeit herabgedrückt, und hierin begünstigt ihn die Concurrenz
der Arbeiter selbst, indem die menschliche Kraft durch Aus=
dehnung des Maschinenbetriebes immer mehr überflüssig ge=
macht und so die „industrielle Reservearmee" geschaffen wird,
welche auf den Lohn einen beständigen Druck ausübt[3].

Aber damit der Arbeiter es auf sich nimmt, über die
Kosten der Arbeitskraft hinaus für das Kapital zu frohnden,
muß er frei sein, frei in dem Doppelsinn, daß er als freie
Person über seine Arbeitskraft als seine Ware verfügt, und
daß er andererseits frei ist von allen zur Bethätigung seiner
Arbeitskraft nöthigen Arbeitsmitteln[4].

Die ganze Deduction von Marx scheint auf die
Forderung des vollen Arbeitsertrages abzielen
zu wollen[5]. Denn darauf beruht ja die Verderbtheit,
wie sie Marx am Kapital, am Privateigenthum an den
Productionsmitteln tadelt, daß der Arbeiter eines Theils

---

[1] Marx, Die Neue Zeit S. 571. Stimmen aus Maria=Laach
XLVI, 22; XL, 382 ff.

[2] Das Kapital I, 637. Groß, Karl Marx (Leipzig 1885) S. 71.

[3] Stimmen aus Maria=Laach XL, 544—547; XLVI, 22. —
Die Unrichtigkeit der Vorstellung, daß der Fortschritt der Technik die
Zahl der beschäftigten Arbeiter verringere, zeigt Brentano, Ueber
das Verhältniß von Arbeitslohn u. Arbeitszeit zur Arbeitsleistung S. 49.

[4] Das Kapital I, 146.

[5] Stimmen aus Maria=Laach XLVI, 470. Conr. Schmidt,
Der natürliche Arbeitslohn S. 43.

dessen, was er erarbeitet hat, beraubt wird. Aber Marx
blieb sich hier nicht consequent. Nur soweit es ihm für
die Zwecke seiner Kritik dienlich war, schien er den vollen
Arbeitsertrag dem Producenten zusprechen zu wollen, aber
er war weit entfernt, wirklich an die Möglichkeit desselben
zu glauben [1]. Während Lassalle und die neuern socialistischen
Agitatoren, Liebknecht, Bebel, dem Arbeiter das Recht auf den
vollen Arbeitsertrag zuerkannten und ihm denselben für die
künftige Ordnung der Dinge in Aussicht stellten, hat Marx stets
im entgegengesetzten Sinn sich geäußert [2]. Er sah wohl ein, daß
auch in jener künftigen Gesellschaftsordnung niemals dem
Arbeiter das ganze Product oder dessen vollständig äquivalenter
Werth überlassen werden könne. Gar manche Abzüge, die
heute Staat und Kapital am Ertrage des Arbeiters machen,
würden auch nach Einführung des gesellschaftlichen Eigenthums
an den Productionsmitteln denselben vermindern [3]. Aber ver=
stößt das nicht gegen die Gerechtigkeit? Der Materialismus,
dem Marx huldigt, kennt die Begriffe von Recht und Ge=
rechtigkeit als einer höhern, über den Productionsverhältnissen
stehenden, sie beherrschenden und regelnden Norm nicht. Hier
tritt die innere Verwandtschaft zwischen Socialismus und
Smithianismus klar zu Tage. Sie sind beide wesentlich
atheistisch und läugnen die Regelung der Production nach
höhern ethischen Grundsätzen. Bei Smith sind es die unver=
änderlichen Naturgesetze der Wirtschaft, denen Gesetz und Recht
sich unterordnen müssen, und ebenso ist für Marx Recht und
Religion nur Ausdruck und Ergebniß der jeweilig herrschen=
den Productionsweise [4]. Da diese in einer fortwährenden Ent=

---

[1] Stimmen aus Maria=Laach XLI, 44.   [2] Ebd. XL, 543.
[3] Cathrein a. a. O. S. 159.
[4] Stimmen aus Maria=Laach XL, 379 ff. Marx, Zur Kritik
der politischen Oekonomie (Berlin 1859), Vorrede. Bebel, Die
Frau und der Socialismus (15. Aufl., Stuttgart 1892) S. 314: „Die

wicklung begriffen ist, so ist auch das Recht nichts Bleibendes und Unwandelbares. Daher ist die jetzige Vertheilung des Productes, nach welcher der Arbeiter nur das Nothwendigste erhält, für Marx durchaus gerecht, weil die Ausbeutung des Arbeiters durch das Eigenthum nothwendig mit der jetzigen kapitalistischen Production verknüpft ist [1]. Er macht also nicht den einzelnen Kapitalisten für die Ausbeutung des Arbeiters verantwortlich [2].

In dieser fatalistischen Weltbetrachtung, die in der wirklich vorhandenen Noth der Arbeiter einen nothwendigen, für menschliches Bemühen unabänderlichen Zustand erblickt, gewährt nur der Ausblick auf die Zukunft Befriedigung. Denn Marx nimmt wie Robbertus und Lassalle in dem Gang der Geschichte die unaufhaltsame Bewegung zum Zustande des Gemeineigenthums wahr [3], die sich freilich nur vollziehen kann, „vermittelst despotischer Eingriffe in das Eigenthumsrecht und in die bürgerlichen Productionsverhältnisse" [4]. Nur denkt sich Marx die socialistische Neuordnung der Dinge nicht in die Grenzen eines Staates eingezwängt wie Robbertus und Lassalle. Nach seinem Glauben muß der Socialismus auf internationalem

---

Religion ist die transcendente Wiederspiegelung des jeweiligen Gesellschaftszustandes. In dem Maße, wie die menschliche Entwicklung fortschreitet, die Gesellschaft sich transformirt, transformirt sich auch die Religion.... Aber wie die Religion, so entspringen auch die Begriffe über die Moral dem jeweiligen Socialzustand der Menschen. Vgl. Engels, Die Entwicklung des Socialismus von der Utopie zur Wissenschaft (1882) S. 26.

[1] Trost a. a. O. S. 84.   [2] Das Kapital, Vorrede S. ix.
[3] Ebd. I, 788 ff. Stimmen aus Maria-Laach XL, 351. Menger a. a. O. S. 111. Ueber die durch Hegel beeinflußte Geschichtsauffassung von Marx und Engels s. Hasbach, Die Unfähigkeit der deutschen Socialdemokratie zur socialpolitischen Reformarbeit (Holtzendorffs Jahrbuch X, 215 ff.).
[4] Communistisches Manifest, verfaßt von Marx und Engels. Fünfte deutsche Ausgabe (Berlin 1891) S. 23.

Wege zur Verwirklichung gelangen, nicht Sache des Staates, sondern der ganzen menschlichen Gesellschaft werden. Und das ist gewiß unbestreitbar. Denn wenn das Privateigenthum der Einzelnen verschwunden ist und der Staat alle Productionsmittel in seine Hand gebracht hat, so ist allerdings der Concurrenz der Privateigenthümer ein Ende bereitet; aber nun wetteifern die Großkapitalisten, Staat und Staat, miteinander, und der Größe und Energie der Concurrenz würde auch die Zahl und das Unglück ihrer Opfer entsprechen. Die Aufhebung des Eigenthums muß also eine internationale sein; der ganze politische Apparat, den man heute Staat nennt, muß beseitigt und durch die Gesellschaft, eine rein wirtschaftliche Organisation, ersetzt werden [1]. Aber auch dann erhält der Arbeiter nicht den vollen, unverkürzten Arbeitsertrag. Marx ist in der Vertheilung der Producte radicaler als Lassalle, der jedem nach seiner Arbeit, genau das, was er der Gesellschaft geleistet, geben wollte. Damit war noch ein Unterschied als zu Recht bestehend anerkannt: der Unterschied des Fleißes und der Tüchtigkeit. Marx hingegen will nur in der ersten Phase des Socialismus, in dem Uebergangsstadium von der herrschenden Gesellschaftsordnung zum reinen Socialismus, den Maßstab der Arbeit gelten lassen. Von dem durch die verschiedensten Abzüge verminderten Ertrag [2] soll der Einzelne nach Verhältniß seiner Arbeit erhalten. Doch auch dieser letzte Unterschied soll auf der Höhe des vollkommenen Socialismus fallen. Marx war nicht mehr mit der Beseitigung der Klassenunterschiede zwischen Besitz und Nichtbesitz zufrieden, sondern wollte auch die natürliche Verschiedenheit der Arbeitskraft und des Talentes, soweit sie sich in einer Ungleichheit des Er-

---

[1] Stimmen aus Maria-Laach XLIV, 22. — „In dem Augenblick, in dem die Klassengegensätze durch Aufhebung des Privateigenthums fallen, verliert der Staat nicht nur das Recht zu seiner Existenz, sondern seine Existenzmöglichkeit" (Bebel a. a. O. S. 261).

[2] Die Neue Zeit S. 565. Aus Stimmen aus Maria-Laach XL, 381.

werbes äußert, vernichten. Marx steuert auf den Communis=
mus los[1], der sich nicht mehr um eine Vertheilung nach der
Leistung kümmert, wie der Socialismus, der zwischen beiden
eine wenn auch unmögliche Harmonie herzustellen sucht[2],
sondern das Bedürfniß zum Princip der Vertheilung er=
hebt[3]. Der Hauptbegründer des wissenschaftlichen
Socialismus der Gegenwart endigt bei der alles
nivellirenden absoluten Gleichheit des Com=
munismus. Die unendliche Mannigfaltigkeit der mensch=
lichen Individuen, die daraus folgende Berechtigung der
Ungleichheit des Eigenthums, mindestens der durch die ver=
schiedene Arbeitsleistung geschaffenen, wird von Marx voll=
kommen außer acht gelassen. Allerdings verschmäht er es,
aus einer angeblichen natürlichen Gleichheit als einem philo=
sophischen Rechtsprincip die ökonomische Gleichheit und Gleich=
berechtigung aller Menschen abzuleiten. Offen sogar erkennt
Marx die „ungleiche individuelle Begabung und daher Leistungs=
fähigkeit als natürliche Privilegien" an[4]. Aber die daraus
nothwendig sich ergebende Ungleichheit der socialen Lage wird
von ihm für die Periode des reinen Socialismus nicht mehr
als zu Recht bestehend anerkannt. Engels sagt, jede Gleichheits=
forderung, die über die Forderung der Abschaffung von Klassen

---

[1] Stimmen aus Maria=Laach XLIII, 404.

[2] Cathrein a. a. O. S. 158 ff. S. auch Wetzer u. Weltes
Kirchenlexikon Bd. III über den Unterschied von Communismus und
Socialismus. Bluntschli, Deutsches Staats=Wörterbuch S. 482,
Art. „Socialismus und Communismus".

[3] Stimmen aus Maria=Laach XLVI, 23; XL, 381 f. — Ein Be=
weis für das Ansehen, das Marx bei den Socialisten von heutzutage
genießt, wie auch für die Unklarheit der Führer der socialistischen
Agitation hinsichtlich wichtiger Punkte ist es, wenn jetzt Bebel sich
auch für den Vertheilungsmodus des Bedürfnisses erklärt. Siehe
v. Scheel a. a. O. S. 115.

[4] Zur Kritik des socialdemokratischen Parteiprogramms (in: Die
Neue Zeit, 9. Jahrg. [1890—1891] Heft 2, S. 567).

hinausgehe, verlaufe ins Absurde[1]. Ueber die Aufhebung der
Klassenunterschiede geht aber in der That die von Marx in
Aussicht gestellte Gleichheit hinaus. Es soll nicht bloß das
Privileg des Eigenthums fallen, es sollen nicht bloß alle
als Nichtbesitzer und Arbeiter einander gleichgestellt werden, es
soll auch gewaltsam die Möglichkeit einer Wiederkehr von
Klassenunterschieden zurückgedämmt werden, indem ein jeder
nicht mehr das erhält, was er erarbeitet, sondern nur,
was er braucht[2]. Es legt sich von selbst die Frage nahe,
welcher Unterschied denn zwischen der von Marx so scharf ge-
rügten heutigen Productionsweise und der für die Periode des
lautern Socialismus verheißenen gesellschaftlichen Ordnung
bestehe. Es wäre für die Kritik sehr lohnend, die auffallende
Aehnlichkeit hinsichtlich des wichtigsten Punktes, der Vertheilung der Güter, herauszuheben. Denn wie uns Marx in der
Entwicklung seiner Mehrwerthstheorie immer wieder darthut,
besteht das Unselige des Kapitals darin, daß der Arbeiter nicht
den Genuß des ganzen von ihm hergestellten Productes oder
dessen Werthes hat, sondern, weil der Tauschwerth seiner Arbeitskraft durch die zu ihrer Erhaltung erforderlichen Lebensmittel sich bestimmt, auf das beschränkt bleibt, was er zur
Befriedigung seiner Bedürfnisse absolut braucht[3], während
andere in den Augen eines Marx unproductive Elemente von
dem Reste des Productes zehren und sich bereichern. Die

---

[1] Engels, Eugen Dührings Umwälzung der Wissenschaft (Zürich
1886) S. 96. — Bebel (Die Frau in der Vergangenheit, Gegenwart und Zukunft [Zürich 1883] S. 94) verlangt einen Gesellschafts-
zustand, der die volle Gleichberechtigung ohne Unterschied des Geschlechtes anerkennt.

[2] Stimmen aus Maria-Laach XLIII, 404 f.

[3] „Die kapitalistische Productionsweise unterscheidet sich von der
durch die Sklaverei gegründeten Productionsweise unter anderem dadurch, daß der Werth resp. Preis der Arbeitskraft sich darstellt als
Werth resp. Preis der Arbeit selbst oder als Arbeitslohn" (Marx,
Das Kapital III [1. Theil], S. 2).

Bereicherung würde allerdings durch Zwang hintangehalten werden können; wahrscheinlich würde auch wegen des im Socialismus herrschenden Mangels diese Nothwendigkeit gar nicht eintreten; aber das Princip für die Distribution: Einem jeden nach seinen Bedürfnissen, nach seinen Fähigkeiten, enthält offenbar das gleiche Unrecht, wie es Marx der Periode des Kapitals zum Vorwurfe macht. Ein jeder erhält das, was seine Bedürfnisse verlangen, aber nicht jeder hat die Fähigkeit oder den Willen, so viel zu arbeiten, als seine Bedürfnisse erheischen. Es muß also denen, die mehr arbeiten, als sie selbst bedürfen, der Mehrwerth, der Ueberschuß des Gebrauchswerthes über den Tauschwerth der Arbeitskraft, welcher heutzutage vom Kapitalisten weggenommen wird, von denjenigen entzogen werden, welche infolge eigener Arbeit nicht im stande sind, ihren Bedürfnissen zu genügen. So konnte Marx freilich nicht den vollen Arbeitsertrag verheißen; aber er hätte die Ordnung des Privateigenthums dann nicht deswegen befehden sollen, weil die Arbeit nicht ihren Leistungen proportional gelohnt wird, da ja sein System an demselben Uebel krankt.

Durch Anerkennung des Bedürfnisses als Vertheilungsmodus hat sich Marx auf ein gefährliches Gebiet gewagt, auf das der Utopie. Er hat mehrere Bedingungen, von denen die Möglichkeit einer derartigen Vertheilung abhängt, als gewiß vorausgesetzt, obwohl er dadurch mit der Erfahrung in Widerspruch tritt. Wer bestimmt die Grenze des Bedürfnisses? Dasselbe ist ein vager Begriff, dehnbar nach unten wie nach oben; der Luxus des Reichthums wie die kärgliche Lebensfristung der Armut finden in demselben noch Platz; das Bedürfniß bestimmt sich lediglich nach subjectivem Ermessen, ja nach der bloßen Laune[1]; nur der Einzelne, nicht aber die Obrigkeit kann den Umfang und die Dringlichkeit des Be-

---

[1] L. Felix, Der Einfluß der Natur auf die Entwicklung des Eigenthums (Leipzig 1883) S. 120. Stimmen aus Maria-Laach XLIII, S. 408.

dürfnisses kennen. Will aber die Behörde in diese Sphäre des
individuellsten Lebens eingreifen, so ist eine Staatsomnipotenz
schlimmster Art vorhanden, wenn gleich der ganze politische
Apparat, Staat geheißen, aufhören soll. Wird aber dem Einzelnen die Bestimmung seines Bedürfnisses selbst überlassen, so
wird gewiß keiner dasselbe im Interesse der Gemeinschaft
einschränken, zumal nicht, um vom Producte seiner Mühe
andere mitzehren zu lassen. Nur die Annahme einer ungeheuern
Productivität der Arbeit im Zustande des Socialismus, wo
die „Springquellen des genossenschaftlichen Reichthums voller
fließen"[1] sollen, kann mit dem uneingeschränkten Walten der
Bedürfnisse zusammenbestehen. Daneben aber der gänzliche
Mangel eines Spornes zu energischer Arbeit, da einem jeden
reichlicher Genuß winkt, ohne Rücksicht auf seine Leistung, auch
dann, wenn er mit seiner Arbeit nicht sein Bedürfniß zu
decken vermag, sondern nur seiner Fähigkeit entsprechend gearbeitet hat! Wer aber soll diese bemessen? Bedürfniß und
Fähigkeit, Genuß und Leistung werden im umgekehrten Verhältniß zu einander stehen. Während die Bedürfnisse auf den
höchsten Grad gesteigert werden, wird jeder seine Fähigkeit, nach
der sich die Leistung bestimmen soll, möglichst gering an-
schlagen, wenigstens soweit sie bei Austheilung der Arbeit in
Frage kommt.

Hinter dieser utopischen Vertheilung nach dem Bedürfnisse
erhebt sich das drohende Gespenst einer absoluten Gleichheit, welche ohne Berücksichtigung der individuellen Bedürfnisse und Leistungen bei reichem Ertrag alle zu Verschwen-
dern macht, da jeder in der Lage ist, allen, selbst künstlich
geschaffenen oder eingebildeten Bedürfnissen zu entsprechen;
bei mittlerer Productenmenge den einen zum Bettler, den
andern zum Verschwender, da der Luxuriöse zu wenig, der
Genügsame zu viel hat; bei dem im Socialismus zu erwartenden

---

[1] Die Neue Zeit a. a. O. S. 567. Aus Cathrein a. a. O. S. 29.

Mangel aber nicht mehr bloß eine Klasse, son=
dern alle zu Bettlern macht.

Der Arbeiter kann nach Marx auch deswegen keinen An=
spruch auf den vollen Ertrag seiner Arbeit erheben, weil die
Werththeorie, deren sich Marx zur Kritik des Privateigenthums
bediente, für die communistische Gesellschaft ihre Giltigkeit ver=
loren hat. Es „erscheint hier nicht mehr die auf die Producte
verwandte Arbeit als Werth dieser Producte, als eine
von ihnen besessene sachliche Eigenschaft, da jetzt, im Gegen=
satze zur kapitalistischen Gesellschaft, die individuellen Arbeiten
nicht mehr auf einem Umweg, sondern unmittelbar als Be=
standtheile der Gesamtarbeiten existiren"[1]. Es ver=
schwindet der Einzelne im Ganzen; nicht der Arbeiter producirt,
sondern die Gesellschaft als lebendiger Organismus: die Ein=
zelnen sind nichts als willenlose Räder und Stifte einer un=
geheuern Maschinerie[2]; das Product gehört somit der Gesell=
schaft[3], und die ihrer individuellen Bedeutung verlustig ge=
gangenen, einander gleichgewertheten Einzelnen werden von
demselben zu gleichen Theilen befriedigt[4].

---

[1] Die Neue Zeit S. 566. Aus Stimmen a. Maria=Laach) XL, 545.

[2] Mehring a. a. O. S. 218.

[3] Cathrein a. a. O. S. 27.

[4] Die Lehre von Marx ist auch dargestellt von Schäffle
a. a. O. S. 7 ff.

Drittes Kapitel.

Vergleichende Kritik beider Anschauungen.

Wenn nun ein Vergleich zwischen der Lehre eines Thomas von Aquin und der Lehre des Socialismus hinsichtlich der Eigenthumsfrage angestellt und eine Beurtheilung der beiden Systeme gegeben werden soll, so läßt sich im allgemeinen sagen, daß Thomas die Einseitigkeit des Individualismus, des Krieges aller gegen alle, wie er im freien Spiel der Kräfte einer ungezügelten Kapitalherrschaft zum Ausbruche gelangt, und die andere Einseitigkeit des Socialismus mit seiner Unter= schätzung der freien Persönlichkeit vermieden hat. Der den beiden Irrthümern innewohnende Kern von Wahrheit ist im System des hl. Thomas seiner extremen Umhüllung entkleidet; das Individuum ist mit der Gemeinschaft ver= söhnt worden[1]. Thomas ist den Mittelweg gegangen. Als wahrer Psychologe erkennt er in dem Individuum einen berechtigten Trieb des Selbstinteresses, aber ebenso auch einen Zug zur Societät. Und so ergeben sich trotz des Gegensatzes doch gar manche Berührungspunkte zwischen Thomas und dem Socialismus, wo es gilt, das Individuum im Zusammenhang mit der Gesamtheit zu betrachten; freilich bei jenem gemäßigt, voll Rücksicht auf die persönliche Freiheit; bei diesem übertrieben, einseitig und schroff[2].

---

[1] Die Parallele zwischen der scholastischen Lehre einerseits und dem Individualismus (Kapitalismus) und Socialismus andererseits s. Costa=Rossetti a. a. O. S. 784 ff.

[2] „Die socialdemokratischen Ideen haben die Gottlosigkeit und den Materialismus, welche sie kennzeichnen, allerdings von dem sogen.

Thomas hat bei der Frage nach dem Ursprunge des Eigenthums in Consequenz seines christlichen Standpunktes auf Gott als den Begründer der sittlichen Weltordnung hingewiesen, in welche auch das Eigenthum eingegliedert ist. Es steht zu derselben im Verhältniß eines nothwendigen Mittels ihrer Verwirklichung. Es findet der Mensch verschiedene Aufgaben vom Schöpfer vorgezeichnet, deren Erfüllung ihn nothwendig zum Privateigenthum hinführt. Das erkennt die menschliche Vernunft; das Privateigenthum ist also eine Folgerung aus dem natürlichen Rechte.

Der Socialismus aber anerkennt kein Naturrecht, das gewisse, sich stets gleichbleibende Forderungen ausspricht; er kennt keinen persönlichen Schöpfer und keine sittliche Weltordnung[1]. Das Recht ist wie Sitte und Religion nur der ideale Niederschlag der jeweils erreichten Stufe der wirtschaftlichen Entwicklung; und wie diese stets fortschreitet, wird auch das Recht in einem steten Fluß der Veränderung begriffen sein. Heutzutage haben die Productionsverhältnisse einer bevorzugten Klasse die Macht in die Hände gespielt; die heutige Eigenthumsordnung ist nichts als die brutale Gewalt, welche eine Klasse über die andere ausübt.

So der Socialismus. Der springende Punkt der ganzen Eigenthumsfrage ist also: Gibt es ein Naturrecht, welches gewisse, stets gleichbleibende

---

Fortschritt, d. h. dem vulgären Liberalismus überkommen; daß sie charakterisirende sociale Princip aber stammt aus dem Christenthum. Es mußte jedoch in dieser Mischung verzerrt und verunstaltet werden...." (Vogelsang a. a. O. I, 388). „Der Liberalismus hat das Recht der freien Persönlichkeit, der Socialismus das Gesetz der Solidarität der christlichen Wahrheit entnommen" (Ratzinger a. a. O. S. 114).

[1] Schäffle bestreitet in der „Quintessenz des Socialismus", daß der Socialismus seinem Wesen nach atheistisch ist. Derselbe Verfasser gelangte jedoch zu einer andern Ansicht in: Die Aussichtslosigkeit der Socialdemokratie (Tübingen 1885) S. 3.

Forderungen ausspricht? Forderungen, deren ver-
pflichtende Kraft sich nicht erst aus positiver Gesetzgebung
ableitet, sondern aus der Anerkennung, welche ihnen von
seiten der allgemeinen menschlichen Vernunft nothwendigerweise zu theil wird? Wenn nicht, so fehlt der Argumentation
des hl. Thomas die Basis. Das Recht des Privateigenthums
ist dann eine bloße Machtfrage und bleibt bloß so lange in
Geltung, als die besitzende Klasse die Macht in Händen hat.

Aber es gibt in Wahrheit ein Naturrecht. Wie
die vernunftlose Schöpfung durch chemische und physikalische
Gesetze, durch die Ordnung des vegetativen Lebens oder den
Instinct mit seinen natürlichen Tendenzen gelenkt wird, so
wird der Mensch seiner vernünftigen Natur entsprechend durch
ein Gesetz geleitet, welches seiner Vernunft eingeprägt ist, ein
Gesetz, wodurch mit Freiheit er erkennt, was er thun soll,
damit er sein Ziel erreiche. Es ist eine Thatsache, welche
niemand läugnen kann, „daß sich zu allen Zeiten und bei
allen Völkern eine Summe unwandelbarer sittlicher und
rechtlicher Ideen vorgefunden hat. Auch der blödeste
Materialist wird ja doch nicht bestreiten dürfen, daß schmäh-
licher Undank und Verrath gegenüber einem treuen Freunde
und Wohlthäter stets und überall als böse gegolten hat,
daß großmüthige Bethätigung der Liebe zu den Mitmenschen unter keiner Voraussetzung ein Laster zu werden vermag. Ebensowenig dürfte man in Abrede stellen können,
daß sich eine gewisse Anzahl eigentlicher Rechtssätze, die sich
auf das äußere gesellschaftliche Zusammenleben beziehen, bei
allen Völkern vorfinden, wenn auch die einen mehr auf
diesen, die andern mehr auf jenen größeres Gewicht legten".

Woher diese auffallende Uebereinstimmung aller Völker zu
allen Zeiten? Sie läßt sich nicht anders erklären als aus
dem Willen des Schöpfers. „Das Unwandelbare selbst aber
kann niemals seinen Grund in dem Wandelbaren haben. Nicht
in den wechselnden Interessen des Individuums oder der Ge-

samtheit, nicht in den wandelbaren actuellen Verhältnissen, nicht
in dem veränderlichen und zufälligen Sein irgend einer Creatur
vermag darum der denkende Geist die eigentlichen und tiefen
Wurzeln, den letzten Grund jener unwandelbaren sittlichen
Ideen zu finden, sondern allein in dem, der einzig unwandel=
bar, ohne Wechsel, ohne Schatten der Veränderung ist, in
Gott und seiner unveränderlichen Wesenheit." [1]

Und es ist doch der Socialismus selbst, der,
wenn auch nicht ausdrücklich, so doch indirect ein
natürliches Recht anerkennt. Die Kritik, welche der
Socialismus an der heutigen Gesellschaftsordnung übt, setzt
nothwendig einen Maßstab voraus, an welchem die heutigen Zu=
stände gemessen werden. Wenn es wahr wäre, was der Socialis=
mus behauptet, daß die sittliche, rechtliche und religiöse Ordnung
nur die Wiederspiegelung der ökonomischen Entwicklung sei, wenn
Recht und Productionsweise sich so harmonisch entsprechen wür=
den, woher kommt dann dem Socialismus die Erkenntniß, daß
die heutige Gesellschaftsordnung gegen das Recht verstoße und
deshalb beseitigt werden müsse; woher nimmt er dann den Maß=
stab, mit dem er die heutige Gesellschaft beurtheilt und verurtheilt?
Das erklärt sich doch nur dadurch, daß ihm der Begriff eines
unwandelbaren Rechtes vor Augen schwebt, mit welchem die
jetzigen Productionsverhältnisse sich im Widerspruch befinden.
Der Socialismus betont so oft, daß ein jeder ein Recht habe
zu leben, ein Recht auf Existenz, und betrachtet die Geltend=
machung dieses Rechtes als seinen Hauptzweck. Aber wie will
er dasselbe von seinem materialistischen Standpunkt aus be=
gründen? „Für den Materialismus gibt es nur Thatsachen, die
wirklich geworden sind, weil sie auf Grund der ebenso that=
sächlich vorhandenen Bedingungen wirklich werden mußten. Für
ihn gilt nur, daß der Naturlauf, von nothwendigen Gesetzen be=

---

[1] Pesch, Liberalismus, Socialismus und christliche Gesellschafts=
ordnung S. 106.

stimmt, mit andern lebenden Wesen auch den Menschen entstehen
ließ. Aber was folgt aus dieser Thatsache? Man kann von solchen
Voraussetzungen aus zu keinem andern Rechte gelangen als dem
Rechte des Stärkern, welches nur der Ausdruck der allgemeinen
Thatsache ist, daß überall der Stärkere den Schwächern besiegt;
man kann unmöglich daraus den Anspruch des Schwächern
ableiten, diesem allgemeinen Weltgesetze entzogen und in Schutz
genommen zu werden. Anders dagegen, wenn jedem Menschen
seine Bestimmung vorgezeichnet und seine Stellung durch eine
höhere göttliche Leitung angewiesen ist. Alsdann besitzt er von dem
ersten Augenblicke seiner thatsächlichen Existenz auch das Recht
auf Existenz als die unerläßliche Voraussetzung aller weitern,
in der Natur begründeten rechtlichen Forderungen. Der Mensch
muß vor allem leben, damit er seine gottgegebene zeitliche und
ewige Bestimmung erreichen könne." [1]

Daß die bloße Macht kein Recht zu begründen
im stande ist, zeigt sich am deutlichsten an der Zulässigkeit der Nothwehr. Ist der Angreifer vielleicht deswegen im Recht, das Leben eines andern zu bedrohen, weil er
zufällig der Stärkere ist? Oder hat der Angegriffene bloß deswegen ein Recht, sich zur Wehre zu setzen, weil ihm die Staatsgewalt ein solches zugesteht? Wohl ist die Zulässigkeit der Nothwehr auch von der staatlichen Gesetzgebung anerkannt, aber der
Einzelne vertheidigt sich nicht auf Grund eines Rechtes, welches
ihm der Staat erst eingeräumt hätte, sondern auf Grund eines
Rechtes, das er ursprünglich besitzt und besitzen würde, auch
wenn es keinen Staat gäbe, der die Anerkennung desselben
nöthigenfalls erzwingen würde [2].

Es gibt demnach ein natürliches Recht. Ziehen wir
daraus die Folgerungen für das Eigenthum. Ausgangspunkt ist
das Recht auf Existenz, das auch der Socialismus anerkennt.

---

[1] v. Hertling, Naturrecht u. Socialpolitik (Köln 1893) S. 43.
[2] Ebd. S. 18.

„Das Recht auf Existenz verweist den Menschen nur im allgemeinen an die Schätze der Natur zum Zwecke der Befriedigung seiner Bedürfnisse. Es ist ein persönliches Recht, welches jeder Mensch von seiner Geburt an besitzt, ohne einer accessorischen Thatsache zu dessen Erwerb zu bedürfen. Aber sachlich erscheint dasselbe indeterminirt. Allen Menschen gewährt es ein Gebrauchsrecht an den Naturgütern schlechthin, aber keinem weist es unmittelbar eine dingliche Herrschaft über irgend eine bestimmte individuelle Sache zu. Um aus dem persönlichen Rechte ein dingliches zu machen, bedarf es des Dazwischentretens concreter, menschlicher Handlungen, durch welche der Besitz bezw. das Eigenthum an einer Sache erworben wird." [1]

Die erste dieser Handlungen ist unstreitig die Occupation. Der Mensch weiß, daß die Güter der Natur die Bestimmung haben, seinen Bedürfnissen zu dienen, damit er sein natürliches Recht auf Existenz verwirklichen und seine Aufgabe auf Erden erfüllen kann. Er eignet sich daher mit Fug und Recht von den noch freien Naturgütern an, soviel er gerade braucht. Aber dieses Recht der Besitzergreifung richtet sich nicht bloß auf die Gegenstände des unmittelbaren Gebrauches. „Sollen sich die höhern Kräfte der Menschheit entfalten, soll die Natur systematisch ihrer Herrschaft unterworfen werden, sollen Wissenschaften und Künste erblühen, so ist erforderlich, daß eine feste wirtschaftliche Basis des Lebens gewonnen und nicht der Kampf um die nächsten Bedürfnisse die Sorge jedes Tages sei. Das aber ist erst möglich, wenn durch die Besitzergreifung von Productionsmitteln und geordnete Bearbeitung derselben der Lebensunterhalt dauernd gesichert ist." [2]

Gegen die Occupationstheorie erhebt sich nun eine Schwierigkeit. Es wird gesagt, daß die Spätergebornen durch die Occupation der Frühern um ihren Antheil an der allen gemeinsamen Erde gebracht würden. Besonders in Verbindung mit der

---

¹ Pesch a. a. O. S. 180. 181.   ² v. Hertling a. a. O. S. 37.

Malthus'schen Bevölkerungstheorie gewinnt diese Schwierigkeit
den Schein von Berechtigung. Der der Menschheit zur Ver=
fügung stehende Nahrungsspielraum ist nur ein begrenzter; die
Menschen haben aber die Tendenz, sich weit über ihre Unter=
haltsmittel hinaus zu vermehren. Im Anfang, als der
Nahrungsspielraum sozusagen unermeßlich war, da mochte jeder
nach Belieben occupiren. Je mehr aber die Bevölkerung wächst,
um so mehr verlieren die erworbenen individuellen Besitzrechte
an Geltung, um so rechtswidriger werden sie, sie müssen
schließlich zurücktreten vor dem mit Allgewalt sich geltend
machenden Recht der Gesamtheit. Denn von einem gewissen
Punkte ab liegt eine gleichmäßigere Gestaltung der Besitz=
verhältnisse im Interesse aller, nicht nur der darbenden, ent=
erbten Gruppen, sondern auch der Besitzenden. Denn die Natur
der Enterbten läßt sich auf die Dauer nicht unterdrücken, sie
wird schließlich mit elementarer Gewalt zum Ausbruch ge=
langen, zum Verderben der ganzen bis dahin errungenen
Cultur.

Also müssen die Besitzenden in ihrem eigenen Interesse ihr
Besitzthum, von dem vielleicht Hunderte von Individuen leben
könnten, an die Gesamtheit abgeben, damit allen ein menschen=
würdiges Dasein gesichert werden kann.

Aber wäre es wirklich ein Naturgesetz, daß zwischen Be=
völkerung und Nahrungsmitteln ein so schreiendes Mißver=
hältniß obwalte, so gäbe es überhaupt keine Rettung aus der
Noth. Die Katastrophe könnte vielleicht aufgeschoben, aber
nicht für immer verhütet werden. Denn wenn auch wirklich
die Besitzenden ihre Habe an die Gesamtheit ablassen würden,
so würde wohl für eine Zeitlang der Noth gesteuert werden.
Aber wenn es ein Naturgesetz wäre, wie Malthus glaubte,
daß die Menschen in geometrischer Progression, die Nahrungs=
mittel bloß in arithmetischer Progression wachsen, so würde
es schließlich doch keinen andern Ausweg geben als künstliche
Regulirung der Bevölkerung, oder die Natur würde selbst durch

Elend und Krankheit einen gewaltsamen Ausgleich herstellen müssen. **Also ist damit gegen die Occupation und gegen das Privateigenthum gar nichts bewiesen.**

Der gegen die Besitzergreifung erhobene Einwand, daß durch sie die Spätern enterbt würden, beruht auf einer falschen Auffassung des Rechtes auf Existenz. Dieses will nicht besagen, daß alle ein Recht auf ein gleich behagliches Leben, oder was sich besonders gegen den Agrarsocialismus richtet, daß alle ein Recht auf einen gleichen Antheil an dem Boden haben, sondern der Inhalt dieses jedem angebornen Rechtes geht nur auf ein menschenwürdiges Dasein. Dieses läßt sich aber auch noch auf einem andern Wege verwirklichen als durch Occupation, vornehmlich durch die **Arbeit.** Der Occupant muß dem Besitzer der Arbeitskraft für Ueberlassung derselben eine Entschädigung leisten, so daß auch der, welcher nichts mehr occupiren kann, sein Recht auf Existenz verwirklichen kann.

Es liegt der Verwerfung der Occupation durch den Socialismus auch die falsche Vorstellung zu Grunde, der Occupant könne die nach ihm Kommenden vom Besitz der Erde ausschließen, als ob durch die rein innere Thatsache eines bloßen Willensactes oder durch dessen mündliche Verkündigung die Occupation sich vollziehen würde. Aber der bloße Wille genügt nicht. **Zu demselben muß das äußerlich erkennbare Verhältniß der thatsächlichen Herrschaft über die Sache hinzutreten.** Darum kann es immer nur ein verhältnißmäßig engbegrenzter Theil der Erde sein, der die Occupation gestattet.

Der zeitliche Vorrang der Besitzergreifung gibt auch durchaus keinen ausschließlichen, ewigen Rechtstitel auf die Erdoberfläche, so daß der Occupant die spätern Generationen von dem Genuß der Erde ausschließen würde. Denn mit dem Tod erlischt jedes Eigenthum, auch das durch Besitzergreifung begründete. Die Spätergekommenen, sofern sie Leibeserben sind oder im Testament als Erben eingesetzt wurden, treten an Stelle des Erblassers; der Rechtstitel aber, auf Grund dessen die folgende Generation das Eigenthum erwirbt, ist nicht mehr die Occupation, die nur ein lebenslängliches Eigenthumsrecht begründet, sondern das Erbrecht[1].

Die Darstellung der Thomistischen Lehre hat gezeigt, daß Thomas der Arbeit große Werthschätzung entgegengebracht hat. Er hat sie als eine Pflicht des Menschen nachgewiesen, die er im Interesse der geistigen und leiblichen Entwicklung seiner Persönlichkeit zu erfüllen hat. Er hat auch ihren Einfluß auf die Bildung des Werthes und auf den Erwerb von Eigenthum nicht verkannt. Der Socialismus aber übertreibt den Werth der materiellen Arbeit. Von der klassischen National-ökonomie hat er den Satz überkommen, daß die Arbeit allein den Werth erzeuge, und hat ihn, weil für die Agitation äußerst wirksam, zum Princip seines ganzen Systems und zur Grundlage seines Angriffes auf das Privateigenthum ge-macht. Wenn die Arbeit in Wahrheit Quelle und Maß alles Werthes, oder nach Marx, wenigstens alles Tauschwerthes ist, so ist sie natürlich auch zum alleinigen Erwerbstitel des Eigen-thums erhoben, und alles Eigenthum, das nicht auf Arbeit begründet ist, hat in den Augen des Socialismus den Cha-rakter der Rechtmäßigkeit eingebüßt.

Ein nothwendiges Ergebniß aus dem Princip des Socia-lismus ist die Verwerfung des Erbrechtes. Ist die materielle Arbeit allein im stande, Eigenthum zu begründen, so folgt daraus, daß der Erwerb von Vermögen auf dem mühelosen Wege der Vererbung ein Unrecht ist, ein Diebstahl, begangen an der Gesamtheit. Im Interesse der Agitation ist zwar eine Mäßigung eingetreten, und ist die Vererbung von Genußgütern zugestanden worden[2]. Aber abgesehen davon,

---

[1] Stimmen aus Maria-Laach XLVII, 525 f., Art. „Henry George und die Encyklika Rerum novarum" von Pesch.

[2] Auch Schäffle (Quintessenz des Socialismus S. 58) räumt ein solches Erbrecht ein. Vgl. Hitze, Die sociale Frage S. 146. E. Richter, Die Irrlehren der Socialdemokratie S. 10.

daß nur wenige derselben ein Aufspeichern und Vererben ermög=
lichen, würde dies einen Abfall von dem Satze bedeuten, daß
die Arbeit allein Quelle und Grundlage alles Eigenthums sei.

Durch die Läugnung des Erbrechtes hat der Socialismus
auch die Familie in ihrem innersten Leben angegriffen. Den
innigen Zusammenhang, welcher zwischen der monogamischen
Ehe und dem Erbrecht besteht, hat der Socialismus gar wohl
gefühlt. So sagt Bebel: „Da es in der neuen Gesellschaft
überhaupt nichts mehr zu vererben gibt, es sei denn, man
wolle das Hausgeräthe als besonders wichtiges Erbtheil an=
sehen, ist auch aus diesem Grunde die Zwangsehe hin=
fällig." [1]

Thomas hat die Eigenthumsübertragung auf dem Wege der
Vererbung als ein Postulat des Naturrechts hingestellt,
weil die Sorge der Eltern für ihre Kinder sich auf deren ganze
Lebenszeit zu erstrecken habe, also nicht schon mit dem Tode
der Eltern erlösche. Dem gegenüber wird der Socialismus
mit beißendem Spott auf die Millionen von „Enterbten" hin=
weisen, für welche das Erbrecht nichts sei als ein Hohn,
da es doch bloß im Interesse weniger bestehe und die
durch den Schweiß der Arbeiter erworbenen Vermögensmassen
mühelos auf die Erben übergehen lasse. Es ist nun aller=
dings richtig, daß heutzutage die Entwicklung der Production
sich so gestaltet hat, daß für große Schichten des Volkes das
Erbrecht keine Bedeutung mehr hat, wo der Arbeitslohn sich
deckt mit dem zum Leben Nöthigen, wo es also nichts mehr
zu erübrigen und zu vererben gibt. Aber es ist eine Ueber=
treibung, wenn man es hinstellt, als ob bloß mehr einigen
wenigen das Erbrecht zu Gute komme. Man denke nur an
den noch immer bedeutenden Mittelstand, zu welchem nicht
bloß Bauern und Handwerker, sondern auch noch andere Be=
rufsklassen gehören.

---

[1] Bebel, Die Frau S. 194. Ders., Charles Fourier S. 172.

Die Intestaterbfolge hängt mit der natürlichen Succession des Blutes aufs innigste zusammen. „Das Eigenthum ist nach seiner nächsten und wesentlichsten socialen Beziehung von der häuslichen Gesellschaft als solcher unzertrennlich, es ist mit dem Hause von seiner Gründung an organisch verwachsen und bildet die sachliche Grundlage für seine natürliche Entfaltung. Als organischer Bestandtheil des Hauses muß also das Eigenthum theilnehmen an allen innern und äußern Naturzwecken desselben; eben diesen zu dienen, sie zu ermöglichen, ist sein wesentlicher Beruf. Die Erfüllung der natürlichen Familienzwecke ist aber nicht ein auf Jahr und Tag abzuschließendes Geschäft; sie beschränkt sich nicht auf die Bedürfnisse der Gegenwart oder der gegenwärtigen Generation, sondern hat natur= und pflichtgemäß auch die Vorbereitung der Zukunft, der sittlichen sowohl wie der wirtschaftlichen, zur Aufgabe. Folglich muß das Eigenthum, als die von der Natur vorgesehene materielle Hilfs= quelle zur Lösung dieser Aufgabe, seiner Bestimmung nach dieselbe Fortdauer und Stabilität in Anspruch nehmen wie die häusliche Gesellschaft selbst." [1]

Aber auch die testamentarische Erbfolge läßt sich, soweit sie nicht als reine Willkür des Erblassers, sondern als ein mit gewissen Pflichten verknüpftes hausväterliches Recht er= scheint, durch das natürliche Recht begründen. Das häusliche Vermögen ist seiner Hauptbestimmung nach Familiengut, und es haben deshalb die Familienglieder darauf das unbestreitbare Anrecht. Deswegen hat freilich der Hausvater die Pflicht, die Interessen der Familie zu wahren. Aber über die Art und Weise, wie dies zu geschehen hat, entscheidet der Wille des Haus= vaters. Und so können sich auch manchmal höhere Rücksichten geltend machen, wie die Ehre der Familie, die Gefahr wirtschaft= licher Zersplitterung, welche den hausväterlichen Willen berech= tigen, ja es ihm bisweilen zur Pflicht machen, von der Intestat=

---

[1] Theod. Meyer, Die Arbeiterfrage S. 118 f.

erbfolge abzuweichen, sei es durch theilweise Enterbung oder
durch Bevorzugung einzelner Erben oder unter Umständen
selbst durch Heranziehung eines fremden Erben [1].

Man erhebt gerne gegen die Erbfolge den Einwand, daß
der Eigenthümer nicht über seine Lebensdauer hinaus rechtlich
verfügen könne. Es ist nicht nöthig, an ein moralisches Fort=
leben des hausväterlichen Willens in der Familie zu denken [2];
jenes Recht läßt sich auch aus dem persönlichen Eigenthums=
recht ableiten. Gerade so gut als der Eigenthümer während
seines Lebens sein Eigenthum übertragen kann, ebensowohl
kann er es auch noch im letzten Augenblicke seines Lebens;
das Testament aber ist als der letzte Wille des Erblassers
anzusehen. Durch diesen letzten Willensact überträgt er sein
Vermögen auf ein anderes Subject; er verfügt nicht über
sein Leben hinaus, sondern er macht von dem ihm bis
zum letzten Augenblick seines Lebens zustehenden
Verfügungsrecht Gebrauch.

Das Erbrecht läßt sich aber auch noch aus wirtschaft=
lichen Gründen rechtfertigen. Hätte der Einzelne nicht das
Recht, sein Eigenthum Personen, die ihm sei es durch die
Bande der Blutsverwandtschaft enge verknüpft sind oder sonst
nahestehen, zuzuwenden; würde er die Gewißheit haben, daß
das, was er erarbeitet und erspart, nicht diesen, sondern der
Gesamtheit, dem Staate zufallen würde, so würde dadurch
unläugbar eine mächtige Triebkraft zur Arbeit, Sparsamkeit
und Fortschritt in Wegfall kommen. Diejenigen, welche das
in Abrede stellen, läugnen, daß die Liebe zu den Angehörigen,
der Wunsch, diesen eine gesicherte Existenz zu verschaffen, für
viele, ja die meisten ein Sporn zu energischer Thätigkeit und
vernünftiger Wirtschaft ist [3].

---

[1] Theod. Meyer a. a. O. S. 120 f.

[2] Theod. Meyer (a. a. O. S. 122) nimmt dies an.

[3] E. Hallier (Die socialen Probleme u. das Erbrecht [München
1892] S. 44) sagt: „Bisweilen hörte ich gegen die Abschaffung des

Aber, sagt man, für die gesicherte Existenz der Nachkommen
ist im Socialistenstaat ohnehin gesorgt. Der Staat nimmt
sich der Kinder an und sorgt schon zu Lebzeiten der Eltern
für ihre Pflege und Erziehung. Aber eben deswegen, weil
der Staat dem Einzelnen diese Verpflichtung abnehmen will,
so hat dieser keine Veranlassung, sich besonders zu rühren und
zu mühen. Denn was er erwirbt und erspart, seinen Kindern
kommt es ja doch nicht zu Gute; und umgekehrt, wenn er
nur geringen Fleiß aufwendet und ohne Sparsamkeit wirt=
schaftet, so haben seine Kinder davon keinen Schaden zu ver=
spüren. Oder wollte etwa der Staat den Kindern es entgelten
lassen, daß die Eltern nicht mit Aufgebot ihrer ganzen Kraft
gearbeitet haben?

Aber abgesehen davon, daß durch die Aufhebung des Erb=
rechts der Gesellschaft ein großer wirtschaftlicher Schaden er=
wachsen und der Fortschritt ein bedeutendes Hemmniß erfahren
würde, wäre auch der sittliche Schaden ein großer durch das
Verschwinden der Tugenden, welche mit Familie und Erbrecht
verknüpft sind, Arbeitslust und Sparsamkeit, Opferwilligkeit
der Eltern und Dankbarkeit der Kinder; aber auch die christ=
liche Charitas, wie sie in zahllosen wohlthätigen Stiftungen von
jeher in die Erscheinung trat, würde mit dem Erbrecht ver=
schwinden. Ja noch mehr, durch Beseitigung der elterlichen
Fürsorge für die Nachkommenschaft durch Einführung staat=

---

gegenwärtig bestehenden Erbrechts einen Einwand erheben, der mich
wahrhaft in Staunen versetzte. Die guten Leute meinten nämlich,
wenn man nicht die Gewißheit hätte, daß aller Erwerb den Kindern
zu Gute käme, so würde niemand mehr anstrengend arbeiten wollen.
Solche Leute denken meist nicht daran, welcher nichtswürdigen Ge=
sinnung sie in ihrer Gutmüthigkeit das Wort reden. Denn es
kann kaum etwas Ehrloseres geben, als die Arbeit
als eine Last zu betrachten und sie nicht um ihrer selbst
willen hochzuschätzen. Wer gesund ist und bei guten körper=
lichen oder geistigen Kräften, für den ist die Arbeit (selbstverständlich
ohne Uebertreibung) der höchste Lebensgenuß."

licher Obsorge und Erziehung ist die Familie selbst für
überflüssig erklärt; mit ihr aber sind natürliche und sitt=
liche Bande zerrissen und ist das Prinzip der Sittenlosigkeit
an ihre Stelle gesetzt.

Aber läßt sich denn die Familie so leicht entbehren, wenn
man bloß den ökonomischen Standpunkt einnimmt und von
moralischen Gründen ganz absieht? Nein, der Familien=
verband hat auch wirtschaftlich seine Bedeutung.
Zahllose kleine Arbeiten vollziehen sich unbemerkt im stillen
Kreise des häuslichen Lebens, die sich unmöglich alle öffentlich
organisiren lassen, will man nicht überhaupt die häusliche Ge=
meinschaft ganz zerstören und zu einem gemeinsamen Leben über=
gehen. Die ganze Thätigkeit der Hausfrau ist eine Summe
solcher verschiedenartiger Beschäftigungen, die eine genaue Be=
rechnung des durch sie gebildeten Werthes gar nicht gestatten.
Wollte man den Versuch machen, alle diese Verrichtungen mit
in die staatlich geleitete Production einzubeziehen, so würde eine
öffentliche Controle über das ganze Privatleben, eine staat=
liche Einmischung in den intimsten Bereich der Persönlichkeit,
eine durchgängige Abhängigkeit auch in den geringfügigsten
Dingen von der Behörde die Folge sein. „Sollte es einmal
dahin kommen, daß man ernstlich versuchen sollte, den Familien=
verband in ökonomischer Beziehung durch einen weitern Ver=
band zu ersetzen, so würde sofort die gewaltige Schwierigkeit
hervortreten, die hier in zahllosen kleinen Werkstätten des Lebens
vollzogene Arbeit in concentrirter und doch befriedigender
Weise vorzunehmen." [1] „Der Menschheit ist damit nicht ge=
dient, daß der kleinere Kreis um der größern willen vernach=
lässigt wird und die Interessen derselben unmittelbar vor denen
der kleinern bevorzugt werden, wie es etwa die Socialisten
thun, indem sie sich dem Familienverband feindlich gegenüber=

---

[1] Loth. Dargun, Egoismus und Altruismus in der National=
ökonomie (Leipzig 1885) S. 48.

stellen. Die Thätigkeit für den größern Kreis ist naturgemäß
weit schwieriger, daher weniger sicher und oft weniger erfolg=
reich als die für die kleinern."[1]

Sind somit die Folgerungen, die sich aus dem Grund=
princip des Socialismus gegen Occupation und Erbrecht er=
geben, unberechtigt, ja verstoßen diese beiden nicht nur nicht
gegen das Naturrecht, sondern haben sie in demselben viel=
mehr ihre letzte Wurzel, so läßt sich schon ein bedeutungs=
voller Rückschluß auf die Wahrheit jenes Princips selbst ziehen.
Aber man kann auch noch direct, und zwar an der Hand der
Thomistischen Lehre beweisen, daß jener grundlegende Satz des
Socialismus falsch ist. Trotz aller Achtung, die Thomas der
Arbeit entgegenbringt, — bei Bestimmung und Begründung
des Werthes ist sie ihm zu einem Factor von untergeordneter
Bedeutung geworden. Maßgebend für den Tauschwerth ist
dem hl. Thomas vor allem der Gebrauchswerth der
Waren, ihr Verhältniß zum menschlichen Bedürfniß, ihre
Brauchbarkeit, demselben zu genügen. Das Moment des Be=
dürfnisses hat der Socialismus bei Bestimmung des Tausch=
werthes ganz außer acht gelassen. Er geht von der richtigen
Erkenntniß aus, daß in den Waren, welche gegeneinander
ausgetauscht werden, ein Gemeinsames enthalten sein müsse,
an dem sich ihr Werth bemessen und durch das er sich aus=
drücken lasse. Der Socialismus sucht nach dem Gemeinsamen,
welches im Tauschwerth verschiedener Waren enthalten ist,
und findet, daß es nicht die Brauchbarkeit sein kann; denn
„ein Ding kann Gebrauchswerth sein, ohne Werth (Tausch=
werth) zu sein. Es ist dies der Fall, wenn sein Nutzen für
den Menschen nicht durch Arbeit vermittelt wird. So Luft,
jungfräulicher Boden, natürliche Wiesen, wild wachsendes Holz
u. s. w."[2] Thomas hat diese Schwierigkeit gelöst; er hat
uns verschiedene Bestimmungsgründe des Werthes aufgeführt.

---

[1] Ebd. S. 104.   [2] Marx, Das Kapital I, 15.

8**

Die Brauchbarkeit allein ist es noch nicht, welche den Tausch=
werth constituirt; es muß noch eine gewisse Seltenheit
des Gegenstandes dazukommen, und zwar als nothwendige Be=
dingung, damit das Ding überhaupt Ware, d. h. Gegenstand
des Austausches, wird. Denn im Tausche opfert jeder der
beiden Contrahenten eine Sache, die ihm gehört, um eine andere
zu erlangen, die ihm nicht gehört. Die Brauchbarkeit der
fremden Sache und ihre Seltenheit bewegen jeden Contrahenten,
die eigene Sache zum Opfer zu bringen. Weil aber der
Gebrauchswerth den Tauschwerth nicht allein bestimmt, folgt
daraus, daß er bei Bestimmung des letztern gar nicht ins
Gewicht fällt, daß er ihn auch gar nicht mitbestimmt? Der
Socialismus hat nur darin recht, daß nicht jeder Gebrauchs=
werth auch schon Tauschwerth ist; aber dadurch rechtfertigt
sich noch nicht ihre gegensätzliche Trennung, „die Spaltung in
nützliches Ding und Werthding" [1]. Der Gebrauchswerth be=
ruht auf den Eigenschaften der Ware, welche sie zur Befrie=
digung gewisser Bedürfnisse geeignet machen. Es ist doch eine
ganz einfache Erfahrungsthatsache, daß wir bei Bestimmung
des Tauschwerthes vor allem die Eigenschaften der Ware
ins Auge fassen und berücksichtigen. Auf den Eigenschaften be=
ruht ihre Güte und die Möglichkeit, gerade diesem be=
stimmten Bedürfniß zu entsprechen. Indem nun der
Socialismus den Gebrauchswerth ganz von der Bestimmung
des Tauschwerthes ausschließt, muß er auch von den Quali=
täten der Sache absehen, die den erstern bewirken, er muß
von den „geometrischen, physikalischen, chemischen oder sonstigen
natürlichen Eigenschaften der Ware abstrahiren. Gerade das,
was sich unwillkürlich bei Beurtheilung des Werthes auf=
drängt, wird hier unnatürlicher= und gewaltsamerweise be=
seitigt, nur um die Voraussetzung zu retten, daß der Werth
der Ware allein durch ihre Eigenschaft, Arbeitsproduct zu sein,

---

[1] Marx, Das Kapital I, 50.

bedingt wird. Uebersehen ward dabei nur, daß auch solche Güter Träger von Tauschwerth sein können, in denen nicht die geringste Arbeit vergegenständlicht ist, welche von der Natur in beschränkter Menge freiwillig geboten und vom Menschen in müheloser Weise angeeignet werden[1]. In Gütern dieser Art finden sich die beiden Momente der Brauchbarkeit und Seltenheit; sie haben Werth, ohne daß auch nur die geringste Arbeit zu dessen Zustandekommen mitgewirkt hätte. Nicht nur also, daß der Satz falsch ist: Die Arbeit ist die alleinige Erzeugerin alles Tauschwerthes, man darf sogar behaupten: Die Arbeit ist nicht einmal ein absolut und in jedem Falle nothwendiger Factor des Tauschwerthes.

Daß auch die Rohstoffe und die Arbeitsmittel an dem Zustandekommen des Tauschwerthes eines Productes mitbetheiligt sind, ist dem Socialismus völlig entgangen. Es ist dies natürlich bei den verschiedenen Industriezweigen verschieden. Es gibt solche, wo die durch das Material verursachten Kosten verschwindend gering sind gegen die Summe der gezahlten Arbeitslöhne. Aber dies berechtigt doch nicht, diese verhältnißmäßig geringen Kosten ganz von der Werth-

---

[1] R. Meyer polemisirt in seinem Werke: Der Kapitalismus fin de siècle (Wien 1894) S. 190 ff. gegen den von P. Pesch vertretenen Satz, daß neben der Arbeit auch die Natur ein Factor des Werthes sei, was sich z. B. zeige in den ohne Arbeit gefundenen Edelsteinen und Metallen. Meyers Einwand ist folgender: Allerdings können Edelsteine ohne Arbeit erlangt werden, aber jedenfalls spielen solche ohne Arbeit gewonnene Naturproducte auf dem Weltmarkte eine ganz unbedeutende Rolle. — Aber darauf kommt es hier doch gar nicht an. Diese Naturproducte mögen in noch so bescheidener Menge vorkommen, jedenfalls besitzen sie Werth, der nicht durch Arbeit erzeugt ist. Was sich aus der verhältnißmäßig geringen Anzahl allein folgern läßt, ist, daß eben nur in wenigen Producten die Natur allein, ohne jede menschliche Arbeit Werth und zwar Tauschwerth bildet, während in den meisten die Natur eine Verbindung mit der Arbeit eingehen muß, um Werthe hervorzubringen. — Vgl. dagegen Linzer Theol. Quartalschrift 1894, S. 576 f.

bildung auszuschließen. Es gibt aber auch Industriezweige, bei denen das Material jene untergeordnete Bedeutung nicht hat, ja wo die Kosten der Rohstoffe die Arbeitslöhne weit übersteigen. Je kostbarer das Material, desto mehr macht es sich im Werth des Productes geltend, und je einfacher und mechanischer die Arbeit, desto niedriger die Löhne, desto mehr tritt sie zurück bei Bestimmung des Werthes. Der Socialismus hat da immer den Einwand zur Hand, das sei bloß heute unter der Herrschaft der anarchischen Productionsweise der Fall. Aber ist es denn wahr, daß im socialistischen Staat der Werth des Materials ganz ohne Einfluß auf den Werth des Arbeitsproductes sein wird? Nicht einmal bei den Er= zeugnissen der Industrie wird dies zutreffen, wo man ja immerhin der menschlichen Arbeit einen hervorragenden An= theil an der Werthbildung zugestehen mag; noch weit weniger aber bei den Producten der Landwirtschaft. Veranschaulichen wir uns dies an Beispielen, die, soviel gebraucht sie sind, doch von ihrer überzeugenden Wahrheit nichts eingebüßt haben. Der Socialismus rühmt sich immer, daß es ihm möglich sein wird, die Anlagen der Menschen allseitig auszubilden. So wird er auch wohl den ästhetischen Sinn wecken und ent= wickeln. Es hat nun ein jeder Bedürfniß nach allerlei Com= fort und Luxus; es wird beispielshalber, um an das von Thomas gewählte Beispiel vom Edelmetall anzuknüpfen, ein jeder Begehr nach goldenem Geschmeide tragen. Es würden sich ja auch Schmuckgegenstände aus andern Metallen herstellen lassen; vielleicht wären sie härter zu bearbeiten, und es würde sich daher mehr gesellschaftliche Arbeit, also mehr Werth in ihnen krystallisiren als in den Goldwaren; aber wird des= wegen das Gold seinen höhern Werth verlieren, und wird sich das Verlangen jenen Waren zuwenden, die aus minder= werthigem Metall hergestellt sind?

Ferner, die Arbeit des Winzers ist doch so ziemlich die gleiche, in guten und schlechten Lagen, aber der Werth des

Productes ist doch äußerst verschieden. Wird nicht immer der bessere Wein mehr Werth besitzen als der geringere? Wer wird im Zukunftsstaat den Champagner trinken? hat einmal eine socialistische Zeitung gefragt [1], und so lächerlich die Frage klingen mag, es liegt in ihr doch ein Zweifel — sei er bewußt oder unbewußt — an dem Grundprincip des Socialismus. Gewisse Naturproducte lassen sich nicht beliebig vervielfältigen, wenn auch Bebel in utopischer Weise den Weinbau in Glashäusern betreiben und herrlich prosperiren läßt. Gerade an den Erzeugnissen des Bodens läßt sich die Falschheit jenes Princips bis in seine äußersten Consequenzen zeigen. Der Boden wird auch im Socialismus von verschiedener Güte bleiben. Das fruchtbare Stück Land gibt bei geringerem Aufwand von Arbeit ein größeres Quantum Getreide als ein anderes von weniger Ergiebigkeit, trotzdem auf dasselbe mehr gesellschaftlich nothwendige Arbeit verwendet werden muß. Soll nun etwa diese größere Menge von Producten weniger Werth besitzen als das kleinere Quantum?

Marx nimmt zu den sonderbarsten Wendungen seine Zuflucht, um darzuthun, daß die Naturgaben auf den Tauschwerth ohne jeden Einfluß sind. Er wählt als Beispiel einen Fabrikanten, der vor andern seinesgleichen das voraus hat, daß er in seinem Betrieb einen Wasserfall benutzen kann. Der glückliche Besitzer macht nun offenbar einen Surplusprofit. Aber woher hat dieser seinen Ursprung? Die gesteigerte Productivkraft der Arbeit entspringt, wie Marx selbst sagt, weder aus dem Kapital noch aus der Arbeit. Aber sie kann dann doch nur aus der Anwendung jener Naturkraft stammen. Gerade das bestreitet Marx, und er verfällt nun auf den sonderbaren Einfall, die Productivkraft der Arbeit aus der Productivkraft der Arbeit selber herzuleiten. „Sie entspringt aus der größern naturwüchsigen Productivkraft der Arbeit, ge-

---

[1] Aus Cathrein, Der Socialismus (6. Aufl.) S. 182.

bunden an die Benutzung einer Naturkraft, aber nicht einer
Naturkraft, die allem Kapital in derselben Productionssphäre
zur Verfügung steht."[1] Diese Naturkraft ist weiter nichts
als eine Naturbasis des Surplusprofits, aber nicht die Quelle
desselben, gerade so wenig, als der Gebrauchswerth Ursache
des Tauschwerthes, vielmehr bloßer Träger desselben sei. Der
Grund dieser Behauptung ist, die Voraussetzung von der
alleinigen Wertherzeugung durch Arbeit zu retten. „Der Wasser=
fall, wie die Erde überhaupt, hat keinen Werth, weil er keine
in ihm vergegenständlichte Arbeit darstellt."[2]

Aber dieser oberste Satz des Socialismus ist falsch. Mit=
hin ist die Kritik, welche der Socialismus auf Grund seiner
Werththeorie am Privateigenthum übt, unberechtigt; soweit sie
berechtigt ist, trifft sie den von allen sittlichen Banden los=
gelösten Kapitalismus. Es ist ein falscher Zirkel, in welchem
man sich fortwährend bewegt. Der Arbeiter hat das Recht auf
den vollen Ertrag seiner Arbeit, denn seine Arbeit ist es
allein, die den Tauschwerth hervorbringt; und umgekehrt, die
Arbeit muß allein das Werth erzeugende Element sein, da=
mit man dem Arbeiter das ganze Product zusprechen kann,
dessen ihn der Kapitalist beraubt; folglich ist das Privat=
eigenthum zu beseitigen[3]. Aber abgesehen davon, daß jene
Theorie in sich falsch ist, sie wäre auch praktisch undurch=
führbar. Es ist wohl nicht möglich, die in einem Pro=

---

[1] Marx, Das Kapital III, 187.   [2] Ebd. III, 188.

[3] Pringsheim (Die Ricardosche Werththeorie S. 83) be=
streitet, daß aus der Arbeitswerththeorie die negative Kritik folge,
wie sie Marx am Kapitaleigenthum und Kapitalgewinn geübt. „Denn
wäre es auch wahr, daß die Arbeit allen Werth schaffe, so würde
darin immer nur ein Postulat der Gerechtigkeit für eine andere Eigen=
thumsgestaltung liegen, zu dem der Nachweis der Zweckmäßigkeit
einer solchen treten müßte. Marx glaubt allerdings diesen Nachweis
führen zu können." Aber wenn die Privateigenthumsordnung gegen
die Gerechtigkeit verstößt, dann darf sie um bloßer Zweckmäßig=
keitsgründe willen nicht aufrechterhalten werden.

ducte vom ersten Beginn des Productionsprocesses bis zur
endlichen Fertigstellung aufgespeicherte gesellschaftliche Durch=
schnittsarbeit objectiv genau oder auch nur ganz unparteiisch
zu bestimmen. Oder wer wollte sich getrauen, den Werth,
welcher durch Abnutzung der Instrumente und Maschinen ins
Product eingeht, richtig und genau anzugeben? Und diese
Anforderung würde nicht bloß einigemal an die Leiter der
Production herantreten; jedesmal, so oft der einzelne Arbeiter
sein Werk an die öffentlichen Magazine abgeben wird, um
dafür seinen Arbeitsschein zu erhalten, der ihn zum Empfang
einer bestimmten Summe von Genußmitteln berechtigt, wird
er mit vollem Rechte eine genaue Prüfung des Werthes unter
Berücksichtigung der für ihn ungünstigen Umstände, wie geringer
Ertragsfähigkeit des Bodens, schlechten Arbeitsmaterials, ver=
langen. Die einzelnen Beschäftigungsarten erfordern, wenn sie
nicht ganz einfache sind, eine längere oder kürzere Vorbereitungs=
zeit, mehr oder weniger Mühe, sie anzueignen. Diese ist offen=
bar auch von Einfluß auf den Werth der Arbeit, mithin auch
des Arbeitsproductes. Wie will und kann man diesen Werth
bei dem einzelnen Erzeugniß in Anschlag bringen?

Und noch eines. Die heutige Production beruht auf Arbeits=
theilung, und es besteht keine Aussicht, daß dieselbe jemals
wieder verschwinden wird. Im Gegentheil, mit steigender Cultur
— und diese will ja der Socialismus auf die höchste Spitze
treiben — wird auch die Arbeitstheilung eine viel reichere. Es
ist ein bekanntes, von Adam Smith gebrauchtes Beispiel, wie=
viele Durchgangsstadien die Fabrikation einer Nadel umfaßt,
wieviele Hände das Metallstückchen durchwandern muß, bis
es endlich als fertige Nadel in den Gebrauch übergehen kann.
Auf jeder Stufe des Productionsprocesses wird der einzelne
Arbeiter mit seinem Theilproducte zur leitenden Behörde kommen
und eine genaue Feststellung des durch seine Arbeit entstandenen
Werthes fordern. Dazu sind die Productionsbedingungen in
einem fortwährenden Wechsel begriffen. Die Erfindungen auf

dem Gebiete der Technik lösen einander in raschester Folge ab,
und der Begriff von gesellschaftlicher Arbeit, als Arbeit voll=
zogen mit den „vorhandenen gesellschaftlich=normalen
Productionsbedingungen"[1], wird gar oft einer neuen Be=
stimmung bedürfen.

Freilich mußte auch die Erfahrung des alltäglichen Lebens
den Abstractionen des Socialismus gegenüber sich geltend
machen und dieselben mit sich in Einklang zu bringen suchen,
und so hat Marx, hinsichtlich der Werthfrage unbestreitbar
die maßgebende Autorität des Socialismus, um dem Wider=
spruch mit dem praktischen Leben zu entrinnen, freilich im
Widerspruch mit sich selbst, den Begriff des Gebrauchswerthes
wieder unter die Bestimmungsgründe des Tauschwerthes auf=
genommen; er verlangt, daß man, um Waren oder Tausch=
werthe zu produciren, „Gebrauchswerthe für andere, gesell=
schaftlichen Gebrauchswerth" produciren müsse. Soll eine Sache
überhaupt Ware werden, Tauschwerth haben, so muß sie einem
Bedürfnisse genügen, muß Gebrauchswerth haben. „Denn
Bedingung bleibt der Gebrauchswerth."[2] Das Ge=
meinsame, welches das Tauschverhältniß in den Waren voraus=
setzt, kann also ebensowohl in der allen Waren gemeinsamen
Eigenschaft, Nützlichkeit zu besitzen, Gebrauchswerth zu sein,
bestehen, als in der gemeinsamen Eigenschaft, Arbeitsproduct
zu sein, eine Eigenschaft, die oft, wie bei mühelos occupirten
Gegenständen, fehlen kann, ohne daß deswegen auch der Tausch=
werth fehlte.

Ferner, die Bedürfnisse, die Thomas bei Bestimmung des
Werthes hauptsächlich berücksichtigt, sind in der Welt wirklich
vorhanden; der Verschiedenheit der Bedürfnisse entspricht die ver=
schieden abgestufte Fähigkeit der Waren, denselben Befriedigung
zu verschaffen. Der vernünftige Mensch kann sein Bedürfniß
und die Nützlichkeit der Ware miteinander vergleichen; er hat ein

---

[1] Marx, Das Kapital I, 5.   [2] Ebd. Bd. III (2. Theil), S. 175.

reelles Substrat für die Bestimmung des Werthes. Dagegen diejenige Art von Arbeit, die Marx und der auf ihm fußende Socialismus für Begründung und Bemessung des Werthes annimmt, ist nichts Wirkliches [1], sie ist keine individuelle Arbeit, wie sie doch allein vorkommt, sondern abstract menschliche, gesellschaftliche Durchschnittsarbeit, die frei von allen qualitativen Unterschieden, allein quantitativ nach der Arbeitszeit bemessen wird. Es widerspricht gänzlich aller Erfahrung, daß der Werth der Arbeit nur quantitativ nach der Arbeitszeit bemessen werde; derselbe bestimmt sich vielmehr nach der Leistung, also qualitativ. Die Bemessung nach der Zeit wäre nur dann gerechtfertigt, wenn die gesellschaftliche Durchschnittsarbeit ein ganz fester, objectiver Maßstab wäre. Aber ist dieser gemeinsame Nenner überhaupt vorhanden, auf den sich die einzelnen, voneinander so verschiedenen Arbeitsarten und innerhalb dieser Arten die so verschiedenen Leistungen bringen lassen? Läßt sich das Maß der zur Herstellung eines Productes erforderlichen durchschnittlichen Arbeit überhaupt ganz genau angeben? Wird es nicht stets zwischen zwei mehr oder weniger voneinander entfernten Punkten hin und her schwanken? Oder wird vielleicht von der leitenden Behörde dieses Maß willkürlich festgesetzt werden?

Es wird als ein Fortschritt betrachtet, daß Marx das von Adam Smith und Ricardo aufgestellte Werthmaß von jedem subjectiven Beiwerk geläutert habe durch den Begriff der gesellschaftlichen Arbeit. Aber welches ist denn das Gleichartige, an welchem sich die verschiedenen einzelnen Arbeitsarten messen lassen? Die Zeit, in der sie geleistet werden, kann es nicht sein; schon Smith hat erkannt, daß in einstündiger harter Arbeit mehr Arbeit liegen könne als in zweistündiger leichter. Wie läßt sich aber die Durchschnittsinten-

---

[1] Gerlach, Ueber die Bedingungen wirtschaftlicher Thätigkeit. Jena 1890. (In Elsters Staatswissenschaftlichen Studien Bd. III, Heft 5, S. 48.)

sität der Arbeit bestimmen? Läßt sich dieselbe durch die
Quantität des von ihr in einer bestimmten Zeit Geleisteten
genau darstellen?

Es wird folgende Methode vorgeschlagen: „Die mechanische
Arbeit wird umgesetzt aus den dem Organismus zugeführten
Spannkräften. Dies geschieht in den Muskeln durch einen
chemischen Proceß, der auf Verbrennung von kohlenstoff= und
wasserstoffhaltigen Verbindungen beruht. Aber nur ein Theil
der hierbei geleisteten chemischen Arbeit verwandelt sich in
mechanische Arbeit; ein anderer Theil dient zur Erzeugung
von Wärme. Man kann nun die so erzeugte Wärmemenge
messen, man kann wenigstens annähernd bestimmen, welche
Quantität von Brennmaterial zur Erzeugung einer Wärme=
einheit dient (einer Mikrocalorie); man kann ferner das Ver=
hältniß der Arbeit zur Wärme darstellen und somit auch die
Quantität von Brennmaterial finden, das zur Erzeugung einer
bestimmten Menge von Arbeit dient.

„Es mögen hier noch große praktische Schwierigkeiten zu
überwinden sein; theoretisch steht einer Messung der mechanisch
einfachen Arbeit nichts im Wege. Anders verhält es sich mit
der Messung aller höheren qualificirten Arbeit."[1] Aber wohl
die meisten Arbeiten, wenn man von den rein mechanischen
absieht, sind eine Verbindung von mechanischer und geistiger
Thätigkeit. Somit würde sich die Mehrzahl einer Messung
entziehen.

Sowohl die Arbeit als die Arbeitszeit, also das, was
Substanz des Werthes und Maßstab desselben sein soll, sind
etwas außer der Ware Befindliches, wenn auch Marx in meta=
phorischer Weise von in der Ware geronnener, vergegen=
ständlichter, krystallisirter Arbeit spricht. Die Eigenschaft der
Ware, Arbeitsproduct zu sein, ist nichts als ihre Beziehung
zu ihrer Theilursache Arbeit, die Rückbeziehung auf eine ver=

---

[1] Pringsheim a. a. O. S. 85 f.

gangene Thatsache, aber die Ware enthält von der Arbeit, von der aufgewandten Mühe nichts in sich. Die
menschliche Arbeit gibt ihrem Werke lediglich die Form; mit
deren Vollendung hört die reale Abhängigkeit des Effectes von
seiner Ursache auf. Der Tauschwerth dagegen, wie er von
Thomas vorzüglich auf die Nützlichkeit gegründet wird, kann
mit vollem Recht der Ware selbst zugeschrieben werden, wenn
er auch seine formelle Gestaltung erst im denkenden Geiste empfängt. Er ist der Ausdruck von wirklich vorhandenen Beziehungen der natürlichen Eigenschaften der Waren zum Bedürfniß des Menschen. Somit ist der Werth, der sich aus dem
Verhältniß der natürlichen Eigenschaften zu unsern Bedürfnissen, aus der Güte und Brauchbarkeit ergibt, wirklich
in der Ware selbst enthaltener Werth.

Daß Thomas im Rechte ist, Tauschwerth und Bedürfniß
miteinander in engste Verbindung zu setzen, zeigt die wirklich
vorhandene Abhängigkeit des erstern von dem Umfang und
der Dringlichkeit des letztern. Weil eben der Werth „der Ausdruck unseres unablässig sich ändernden Verhältnisses zu den
an Gestalt, Güte und Menge sich unaufhörlich wandelnden
Eigenthumsgegenständen“[1] ist, so ist er selbst auch dem Wechsel
unterworfen. Würde aber der Werth lediglich durch die
Arbeit begründet, so wäre er keiner Veränderung unterworfen,
weil das Quantum der einmal in der Ware aufgespeicher-
ten Arbeit bei gleichbleibenden gesellschaftlichen Productionsbedingungen unverändert bleibt.

Dieser Thatsache des praktischen Lebens konnte Marx seinen
Blick nicht verschließen. Unvermerkt führt er deswegen das
Moment des Bedarfes in den Begriff der Arbeit ein; er unter-
legt dem Ausdruck „gesellschaftlich nothwendige Arbeitszeit“,
nämlich der zur Herstellung einer Ware unter gegebenen ge-

---

[1] Felix, Der Einfluß der Natur auf die Entwicklung des
Eigenthums S. 308.

sellschaftlichen Verhältnissen bei normalen Bedingungen noth=
wendigen Arbeitszeit, den neuen Sinn der zur Befriedi=
gung der Bedürfnisse der Gesellschaft nothwendigen
Arbeitszeit [1]. „Das gesellschaftliche Bedürfniß, d. h.
der Gebrauchswerth auf gesellschaftlicher Potenz, erscheint
hier bestimmend für die Quota der gesellschaft=
lichen Gesamtarbeitszeit, die den verschiedenen beson=
dern Productionssphären anheimfallen. Es ist aber nur das=
selbe Gesetz, das sich schon bei der einzelnen Ware zeigt,
nämlich, daß ihr Gebrauchswerth Voraussetzung ihres Tausch=
werthes und damit ihres Werthes ist." [2] Nur diejenige Arbeit
wird somit zu Werth krystallisirt, welche dem Bedürfniß der
Gesellschaft entspricht, und zwar in dem Maße, wie sie dem=
selben entspricht. Der Werth wird also nicht nur in seiner
Existenz durch das Bedürfniß der Gesellschaft bedingt, sondern
auch in seiner Größe bestimmt [3].

Mit dieser Werththeorie sind natürlich auch all die Conse=
quenzen hinfällig, welche der Socialismus daran knüpft und gegen
Eigenthum und Erbrecht verwerthet. Vor allem wird damit auch
die Lehre von der Entstehung des Mehrwerthes un=
haltbar. Wenn die Arbeit als die alleinige Quelle alles Tausch=
werthes erklärt, ja sogar die Wertherzeugung einzig auf die
materielle Arbeit beschränkt wird, so daß auch die Entlohnung
der geistigen Arbeit nur durch einen Abzug vom Product der
materiellen Arbeit geschehen kann, so muß folgerichtig um so

---

[1] Marx, Das Kapital III (2. Theil), 14 u. 86. — Neuere Socia=
listen, z. B. Paul Fischer in „Die Marxsche Werththeorie" (Berlin
1889), fassen ebenfalls den Begriff der gesellschaftlich nothwendigen Ar=
beitszeit in diesem weitern Sinn. Durch die Berücksichtigung des Be=
dürfnisses haben aber Marx und die Neueren die Theorie fallen
lassen, daß die Arbeit allein Quelle des Tauschwerthes sei.

[2] Marx a. a. O. III (2. Theil), 176. Vgl. Pringsheim
a. a. O. S. 79.

[3] Stimmen aus Maria=Laach XLI, 43—56.

mehr jeder Gewinn des Kapitalisten über den Lohn für geistige
Unternehmerarbeit hinaus als eine Ausbeutung des Arbeiters
sich darstellen. Aber fürs erste müssen in dem Werthe und
Preis der Ware gerade so gut wie die Kosten der materiellen
Arbeit die Löhne der geistigen Thätigkeit ihren Ausdruck finden;
denn sie hat ebensogut zum Zustandekommen des Productes
beigetragen. Ist nicht die geistige Thätigkeit, welche der kluge
Leiter des ganzen Unternehmens entfaltet, mehr noch als die
materielle Arbeit eines entsprechenden Entgeltes werth, da von
ihr doch am meisten das Gelingen und Blühen der Pro=
duction abhängt? Oder ist der kunstvolle Bau einer Maschine
lediglich das Erzeugniß der materiellen Arbeit, welche die
Räder und Kolben verfertigte, oder verdankt sie nicht weit
mehr ihr Dasein dem denkenden Geiste, welcher den Plan ent=
worfen, der die Gesetze der Mechanik zu beobachten und die
Materie sich dienstbar zu machen versteht? Darf ferner nicht auch
das Risico, die Gefahr, die mit einem Unternehmen verbunden
ist, gerechterweise einen Anspruch auf Lohn erheben? Wenn
Lassalle und der Socialismus überhaupt das Risico gar nicht
berücksichtigt wissen will, weil es eine Folge der heute herrschen=
den Productionsanarchie sei und mit dieser zugleich verschwinden
müsse, so ist es doch unbillig, das schon von der heutigen
Production verlangen zu wollen, was erst eine spätere Ent=
wicklung bringen soll. Und sollte der Socialismus wirklich
einmal einen Zustand herbeiführen, wo Wagen und Riskiren
beseitigt sein würde, so gilt von diesem der Satz: Wo nichts
zu wagen, da ist nichts zu gewinnen. Nicht eine wilde Specu=
lationswuth soll die Gesellschaft beherrschen; aber es muß doch
ein gewisser Grad von Kühnheit in den Unternehmungen vor=
handen sein, damit nicht ein Stagniren der Erwerbsthätigkeit
und der Cultur eintritt.

Thomas kennt aber außerdem noch eine andere Ursache,
aus welcher der den Lohn für die geistige Unternehmbarkeit
übersteigende Gewinn des Kapitalisten in ganz und gar erlaubter

Weise ohne Ausbeutung des Arbeiters hervorgehen kann, eine
Ursache, die, wie für das Entstehen des Werthes überhaupt, so
auch des Mehrwerthes maßgebend ist, das Bedürfniß. Das Ver=
hältniß von Angebot und Nachfrage, das Verhältniß, in
welchem die Menge der in einem größern oder kleinern Markt=
gebiet vorhandenen Waren zu der Größe des menschlichen Bedarfes
steht, ist für die Bestimmung des Werthes von einschneidender
Bedeutung. Thomas veranschaulicht dies an einem Beispiel:
Wenn ein Getreidehändler aus einem getreidereichen Lande in
ein an Getreide darbendes kommt, so wird begreiflicherweise
nach seiner Ware ein allseitiger Begehr herrschen. Infolge=
dessen steigt der Werth des Getreides; er wird hier viel höher
sein als dort, wo eine Fülle dieses Nahrungsmittels zu Ge=
bote steht. Der Kaufmann zieht einen großen, vollkommen
erlaubten Gewinn, ohne die Producenten des Getreides im
geringsten zu beeinträchtigen. Freilich darf auch hier eine ge=
wisse Grenze nicht überschritten werden, die der christliche Geist
bei den Schwankungen des Marktes stets aufrecht erhalten
muß. Nie darf der Gewinn infolge starker Nachfrage in dem
Grade gesteigert werden, daß die Noth des Mitmenschen da=
durch in wucherischer Weise ausgebeutet wird. Thomas' Lehre
vom Handel, besonders aber vom Wucher zeigt, daß er eine
solche Schranke festgehalten wissen will. Hier ist nach Tho=
mas das Gebiet, auf welches der Staat sein Augenmerk zu
lenken hat, und wo er nöthigenfalls auch positiv handeln muß,
um den wirtschaftlich Schwächern gegen Monopol und Aus=
beutung in Schutz zu nehmen.

Indem der Socialismus den Blick den Wirkungen von
Angebot und Nachfrage verschloß, konnte er auch nicht zum Ver=
ständniß eines erlaubten Gewinnes kommen. Im Tauschverkehr,
sagt er, werden nur Aequivalente, gleiche Werthe ausgetauscht;
hier kann also ein Gewinn nicht entstehen, folglich kann er
nur ein Abzug an dem Product des Arbeiters sein. Freilich
werden in einem von sittlichen Grundsätzen beherrschten Tausch=

verkehr nur Aequivalente umgesetzt. Aber der Werth ist eben nichts ein für allemal Feststehendes. Infolge einer gesteigerten Nachfrage kann der Werth einer Ware über ihre Productions=kosten hinaus wachsen. Läßt man aber die Arbeit als alleinigen Werthfactor gelten, so muß der Werth zu einer unveränder=lichen Größe erstarren, und dann ist es allerdings unmöglich, von einem erlaubten Gewinn zu reden, der nicht der Arbeit sein Entstehen verdankt. Weil ferner das Bedürfniß großen Einfluß übt auf Bildung des Werthes, so ist es möglich, daß, obwohl Aequivalente ausgetauscht werden, doch jeder oder einer der beiden Contrahenten einen Gewinn hat. Das, was der eine Theil gibt, besitzt geringern Werth für seinen Bedarf, als was er empfängt, und umgekehrt. Dieses sub=jective Moment läßt der Socialismus völlig aus dem Auge, wenn er an die Frage der Werthbildung herantritt. Da gibt es für ihn keine andere Möglichkeit mehr, als den gesamten Gewinn in den Productionsproceß zu verlegen, der ihm dann zu einem Ausbeutungsproceß der Arbeit werden muß.

Es hat sich somit gezeigt, daß die Befehdung des Eigen=thums durch den Socialismus wegen einer im Privateigen=thum an Productionsmitteln nothwendig gelegenen Exploitation des Arbeiters unberechtigt ist. Es kann ein Mehrgewinn ent=stehen, der nicht in einem Abzug an dem Ertrag der Arbeit besteht, sondern die Folge einer Werthsteigerung durch erhöhten Bedarf ist. Selbst wenn demnach die Behauptung richtig wäre, daß das ganze Product oder sein Werth dem Arbeiter gehört, der Werth, der im Tauschverkehr durch die gesteigerte Nachfrage dem durch die Arbeit geschaffenen Werthe noch zu=wächst, ist doch nicht mehr eine Folge dieser materiellen Ar=beit, sondern der berechtigte Gewinn der intellectuellen Thätig=keit des Unternehmers, der die Bewegungen des Marktes zu benutzen versteht. Daß bei einer zügellosen Herrschaft des Kapitalismus der Gewinn auch auf Kosten der Arbeit ver=größert werden kann und wirklich vergrößert wird, ist damit

nicht in Abrede gestellt; aber das im christlichen Sinn auf=
gefaßte Eigenthum, das sich seiner socialen Pflichten bewußt
bleibt, ist dem Angriffe des Socialismus entzogen. Es ist jedoch
dem Vorausgehenden zufolge unwahr, daß das Product seinem
ganzen Sein nach der Arbeit entstammt. An seinem Zustande=
kommen ist ebensosehr der Eigenthümer der Productionsmittel,
der Rohstoffe und Instrumente betheiligt.

Es wäre also jedesmal eine Berechnung anzustellen, wie=
viel von dem Werthe des Productes von dem Arbeiter pro=
ducirt und beansprucht werden könne, und wieviel anderer=
seits der Kapitalist durch Hergabe der Rohstoffe und Werk=
zeuge zum Werth des Productes beigetragen habe, eine Berech=
nung, die sich nicht zur vollen Zufriedenheit wird ausführen
lassen [1]. Deswegen vereinbaren sich Eigenthümer und Arbeiter
von vornherein über den Antheil an dem Ertrage im Arbeits=
vertrag. Dieser ist nicht als ein Gesellschaftsvertrag mit Ge=
winnantheil, sondern als ein Miethvertrag aufzufassen, in
welchem der eine Contrahent dem andern seine Sache, die
Arbeitskraft, gegen eine entsprechende Gegenleistung zur Ver=
fügung stellt. Durch den Lohn macht sich der Arbeitgeber
die Bethätigung der fremden Arbeitskraft zu eigen, und das
Product der Arbeit ist darum völlig sein; der Arbeiter er=
hält als Entgelt den verabredeten Lohn [2]. In diesem Ver=
trage treten aber beide Contrahenten nicht mit gleichen Kräften
einander gegenüber, wenigstens so lange als nicht die Arbeiter
in geschlossenen Verbänden dem Kapital gegenüberstehen; der
einzelne Arbeiter ist dem Arbeitgeber gegenüber nahezu macht=
los. Ferner machen sich bei Bestimmung der Lohnhöhe die
Wirkungen von Angebot und Nachfrage geltend; aber hier

---

[1] Conr. Schmidt a. a. O. S. 47.

[2] Die sociale Frage beleuchtet durch die Stimmen aus Maria=
Laach, 2. Heft: Lehmkuhl, Arbeitsvertrag und Strike (Freiburg
1891) S. 18.

muß mehr noch als bei Kauf oder Miethe anderer Waren
der christliche Geist jeder Ausbeutung entgegentreten und den
Arbeiter, der, „von der Noth executirt, losschlagen" muß,
schützen. Denn das, was im Lohnvertrag vermiethet wird, ist
nicht eine vernunftlose Sache, sondern die Arbeitskraft, welche
mit der Person des Arbeiters untrennbar verbunden ist und
deshalb auch andere Rücksichten erfordert[1]. Deshalb verwirft
Thomas den Wucher, der aus der fremden Noth sich bereichert, und lehrt ein mit sittlichen Pflichten behaftetes Eigenthum. Gegenüber dem menschlichen Egoismus, der leicht
das Wohl der Gesamtheit gefährden könnte, erwachsen dem
Staate gewisse Pflichten auf dem Gebiete des
Erwerbes. Die Fürsorge, wie sie der Staat in Bezug auf
das volkswirtschaftliche Leben zu entwickeln hat, hält sich gleich
fern von dem Laissez-faire-Princip des „Nachtwächterstaates",
wie Lassalle sich ausdrückt, wie vom Staatssocialismus. Die
Stärkung des Mittelstandes, besonders die Hebung der für seinen
Bestand so wichtigen Landwirtschaft sind seine Hauptaufgaben[2].
Leitender Grundsatz muß für die staatliche Thätigkeit immer
sein, daß der Schutz des Rechtes ihr wesentlicher Zweck
ist; denn die Gerechtigkeit ist das Fundament der Reiche.
Nur soweit es sich also um das Recht handelt, ist
eine staatliche Einmischung gerechtfertigt. Und der
Kern der socialen Frage ist auch der, daß es sich nicht handelt
um eifrige Bethätigung des Wohlthätigkeitssinnes, sondern daß
sie ein Kampf um und gegen die Gerechtigkeit ist. Für das

---

[1] Costa-Rossetti a. a. O. S. 745. Cathrein, Moralphilosophie II, 299 f. — Daß bei höhern Arbeitslöhnen und verkürzter
Arbeitszeit der Ertrag der Production keine Minderung, sondern eher
eine Steigerung erfährt, zeigt Brentanos Schrift „Ueber das Verhältniß von Arbeitslohn ꝛc." Ueber die besondere Eigenthümlichkeit
der „Ware Arbeit" s. Ders., Das Arbeiterverhältniß S. 183 ff.

[2] Ueber die gegenwärtig viel umstrittene Frage der Berechtigung
von Schutzzöllen s. Pesch, Liberalismus u. Socialismus S. 120 ff.

wirtschaftliche Gebiet kommt hier vor allem die *iustitia legalis*
in Betracht, insofern diese die Unterordnung des privaten In=
teresses unter die Interessen des Ganzen fordert. Die staatliche
Gewalt soll sich über die engen Kreise jedes rein particulären
Vortheils erheben und hat den Beruf, die Einfügung und
Unterordnung der Sonderinteressen nach Maßgabe des Ge=
samtwohles zu vollziehen. Eine schwierige, aber hochwichtige
Aufgabe harrt des Staates: bei möglichster Schonung der
berechtigten Freiheit und Selbständigkeit einen Ausgleich der
widerstrebenden ökonomischen Interessen herbeizuführen, die wirt=
schaftlichen Rechtsverhältnisse so zu ordnen, daß der brutale
Egoismus zurückgedrängt und ein übermächtiges Hervortreten
von Einzel= oder Klasseninteressen verhindert wird [1].

Ferner, der Staat hat nach Thomas auch die Ver=
mögensvertheilung zu leiten, freilich nicht so, als
ob er activ und unmittelbar die Distribution der Güter
vornehmen dürfte; „die logische und rechtliche Voraus=
setzung einer derartigen directen Vertheilung des Vermögens
durch den Staat aber wäre offenbar Staatseigenthum
an allen materiellen Gütern und Besitzgegenständen. Denn
vertheilen kann und darf der Staat nur, was ihm gehört" [2].
Aber er soll die Vertheilung mittelbar durch seine Rechts=
ordnung zu beeinflussen und mit der Gerechtigkeit in Ein=
klang zu bringen suchen. Vor allem soll er ein Schirmvogt
des gerechten Vertragsverkehres sein. Es wäre gegen
die Gerechtigkeit, wenn in den Verträgen, in denen der eine
Theil eine Leistung vollzieht, um dafür eine Gegenleistung
zu erhalten, Leistung und Rückleistung verschieden an Werth
wären. Jeder Contrahent erwartet und fordert ein Aequi=
valent seiner Leistung. Auf diesen Ersatz will er unter
normalen Verhältnissen nicht Verzicht leisten. Würde aber
die Noth den Menschen zwingen, sein gutes Recht verletzen

---

[1] Pesch a. a. O. S. 140 f.   [2] Ebd. S. 166.

zu lassen, so muß der Staat ihn schützen[1], und diese Pflicht
wird um so dringlicher, wenn die Rechtsverletzung sich über
ganze Gruppen der Bevölkerung erstreckt und der Gesamtheit
daraus das größte Unheil erwachsen würde. Es ist also Pflicht
der Staatsgewalt, dafür zu sorgen, daß der Kapitalismus
seine Uebermacht dem Arbeiter gegenüber nicht mißbrauche. Der
Arbeiterschutz ist eine wichtige Seite der staatlichen Thätig=
keit. Weil der Staat, wie Thomas sagt, der Hüter des
Rechtes ist, darf er nicht mit verschränkten Armen zusehen,
wenn dem Arbeiter das Recht auf Existenz, das Recht auf
Leben und Gesundheit verkümmert wird.

Doch mit dieser überwachenden, mittelbaren Thätigkeit
des Staates hinsichtlich der Gütervertheilung läßt es der
Socialismus sich nicht genügen; aber abgesehen davon, daß das
Individuum in eine sklavische Abhängigkeit von der Staats=
gewalt geräth, ist auch der Maßstab der in einem Erzeugniß
enthaltenen Arbeit ein ganz unbrauchbares Vertheilungsprincip.
Zu den bereits erörterten Schwierigkeiten gesellt sich die weitere:
Wie steht es mit der geistigen Arbeit?

Die Werththeorie des Socialismus, die in ein=
seitiger Weise die materielle Arbeit überschätzt,
richtet sich gegen jeden Fortschritt auf geistigem
Gebiet. Die eigentlich gelehrte Thätigkeit, die Beschäftigung
mit der Wissenschaft als Lebensaufgabe, müßte nothwendig
aufhören; denn derjenige allein, der durch seine materielle
Arbeit Werthe erzeugt, kann Anspruch auf eine Entschädigung
erheben. Der Beschäftigung mit der Wissenschaft könnte
höchstens noch die Rolle einer Liebhaberei zufallen, die man
sich erlauben kann, wenn man seine pflichtgemäße Arbeit im
Dienste der Gesamtheit erledigt hat[2]. Daß es damit um
einen Fortschritt auf wissenschaftlichem Gebiet geschehen ist, wird
einleuchtend sein.

---

[1] Pesch a. a. O. S. 171.
[2] Hertling, Naturrecht u. Socialpolitik S. 30.

9*

Aber der Socialismus darf doch selbst nicht ganz auf die geistige Arbeit Verzicht leisten. Die Leitung der in der Hand des Staates concentrirten Production wird an die geistige Thätigkeit der Behörden große Anforderungen stellen. Eine Unzahl von Erhebungen bezüglich des Bedarfs, der Arbeitsmittel, der Arbeitskräfte, des Ertrages der gesamten Production wird stetthaben müssen; die entsprechende Zutheilung der Arbeit an die vorhandenen Arbeitskräfte und die Vertheilung der Producte wird viel Geistesarbeit erfordern und keineswegs so glatt vor sich gehen als der Socialismus glauben macht.

Schon in der gegenwärtigen Ordnung der Dinge wird von dem einzelnen Fabrikanten, dem doch nur die Sorge für ein enges Gebiet obliegt, verlangt, daß er es verstehe, die Production nach der Nachfrage einzurichten, das beste und zugleich billigste Material zu beschaffen, die Fortschritte der Technik zu verfolgen, die gesamte Arbeitsthätigkeit so zweckmäßig wie möglich zu organisiren. Er muß einen Ueberblick haben über die schwankenden Bewegungen des Weltmarktes und nach diesen seine Erwerbsthätigkeit einrichten, dieselbe bald erweitern, bald einschränken. Ist er jedoch seiner Aufgabe nicht gewachsen, so ist er selbst der Verlierende; die Conjunctur, die er nicht zu benutzen verstand, wirft ihn um. Und das ist doch nur ein Einzelner, der nach eigener Einsicht vorgehen kann, der durch sein eigenstes Interesse zur Uebernahme all dieser Beschwerden seines Betriebes bestimmt wird. Aber die Schwierigkeiten wachsen ins ungeheuere, wenn einer Centralbehörde die Leitung der gesamten Erwerbsthätigkeit eines Landes, oder vollends — der Socialismus will ja international werden — der ganzen Gesellschaft obliegt. Im socialistischen Staate darf es keine Mißgriffe, keine verfehlten Speculationen geben, sie würden ihn in seinen Grundlagen erschüttern. An die Stelle der gewinnenden oder verlierenden Speculation, der Begleiterin der anarchischen Productionsweise, muß die ge=

naueste und sorgfältigste Anpassung der Producte an die
jedesmal vorhandenen Bedürfnisse treten. Wenn man erwägt,
mit welchen Hindernissen staatlicherseits vorgenommene Enqueten
zu kämpfen haben, welch ein schwerfälliger statistischer Apparat
in Bewegung gesetzt werden muß, um im günstigsten Fall ein
Resultat von annähernder Genauigkeit zu erhalten, so gibt das
einen Begriff davon, wieviele der vorhandenen Arbeitskräfte
der eigentlichen materiellen Production entzogen werden und
einer mehr oder weniger anstrengenden Geistesthätigkeit zu=
gewendet werden müßten. Von ihnen neben der Kopfarbeit
auch noch so viel Handarbeit verlangen wollen, daß sie aus
dem Ertrage der letztern ihre sämtlichen Lebensbedürfnisse be=
streiten können, wäre nicht nur eine schreiende Ungerechtigkeit,
es wäre einfach eine Unmöglichkeit.

Man wird entgegnen, daß daran auch niemand denke. Die
Production im socialistischen Staate sei als ein zusammen=
gehöriges Ganzes anzusehen; jene Beamten seien ebensogut
Glieder in dem producirenden Organismus als die eigentlichen
Arbeiter, und sie hätten demgemäß den gleichen Anspruch auf
ihren Antheil an dem Gesamtertrag wie diese letztern. Aber
wie läßt sich dann jener grundlegende Satz von der alleinigen
Werthbildung durch die Arbeit aufrecht erhalten? Wodurch
unterscheidet sich dann die socialistische Productionsordnung
wesentlich von der heutigen? Denn auch jetzt sind in dem
großen Organismus des wirtschaftlichen Lebens neben den un=
mittelbar producirenden Arbeitern auch solche thätig, die durch
ihre geistige Thätigkeit nur mittelbar und entfernter an der
Gütererzeugung betheiligt sind. Aber während heute das einigende
Band dieses Organismus und die treibende Kraft, welche die
Glieder desselben in Bewegung setzt, das eigene Interesse ist,
wird sich das von der socialistischen Productionsordnung nicht
sagen lassen. Es ist aber offenbar eine Unbilligkeit, wenn der
Socialismus, um Kritik üben zu können, die heutigen Verhält=
nisse mit einem ganz andern Maße mißt, als er es an seine

zukünftige Gesellschaft anlegen will, wenn hier die Noth=
wendigkeit anerkannt wird, auch jene geistigen Factoren im
Productionsprocesse aus dem Ertrag der Arbeit zu bedenken,
heute aber jeder zu Ungunsten der Handarbeiter gemachte
Abzug als eine wucherische Verkürzung gelten soll.

„Das ist aber noch nicht alles. Solange es nicht ge=
lingt, die körperlichen Krankheiten von der Menschheit dauernd
fernzuhalten, und solange der moralische Durchschnitt der
Menschen kein anderer ist als heute, wird man Aerzte und
Richter brauchen. Bei ihrer Thätigkeit kann natürlich nicht
mehr von einem Tauschwerth des Productes die Rede sein;
man wird einen Maßstab finden müssen, dieselben zu ent=
lohnen, welcher nach einem andern Princip als dem des vollen
Arbeitsertrags entworfen ist. Aber nicht nur das. Die Aus=
übung des ärztlichen und richterlichen Berufes erfordert eine
lange Vorbereitungszeit. Während derselben wird die socia=
listische Gesellschaft die zukünftigen Mediciner und richterlichen
Beamten aus dem Ertrage ihrer productiven Arbeit unter=
halten müssen, ganz ebenso, wie sie die noch nicht arbeits=
fähigen Kinder und die nicht mehr arbeitsfähigen Invaliden
und Greise unterhalten muß. Auf den vollen Ertrag ihrer
Arbeit werden also auch im Zukunftsstaat die Vertreter der
productiven Thätigkeit keine Hoffnung machen können; sie
werden sich größere oder geringere Abzüge gefallen lassen
müssen, und das verschrieene arbeitslose Einkommen wird auch
dann nicht gänzlich verschwinden." [1]

Wenn somit sich auch der Socialismus dazu herbeilassen
muß, solche Stände, die er heute als unproductiv brandmarkt,
in seiner künftigen Erwerbsordnung aufzunehmen, so wird
dadurch die Schar der materiellen Arbeiter um ein bedeuten=
des verringert. Das hat aber wieder gewichtige Folgen. Es
wird den arbeitenden Klassen kurze Arbeitszeit in Aussicht

---

[1] Hertling a. a. O. S. 31. 32.

gestellt; wenige Stunden sollen genügen, und diese kurze Arbeit
wäre, wenn man dem Socialismus glauben wollte, mehr ein
reizender Zeitvertreib als eine Last. Der Ausfall von Arbeits=
kräften, der durch die nothwendige Geistesarbeit verursacht wird,
muß aber offenbar wieder aufgewogen werden durch eine Ver=
längerung der Arbeitszeit, die vielleicht von der heutzutage
nothwendigen sich nicht um vieles unterscheiden wird, da ja
zugleich allen eine Fülle von Genußmitteln verheißen wird,
die heutzutage nur wenigen zugänglich sind. Hält aber der
Socialismus entgegen, daß es in Zukunft keine Müßig=
gänger mehr geben wird, keine Existenzen, die ohne zu
säen ernten, so sind ja dies nach seinen eigenen Aussagen
doch nur verschwindend wenige: Massen von Exploitirten,
wenige Exploiteurs. Und will er ferner einwenden, daß viele
heutige Berufe überflüssig werden, wie Zwischenhändler,
Bankiers, so ist das nur bis zu einem gewissen Grade
richtig; denn an ihre Stelle treten wieder andere Berufs=
arten, die heute nicht vorhanden sind; man denke nur an
das über die Bedarfsbestimmung und Organisation der Ar=
beit Gesagte.

Die Werththeorie des Socialismus schließt manche Un=
gereimtheiten in sich. Wenn nur die productive Arbeit Eigen=
thum zu begründen vermag, wie kann man dann Eigenthümer
werden an den Urstoffen, an den Naturgaben, die ohne mensch=
liche Arbeit entstanden sind und gar nicht durch Arbeit hervor=
gebracht werden können. Sowenig der Einzelne an den=
selben Eigenthum erwerben kann, so wenig die Gesellschaft.
Gäbe es also keinen andern Weg, zu Eigenthum zu kommen,
als die Arbeit, so gäbe es überhaupt kein Eigenthum, da man
niemals die Substanz der Naturgaben durch Arbeit erzeugen,
sondern bloß die Form verändern kann. Das muß selbst ein
Henry George gestehen: „Indem der Mensch Getreide sät,
Metalle schmilzt, Häuser baut, Stoffe webt, thut er doch im
Grunde weiter nichts, als den Ort und die Form schon vor=

handener Stoffe verändern. Als Producent ist der Mensch
nur Umformer, nicht Schöpfer." [1]   Man will ferner dem
Menschen das Recht bestreiten, den Boden, den er bebaut, zu
eigen zu besitzen. Ein Eigenthum an den Früchten dagegen
kann er erwerben. Aber warum? Sind die Früchte das
unmittelbare Product seiner Arbeit? Der unmittelbare
Effect derselben ist vielmehr die Bodenverbesse-
rung, der verbesserte Boden, erst secundär die Frucht. „Weil
die Cultivirung dem Boden anhaftet, so verschmilzt das Recht
auf Privateigenthum die ‚Form‘ mit dem ‚Stoffe‘ und gibt
somit auch ein Eigenthumsrecht an dem Boden, in welchem sich
die productive Arbeit verkörpert hat." [2]   Will man dieses
nicht anerkennen, dann kann man noch weniger ein Eigenthum
an den Früchten anerkennen; dann kann die Menschheit trotz
ihrer Arbeit — verhungern.

Die allseitige Betrachtung des socialistischen Grundprincips,
die materielle Arbeit sei alleinige Quelle des Werthes, hat gezeigt, daß der Satz theoretisch unwahr und praktisch undurch-
führbar ist, und daß sich der Socialismus selbst im Interesse
der geistigen Arbeiter zu einem Verzicht auf sein oberstes
Princip verstehen muß. Damit ist ihm die Hauptwaffe, die
er gegen das Eigenthum führt, entfallen. Es ist also nicht
nothwendig, daß alles Eigenthum sich als auf der Arbeit begründet legitimire.

Doch der Socialismus hat gegen das Privateigenthum
noch ein gewichtiges Argument in Bereitschaft; er greift zur
Geschichte und behauptet, der jetzige Zustand des
privaten Besitzes sei ein Abfall von dem ursprünglich bestandenen Collectiveigenthum, und die

---

[1] [1] Henry George, Zur Erlösung aus socialer Noth, deutsch
von Eulenstein. Berlin 1893. Aus Stimmen aus Maria-Laach
XLVII, 374, Art. „Henry George und die Encyklika Rerum novarum" von Pesch.
[2] Ebd. S. 376.

Erinnerung an diese Einrichtung habe sich noch bis heute er=
halten in dem russischen Mir. Daraus wird dann der Schluß
gezogen: Was in der menschlichen Natur begründet ist, muß
sich immer und überall in der Menschheit gezeigt haben.
Thatsache aber ist, daß Privateigenthum nicht immer und
überall zu finden ist. Also ist es keine Natur=, sondern eine
bloße Culturthatsache und könnte auch einmal im Interesse der
Cultur wieder verschwinden. Man verbindet damit noch die
Vorstellung, daß sich die Menschheit allmählich aus dem Zu=
stand halbthierischer Wildheit zur heutigen Civilisation durch=
gearbeitet habe. Jäger, Hirten und Ackerbauer bezeichnen die drei
Stadien der Entwicklung. Erst auf der letzten Stufe habe sich
allmählich das Privateigenthum an Grund und Boden gebildet [1].

Bei den ältesten orientalischen Völkern, mit denen die Ge=
schichte der Menschheit beginnt, findet sich bereits das Privat=
eigenthum an Grund und Boden [2]. Die Einrichtung des
russischen Mir gehört erst der neuern Geschichte an [3].

Aber selbst wenn es der Wahrheit entsprechen würde, daß
die Menschheit in ihren frühesten Anfängen auf den Stufen
des Jäger= und Hirtenlebens gestanden sei, und daß damals
noch kein Privateigenthum an Grund und Boden bestanden
habe, so wäre damit gegen die rechtliche Zulässigkeit desselben
nichts bewiesen. Für Jäger= und Hirtenvölker war dasselbe
bedeutungslos; fester Grundbesitz hatte für sie keinen Werth.
Sobald sie aber auf einer höhern Stufe der Entwicklung zum
Ackerbau übergingen und auf der Scholle, die sie bewirt=
schafteten, ansässig wurden, da bildete sich auch das Privat=
eigenthum an Grund und Boden heraus. Man erkannte, daß
die höhere Cultur nur um den Preis der Theilung des Bodens
erhalten bleiben könne. Und da sich diese Erkenntniß mit ver=
schwindenden Ausnahmen überall Bahn brach, da heute nahezu

---

[1] Cathrein, Das Privatgrundeigenthum S. 6.
[2] Ebd. S. 22 ff.   [3] Ebd. S. 12.

9**

überall Privateigenthum an Grund und Boden besteht, so ist
das ein Beweis, daß es der allgemeinen menschlichen Vernunft
entstammt, oder daß es dem natürlichen Rechte entspricht.
Wenn es ferner auch als ausgemacht gelten könnte, daß ein
Stamm, sobald er aus der Periode des Nomadenlebens heraus-
trat und sich seßhaft machte, das unterworfene Gebiet zunächst
in Collectivbesitz genommen habe, so ist auch damit noch nicht
der Beweis erbracht, daß das Privateigenthum gegen das
Naturrecht verstoße. Solange die Bewirtschaftung des Bodens
eine extensive war, mochte recht wohl Gemeineigenthum bestehen. Je mehr aber die Bevölkerung zunahm, je intensiver
infolgedessen der Ackerbau wurde, desto mehr war auch ein
Ansporn zur Arbeit nothwendig, den der Collectivbesitz nicht
zu bieten vermochte. So mußte sich das private Eigenthum
am Boden entwickeln. Der Erwerbstitel der Arbeit hat bei
dieser Entwicklung zweifelsohne eine große Bedeutung gehabt.
Je mehr Arbeit auf den Acker verwendet wurde, desto mehr
verwuchs derselbe mit der Person und der Familie des jeweiligen Bearbeiters; mit dem Aufkommen der Intensivwirtschaft
mußte nothwendig der Gedanke des Gemeineigenthums hinter
dem des Sondereigenthums zurücktreten[1]. Das Privatgrundeigenthum ist also nicht eine bloße Culturthatsache, sondern eine
Culturnothwendigkeit, und da die menschliche Vernunft
erkennt, daß ohne Theilung des Bodens die höhere Entwicklungsstufe nicht behauptet werden kann, ist diese Trennung
durch das natürliche Recht gefordert.

Aber Marx behauptet, daß eine wirklich rationelle Agricultur überall am Privateigenthum
eine unüberwindliche Schranke finde[2]. Dann stünde
es allerdings der Cultur im Wege. Zugegeben ist, daß bei
einer großen Zersplitterung des Grundbesitzes ein rationeller

---

[1] Hertling a. a. O. S. 88 f.
[2] Das Kapital III (2. Theil), S. 156.

Betrieb wohl unmöglich sein wird. Wo aber der mittlere
Besitz vorherrscht, und wo insbesondere die Landwirtschaft in
großen Verbänden sich organisirt, um sich gemeinsam Verbesserungen in Maschinen u. dgl. zu nutze zu machen, wird
jene Behauptung der Begründung entbehren. Der Groß-
grundbesitz ferner ist ebenfalls eine Widerlegung, da er trotz
des Privateigenthums eine rationelle Bewirtschaftung gestattet.
Aber Marx muß selbst zugeben, daß der Eigenthümer, der
mit seinem Grundstück eng verbunden ist, einen ganz andern
Sporn zu Mühe und Opfern hat als der Pächter. Freilich,
sagt Marx spottend, zwischen dem Großgrundbesitzer und seinem
Eigenthum besteht ein so enger Zusammenhang, „daß der
Grundeigenthümer sein ganzes Leben in Konstantinopel zu-
bringen kann, während sein Grundeigenthum in Schottland
liegt". Aber trotzdem besteht dieser Zusammenhang. Durch das
Band des Selbstinteresses bleibt der Herr mit seinem Besitz
verbunden, die straffe Unterordnung der Verwalter und Dienst-
boten unter den Herrn, ihre Verantwortlichkeit gegen ihn
zwingen sie zur Erfüllung ihrer Pflicht. Hier handelt es
sich nicht um Gleichberechtigte, die mit gleichem Rechtsanspruch
auf den Acker einander gegenüberstehen, und die durch nichts
gezwungen werden können, sich einander unterzuordnen.

Ein schlagendes Beispiel für seine Behauptung findet
Marx in den Waldungen, „die nur da zuweilen einigermaßen
dem Gesamtinteresse gemäß bewirtschaftet werden, wo sie
nicht Privateigenthum, sondern der Staatsverwaltung unterworfen sind". Aber Waldwirtschaft ist nicht Ackerbau; der
Wald bedarf der Pflege nicht wie der Acker[1].

---

[1] Der Standpunkt, von dem aus Marx das Grundeigenthum beurtheilt, wird durch folgende unzutreffende Auffassung des Bauernstandes
gekennzeichnet: „Die wirklichen Ackerbauer sind Lohnarbeiter,
beschäftigt von einem Kapitalisten, dem Pächter, der die Landwirtschaft nur als ein besonderes Exploitationsfeld des Kapitals, als Anlage seines Kapitals in einer besondern Productionssphäre betreibt"

Hat die socialistische Geschichtsauffassung in der Vergangen=
heit kein in ihrem Sinne günstiges Resultat erzielt, so verweist
sie auf die Zukunft, wo sie als das Ende der Entwick=
lung wieder den Zustand des gemeinsamen Eigenthums wahr=
nehmen will. Das Ueberhandnehmen des Großbetriebes und
die Concentration großer Reichthümer in den Händen weniger,
der Rückschritt des Handwerker= und Bauernstandes, das
Anwachsen des Proletariats sind Thatsachen, die vor aller
Augen liegen. Die socialdemokratische Geschichtsphilosophie er=
blickt darin eine naturgesetzliche Entwicklung. Jetzt werden
die Kleinen von den Großen expropriirt; aber schließlich wird
die kapitalistische Hülle gesprengt und werden die Expropria=
teurs expropriirt. Die Gesellschaft nimmt dann unter Be=
seitigung alles Privateigenthums Gütererzeugung und Güter=
vertheilung in die Hand. Dann wird allerdings die Entwicklung
stillestehen, und doch hätte der Socialismus allen Grund zur
Besorgniß, es könnte auch dann wieder eine Aenderung ein=
treten und der Kreislauf wieder von vorne beginnen, da ja
nach seiner Darstellung schon einmal an die Stelle des Collectiv=
eigenthums der Sonderbesitz getreten ist.

Aber von einem solchen Naturgesetze einer immer
fortschreitenden Concentration kann nicht die
Rede sein. „Bei jener Schilderung pflegt von der wirtschaft=
lichen Entwicklung gesprochen zu werden, als ob es eine selb=
ständige, nur ihren eigenen Gesetzen folgende Macht wäre. In
Wahrheit aber sind überall Menschen die Träger derselben, und
darum kommen auch noch ganz andere Factoren ins Spiel als
Productionskosten und Absatzverhältnisse, Maschinentechnik und
Verkehrsmittel. Auch Religion[1], auch Sittlichkeit und Recht und

---

(a. a. O. S. 157). Das Pachtsystem mag in England das herrschende
sein; in Deutschland ist es anders.

[1] Vgl. Stimmen aus Maria=Laach Bd. XLVII, Art. „Religion
und Volkswohlstand" von Heinr. Pesch. Ders. (Bd. XLVIII), Ur=
sachen des wirtschaftl. Niederganges katholischer Völker.

Vaterlandsliebe und die Werthschätzung der geistigen Güter gehören zu den Factoren, welche das menschliche Leben bestimmen. Und zuletzt sind es auch die körperlichen und geistigen Eigenschaften der einzelnen Personen, ihre Talente und Charakteranlagen, ihre Gewohnheiten und Leidenschaften, ihre Erlebnisse und Schicksale, welche mitwirken, so aber, daß sie sich vollständig jeder Voraussicht und jeder Abschätzung entziehen. Aber mir scheint, daß auch, wenn allein der wirtschaftliche Gesichtspunkt zur Geltung gebracht wird, jenes vermeintliche Gesetz fortschreitender Concentration und Absorption sich nicht bewahrheitet.

„Man weist hin auf die Progressionen, in denen in bestimmten Zeitabschnitten der letzten Vergangenheit das Vermögen eines einzelnen Bankhauses gewachsen ist, um daran im Ernste die Besorgniß zu knüpfen, daß nach Ablauf einer weitern Periode das Vermögen eines ganzen Landes in den Kassen jenes Bankhauses verschwunden sein werde. Nun will ich nicht darauf eingehen, daß nicht nur die großen, sondern auch die kleinen Vermögen in den europäischen Culturländern während der gleichen Zeitabschnitte eine nicht unbeträchtliche Vermehrung erfahren haben, wie aus der nachgewiesenen Zunahme der Sparkasseneinlagen hervorgeht. Auch ganz abgesehen hiervon ist jene Besorgniß unbegründet. Die ungeheure Steigerung der Vermögen muß nothwendig eine Grenze erreichen, von wo aus eine weitere Vermehrung in den gleichen Progressionen nicht mehr möglich ist, weil es an ausreichender Gelegenheit zu neuen gewinnbringenden Anlagen fehlt. Es ist gewiß kein Zufall und noch weniger ein idealer Zug, daß man im Hause Rothschild schon seit Jahren so eifrig die werthvollsten Kunstalterthümer sammelt. Jene Grenze mag in der modernen Welt höher liegen, als sie je in einer frühern Periode der Geschichte lag, höher als in der römischen Welt, obwohl Plinius von einer Zeit berichtet, in der die Hälfte der afrikanischen Provinz sich im Eigenthum von sechs Personen befand, — aber vor=

handen ist sie gewiß. Des weitern aber kann sich ja die Be=
reicherung des Bankiers durch Bank= und Börsengeschäfte wie
durch Gründung und Finanzirung industrieller Unternehmungen
immer nur auf diejenigen Vermögenstheile erstrecken, welche
von den Besitzern in der Hoffnung auf Gewinn auf die eine
oder andere Weise in Verkehr gebracht werden, nicht auf dasjenige
Vermögen, von dem sie ihren Unterhalt bestreiten oder mit
dessen Hilfe sie sich eine bestimmte Lebenshaltung wahren. Aus
dem gleichen Grunde wird ja auch der kleine Bauer, dessen
Grundstück nicht größer ist, als daß er es mit seinen An=
gehörigen bebauen kann, aber ausreichend für die Bestreitung
seiner Lebensbedürfnisse, weit weniger durch die Concurrenz
des Großbetriebes gefährdet als der mittlere Gutsbesitzer, der
mit bezahlten Arbeitskräften wirtschaftet und auf den Ver=
kauf seiner Ernte angewiesen ist. Von zwei Seiten her wird
sonach dem vermeintlich unaufhaltsamen Anwachsen des Groß=
kapitals eine Grenze gesetzt, die eine, indem von einem be=
stimmten Punkte an Rentabilität und Gewinn verhältniß=
mäßig kleiner werden müssen, die andere, weil sich ein gewisser
Procentsatz des jederzeit vorhandenen Kapitals der Aufsaugung
entzieht." [1]

Auch diese letzte Ausflucht des Socialismus ist demnach haltlos.
Welchen Ersatz vermag aber der Socialismus an
Stelle des von ihm bekämpften Privateigenthums
zu bieten? Er stellt einen Zustand in Aussicht, in welchem
mit dem Aufhören des Privateigenthums auch die Leiden der
menschlichen Gesellschaft ein Ende nehmen sollen. Sein Ziel
ist, um mit Schäffle zu reden, Ersetzung des Privatkapitals,
der speculativen, social nur durch freie Concurrenz geregelten
privaten Productionsweise durch das Collectivkapital, eine Pro=
ductionsweise, welche auf Grund collectiven Eigenthums der
Gesamtheit an den Productionsmitteln eine einheitliche Organi=

---

[1] Hertling a. a. O. S. 73. 74.

sation der Nationalarbeit durchführen würde [1]. Hinsichtlich wichtiger Punkte, wer Träger dieses Gemeineigenthums sein solle, ob Association, Staat oder Gesellschaft [2], welches der Maßstab der Vertheilung sein solle, ob Arbeitsleistung oder Bedürfniß, darüber ist freilich der Socialismus der Gegenwart in sich gespalten.

Aber vor allem, läßt sich denn die Unterscheidung zwischen Productions= und Genußmitteln in der Praxis streng durchführen? Die allermeisten Gegenstände lassen sich bald zu jener bald zu dieser Art rechnen, je nach dem Zwecke, zu dem der Besitzer sie gebraucht. „Ein Garten ist gewiß ein Genußgut; er gibt dem Besitzer seine Früchte, bietet ihm die Möglichkeit, sich in ihm zu ergehen und an den Blumen und Bäumen sich zu erfreuen; aber die Früchte und Gemüse, die er hervorbringt, lassen sich auch verkaufen, sei es nun in ihrer ursprünglichen Gestalt, oder indem man sie zuvor zu Genußmitteln von höherem Werthe umarbeitet. Aehnliches läßt sich von einem Hause, einem Pferde, einem Wagen, ja sogar von fast jedem Hausgeräthe sagen. Nadel und Faden sind gewiß unmittelbare Gebrauchsgüter in der Familie; aber man kann sie auch verwerthen, um damit sich und andern Kleider zu verfertigen und auszubessern." [3]

Will man nun alle diese Gegenstände zum Eigenthum der Gesamtheit machen, so bleibt dem Einzelnen überhaupt nichts mehr übrig, was er zu eigen besitzen könnte; jeder ist dann so arm wie ein Bettler; nur das, was durch den Genuß verbraucht wird, gehört dem Einzelnen, nicht aber das, was daneben auch eine productive Verwerthung gestatten würde.

Alles Productiveigenthum soll der Gesamt=

---

[1] Schäffle a. a. O. S. 2 f.

[2] Die Socialisten vermengen oft die Begriffe von Staat und Gesellschaft (Christl.=soc. Blätter 1880, S. 257. Stöckl, Das Christenthum u. die großen Fragen der Gegenwart III, 117).

[3] Cathrein, Der Socialismus S. 147.

heit, die Genußgüter dem Individuum gehören.
Thomas' Standpunkt ist der entgegengesetzte; er wünscht,
daß die Verwaltung des Eigenthums eine individuelle, die
Production eine private, der Genuß (usus) aber ein mög=
lichst gemeinsamer sein solle. In beiden Theorien sind Selbst=
interesse und Gemeinsamkeit vertreten, aber in umgekehrter Be=
ziehung. Thomas hat das Selbstinteresse mit der Bewirt=
schaftung des Eigenthums verknüpft und ihm dadurch ein
Gebiet für Schaffensfreudigkeit und Fortschritt angewiesen, der
Freiheit und dem Frieden kräftige Stützen gegeben. Der Socia=
lismus verlegt den menschlichen Egoismus nach einer andern
Seite, nach der des Genusses. Im Genusse läßt der
Socialismus den schrankenlosesten Individualis=
mus walten, soweit nicht der Mangel eine Grenze ziehen
würde. Sittliche Pflichten, welche den Einzelnen im Interesse
des Mitmenschen in seinem Rechte beschränken, kennt der Socia=
lismus nicht. Und doch wäre hier das Gebiet, wo die Selbst=
sucht des Individuums zu begrenzen und die Confraternität der
Menschheit zu bewahrheiten wäre. Mit Stolz wird der Socia=
lismus darauf Verzicht leisten; seine Bürger sind nicht darauf
angewiesen, von der Mildherzigkeit anderer zu leben. Ein jeder,
der arbeitet, hat auch genug zu leben. Aber die, welche nicht
arbeiten können? die Kinder, welche jedenfalls der Socialismus
nicht vor der Zeit zur Fabrikarbeit verdammen darf, wenn er
nicht dasselbe Unrecht begehen will wie der Kapitalismus, die
Greise und Kranken? Für diese sorgt der Staat. Aber womit?
Offenbar nur dadurch, daß er von dem Ertrag der Production
einen Theil wegnimmt und damit die Arbeitsunfähigen unter=
hält. Und er muß wohl einen großen Theil vorwegnehmen,
damit er sich nicht selbst den Vorwurf von Armenhaus und
Bettelsuppen zuzieht, mit welchem er die heutige Armenpflege
brandmarkt. Auch unsere heutige Gesellschaft kennt eine staat=
liche Fürsorge für die Arbeitsunfähigen. Aber ihr fallen bei
weitem nicht alle Individuen zu, die nicht mehr von ihrer Ar=

beit leben können; viele sind ja durch den Besitz von eigenem
Vermögen sichergestellt. Ferner tritt die staatliche
Armenpflege nur ergänzend neben die christliche
Nächstenliebe, welche das freiwillig gereichte Almosen nicht
als eine Last ansieht, sondern darin sogar den Quell reichen
Verdienstes erblickt. Wird sich der Arbeiter, der vom Rechte
auf den vollen Ertrag seiner Arbeit überzeugt ist, auf materia=
listischem Standpunkte damit befreunden können, daß von dem
Ertrage der eigenen Arbeit beträchtliche Abzüge gemacht werden,
um die zu unterhalten, die nicht arbeiten, sondern auf Kosten
anderer leben wollen?

Während der Socialismus auf der einen Seite, auch
auf der des Genusses, uneingeschränkten Individualismus
verheißt, zeigt die Kehrseite Centralisirung der
Arbeit, Erwerbsthätigkeit nach einer von der
leitenden Behörde gegebenen Schablone, Unter=
drückung jeder freien, selbständigen Regung, Ver=
nichtung der Freiheit, des Fortschrittes und des
Friedens.

Thomas hat gelehrt, daß die menschliche Vernunft es als
eine Schlußfolgerung aus dem Naturrechte anerkennt, daß der
Menschheit, wie sie infolge der Erbsünde nun einmal geworden
ist, zu Erfüllung ihrer Aufgaben Sonderung des Besitzes noth=
wendig ist. Der durch die Sünde im Menschen erwachte Egois=
mus will sich mit dem gemeinschaftlichen Besitz nicht recht ver=
tragen. Er verlangt einen Wirkungskreis, in welchem er
sich selbständig bethätigen kann. Aber innerhalb der Sphäre
des Privateigenthums verliert er sogar seinen ausschließend
selbstsüchtigen Charakter und wird dem Besten des Ganzen
dienstbar. Dazu ist nicht einmal erforderlich, daß die Absicht
eine andere werde und mit Aufopferung des rein persönlichen
Nutzens allein dem Wohle der Gesamtheit sich unterordne. Der
Egoismus ist eine wirksame Triebfeder zur Anspannung der
körperlichen und geistigen Kraft. Die Erfolge aber bleiben

nicht auf den Einzelnen beschränkt, sie müssen, um ihre Be=
lohnung zu finden, auch andern zu gute kommen, wie ja der
Erfinder, um aus seiner Erfindung Nutzen zu ziehen, dieselbe
auch weitern Kreisen zukommen lassen muß. Zugleich ist durch
eine feste Begrenzung des egoistischen Wirkungskreises eine Ga=
rantie für ein friedliches Zusammenleben der Menschen gegeben.
Es hat der Einzelne in dem durch göttliches und positives
Recht geschützten Privateigenthum ein Gebiet, auf welchem er
seine Erwerbsthätigkeit einrichten kann nach eigenem Wunsch
und Bedürfniß; auch in der Verwendung des Erworbenen, ob
er es zu eigenem Genuß oder aber zu weiterer Production
verwenden will, ist er vollkommen frei.

Anders will es der Socialismus. All die verschiedenen
Productionszweige vereinigt er in der Hand — sagen wir des
Staates. Ein jeder muß, um arbeiten und leben zu können,
in den Dienst der Gemeinschaft treten, er wird zu einem ver=
schwindenden Theil der ungeheuern Maschine. Jede freie, nach
eigenem Plan eingerichtete Thätigkeit ist damit untergraben.
An der Spitze wird eine mit großer Macht ausgestattete Be=
hörde stehen, welche mit der Leitung der ganzen Production
betraut ist. Sie hat festzusetzen, wer sich dem Landbau, der
Industrie, dem Bergbau, der Vertheilung der Producte, der
Besorgung der Verkehrsmittel u. s. w. zuwenden soll. Denn
überließe man die Wahl den Einzelnen, so würde alles den
leichtern, angenehmern, ehrenvollern Beschäftigungen zuströmen.
Die Centralbehörde muß also mit einer geradezu despotischen
Macht ausgerüstet sein, um den Zudrang zu den leichtern Be=
schäftigungen zu hindern und um auch für die unangenehmen
und niedrigen Stellen Arbeitskräfte zu haben. Eine selbständige
Wahl des Berufes, dieser wesentliche Bestandtheil der menschlichen
Freiheit, ist damit unvereinbar. Damit wird auch die Arbeits=
freudigkeit ertödtet, welche die natürliche Folge eines frei=
gewählten Berufes ist; die Güte und Menge der Producte
muß nothwendig darunter leiden. Doch der Socialismus hält

entgegen, daß auch in der auf das Privateigenthum basirten Gesellschaft die Wahl des Berufes keine freie ist, sei es, daß drückende Noth zum Ergreifen einer verhaßten Beschäftigung nöthigt, oder daß gewisse Klassenvortheile ganze Generationen in dem gleichen Erwerbszweige festbannen. Fürs erste aber steht heute doch den meisten die Wahl zwischen verschiedenen Berufsarten frei. Sodann ist der Zwang in der heutigen Gesell- schaft ein bloß moralischer, von der Willkür anderer unabhängiger, während er im Socialismus die Gestalt eines obrigkeitlichen Commandos annimmt. Heute bildet die Aussicht auf ein gün- stiges Fortkommen das ausschlaggebende Moment bei der Wahl des Berufes. Wenn das Fortkommen ein anständiges ist, wird es nicht mehr als harter Zwang empfunden, wenn man einen weniger zusagenden Beruf ergreifen muß. Wo aber Gleichheit aller in Aussicht gestellt ist, wird sich keiner mehr ohne Zwang einer mißliebigen Beschäftigung zuwenden; es fehlt nicht bloß die Freiheit der Berufswahl, sondern auch der Sporn des privaten Interesses. Man hat den socialistischen Staat mit einem großen Arbeitshaus verglichen. Das Charakteristische einer solchen Anstalt ist auf der einen Seite vollkommener Arbeitszwang, auf der andern ein überraschend geringer Erfolg der Arbeit. Der Arbeiter steht heutzutage dem Unternehmer als Unter- gebener gegenüber. Genügt dem Arbeitgeber die Leistung nicht, so wird der Arbeiter entlassen. Will er also sein Brod nicht ver- lieren, so ist er im eigenen Interesse gehalten, sich zu rühren. Ferner ist heutzutage die Aussicht vorhanden, durch Arbeitsam- keit und Sparsamkeit zu einer höhern gesellschaftlichen Stellung emporzusteigen oder wenigstens den Nachkommen dazu durch eine höhere Ausbildung zu verhelfen. Noch mehr sind die Unternehmer zu rastloser Thätigkeit gezwungen. Ihre Losung ist, mit möglichst wenig Aufwand von Arbeit, Stoff und Zeit möglichst viel, wohlfeil und gut zu produciren. Marx selbst muß es ja gestehen, daß die Kapitalisten gezwungen sind, auf eine möglichst wirthschaftliche Production bedacht zu sein, daß sie so weit in der haushälterischen Benutzung der Rohstoffe gehen, daß sie sogar die früher für werthlos gehaltenen Excremente, Abfälle in der Industrie und Agricultur, wieder zu verwerthen suchen [1].

An dieser Strebsamkeit fehlt es in der socialistischen Gesellschaft gänzlich. Will man selbst den allergünstigsten Fall setzen, es komme dem Arbeiter der ganze Ertrag seiner Arbeit zu gute — ein Fall, der niemals eintreten wird, weil es unmöglich ist, jedem genau den Werthantheil zu bestimmen, welchen jemand durch seine Arbeit an einem Product hervorgebracht hat, und weil auch von dem Ertrag verschiedene Abzüge gemacht werden müssen —, so besteht keine Möglichkeit, in der Gesellschaft emporzusteigen. Man bleibt lebenslänglich Arbeiter. Es gibt ja keine Klassenunterschiede mehr. Alle sind Arbeiter, und die Kinder und Kindeskinder werden es auch sein. Wollte aber der Socialismus gleiche Vertheilung in Aussicht stellen, so könnte nur eiserner Zwang zur Arbeit antreiben. Und trotzdem erwartet man kurze Arbeitszeit und einen reichen Ertrag! Und wer sollte die Controlle üben, ob ein jeder seine Pflicht thut? Hat einer von Gleichberechtigten das Recht, die andern zu überwachen?

Der Socialismus hat die geistigen Potenzen des Menschen, Vernunft und freien Willen, und den Reiz, den die freie, nach eigener Ansicht geregelte Thätigkeit immer äußert, ganz außer acht gelassen. Er hat aber damit nicht bloß der Freiheit und dem Fortschritt ein Grab bereitet, sondern den Menschen auch seiner Würde entkleidet. Den Genuß und die Befriedigung, welche eine wenn auch noch so kleine Eigenthumssphäre bietet, den veredelnden Einfluß auf die Charakterbildung, der mit einer gewissen wirtschaftlichen Selbständigkeit verbunden ist, hat er verkannt und an deren Stelle den bloß materiellen Genuß

---

[1] Marx a. a. O. III (1. Theil), S. 62—80.

gesetzt. Darum faßt er den zeitlichen Besitz nicht wie Thomas als ein Mittel zu höhern sittlichen Zwecken auf, sondern ihm ist die Consumption, der Genuß letztes Ziel aller Thätigkeit. Um diesen zu schaffen, müssen alle an der materiellen Arbeit sich betheiligen, keiner darf mehr idealen Beschäftigungen als der Hauptaufgabe seines Lebens sich widmen. **Production und Consumption sind dem Socialismus zum alles beherrschenden Mittelpunkt geworden.** Die Arbeit, die Thomas nicht bloß als ein Mittel zum Erwerb, sondern auch zur Entwicklung der menschlichen Fähigkeiten betrachtete, wird dem Socialismus trotz aller Bedeutung, die er ihr beilegt, eine lediglich des Genusses wegen übernommene Last, deren Erleichterung in utopischer Weise verheißen wird, aber besonders auf materialistischem Standpunkt beim Mangel höherer Grundsätze stets eine Last bleibt, die durch den rasch entschwindenden Genuß nicht aufgewogen wird. Dieses vom Socialismus so überschätzte Wirtschaftsleben, in welchem sich der Mensch immer zwischen materieller Arbeit und materiellem Genuß hin und her bewegt, erstickt selbstverständlich jede ideale Regung, und soll doch wieder die Quelle aller Ideale, von Recht und Religion, Kunst und Wissen sein!

Durch diese möglichste Steigerung des Genuß= niveaus will der Socialismus eine gründliche sittliche Verbesserung der ganzen Menschheit herbeiführen. Auch Thomas hat zugegeben, daß die Armut nicht für alle sich eigne, daß zu große Armut sittlich nachtheilig wirke, und daß ein gewisser Durchschnitt von Wohlstand für ein tugendhaftes Leben im allgemeinen nothwendig sei. Aber damit begnügt sich der Socialismus nicht. Der ethische Zustand des Menschen ist ihm zufolge lediglich das Product der ihn umgebenden socialen Zustände. Mit ihrer Verbesserung muß auch die Vervollkommnung der Menschheit in gleichem Verhältniß steigen, — ein Satz, gegen welchen die Thatsache spricht, daß mit materiellem Reichthum oft genug eine

moralische Erbärmlichkeit verbunden ist. Damit eröffnet der
Socialismus die Perspective auf eine beneidenswerthe Zu=
kunft, wo die Richter= und Strafgewalt völlig überflüssig
sein wird[1].

Lehrt der Socialismus einen durch sittliche Pflichten nicht
gebundenen Genuß, so hat Thomas dagegen gerade die sociale
Seite des Eigenthums in den Gebrauch und den Genuß der
zeitlichen Güter verlegt. Frei und selbständig im Erwerbe
soll der Reiche den Gebrauch seines Eigenthums mit dem
Armen theilen, eingedenk, daß die Güter der Erde zum Unter=
halt aller bestimmt sind. Aber durch die christliche Liebe, mit
voller Wahrung der Freiheit, nicht durch staatlichen Zwang
sollen die Härten des Eigenthums gemildert werden. Diese
Gemeinsamkeit ist keine absolute, keine so weit gehende, daß
die Freude an der Arbeit beeinträchtigt würde; sie hält
sich innerhalb vernünftiger Schranken und wird
von einer gewissen Ordnung beherrscht. Vor allem
hat kein Armer einen rechtlichen Anspruch, daß ihm der
Reiche die Mittel zur Bethätigung seiner Arbeitskraft ge=
währe, indem er ihm Material und Werkzeug überläßt; der
Reiche hat bloß die sittliche Pflicht, dem Armen von seinem
Ueberflusse mitzutheilen. Aber es ist dies keine Rechtspflicht,
die eine äußere Gewalt, sei es der Bedürftige selbst oder der Staat,
erzwingen dürfte. Nur in dem einzigen Fall der äußersten
Noth, wo das Recht der Existenz auf dem Spiele steht, darf
der Arme selbst mit Gewalt den Zweck der äußern Güter,
dem Unterhalt nicht bloß des Einzelnen, sondern der Gesamt=
heit zu dienen, verwirklichen. Immer jedoch hat der Eigen=
thümer und die ihm zunächst Stehenden den Vortritt, falls
sie sich in gleicher Nothlage befinden sollten, und erst wenn
diesen das zum Leben Nöthige gesichert ist, erweitert sich der
Kreis und erstreckt sich die Gütergemeinschaft auch auf andere.

---

[1] Bebel, Die Frau S. 196 f.

Wie ganz anders sind hier die Gegensätze des Egoismus und
der Solidarität versöhnt, als es dem naturwidrigen Zwang
des Socialismus glücken würde! Dieser kann auch nicht be-
gründeterweise einwerfen: Wenn man die so verstandene
Gütergemeinschaft dem freien Willen überlasse, wie Thomas,
wie das Christenthum es will, wenn kein Zwang den Egoismus der Reichen breche, so komme dabei der Arme zu kurz.
Die Geschichte der christlichen Armenpflege spricht eine deutliche
Sprache. Wo der Einfluß der Kirche nicht gehemmt war,
entfaltete auch die Idee der christlichen Bruderliebe ihre segens-
reiche Macht.

Neben dieser bedingten Gütergemeinschaft kennt Thomas
aber auch noch wirkliches Collectiveigenthum. Für
gewisse Genossenschaften, den Staat, die Kirche und die Orden,
hat er ein solches Collectiveigenthum nicht bloß für möglich
und zulässig, sondern auch für nothwendig erklärt. Aber
dasselbe verhält sich zum Privateigenthum wie die Ausnahme
zur Regel. Für die ordentlichen, sozusagen gewöhnlichen Verhältnisse des Lebens, in denen sich der Mensch bewegt, bleibt
als nothwendige Grundlage das Privateigenthum bestehen;
hier kann der Einzelne seine Individualität auswirken. Daneben
können und sollen Corporationen vorhanden sein, welche über
die Kräfte des Einzelnen hinausliegende ideale Zwecke verfolgen und denselben, sei es für dieses oder das jenseitige
Leben, seiner Bestimmung zuführen. Soll der Mensch bei Ver-
folgung dieser Zwecke im Interesse der Gesamtheit der in ihm
als eine Folge der Ursünde herrschenden Selbstsucht entsagen,
so soll er dagegen innerhalb der Sphäre seiner Privatwirt-
schaft Gelegenheit finden, seinem Selbstinteresse in erlaubter
Weise nachzugehen. Hier tritt das Individuum, dort die
Gesamtheit mehr hervor. Beide Arten des Eigenthums ergänzen sich gegenseitig; beide entsprechen einem Trieb der
menschlichen Natur, dem Egoismus und dem Trieb nach Gemeinschaft.

Bei diesem theilweisen Gemeineigenthum will es indes der
Socialismus nicht bewenden lassen. Er verlangt, daß alle
Productionsmittel verstaatlicht werden; ja er läßt im Widerspruch mit sich selbst nicht einmal dann Privateigenthum an
einem solchen Werkzeuge zu, wenn es der Arbeiter durch eigene
Arbeit hergestellt hat, doch gewiß ein auf Arbeit beruhen-
des Eigenthum. Und zum Beweise, daß ein solcher Zustand recht wohl möglich sei, weist der Socialismus auf einige
Erscheinungen des modernen Wirtschaftslebens hin, welche
zeigen sollen, daß ein großer, centralistisch organisirter Betrieb ganz gut gedeihen kann, obwohl die Leiter und Arbeiter
nicht Eigenthümer der Rohstoffe und Werkzeuge sind. Aber
es ist doch ein gewaltiger Unterschied zwischen der heutigen
Productionseinrichtung und der socialistischen Organisation.
Die heutige Ordnung in den Fabriken und ebenso in den
Staatsbetrieben, heißen diese Eisenbahn, Post und Tele-
graphen, Bergbau oder Forstwirtschaft, beruht auf dem
strengsten moralischen Zwang. Hier herrscht nicht das Princip
der Gleichheit, welches der Socialismus verwirklichen will,
sondern das der Unterordnung. Verantwortlichkeit auf der
einen Seite, Hoffnung auf Rangerhöhung andererseits sind
die Garantien für treue Pflichterfüllung. Fabrikherr und
Staat stehen in eigener Person bezw. durch ihre Vertreter
und Beamte den Arbeitern als Eigenthümer und Herr gegenüber. Nur wer sich dem Willen des Fabrikherrn oder
des Staates fügen will, hat Aussicht auf Verdienst. Hier
ist jeder im eigenen Interesse gehalten, der vorgeschriebenen
Ordnung sich zu unterwerfen und seine Arbeitskraft anzu-
strengen. Im andern Fall verliert er die Arbeit und
damit sein Brod. Im socialistischen Staat dagegen steht
nicht ein Eigenthümer den Arbeitern, sondern es stehen
sich alle als Gleichberechtigte gegenüber. Jeder kann sich
selbst ebensogut als Eigenthümer ansehen wie die übrigen;
außerdem kann man ihm nicht die Thüre weisen, sondern

muß ihm Arbeit geben, weil jede Privatgütererzeugung aus=
geschlossen ist [1].

Auch auf die Actiengesellschaften will sich der Socialis=
mus zum Beweis seiner Durchführbarkeit berufen. Sie sind,
wie Marx sagt, „das Resultat der höchsten Entwicklung der
kapitalistischen Production, ein nothwendiger Durchgangspunkt
zur Rückverwandlung des Kapitals in das Eigenthum der
Producenten, aber nicht mehr als das Privateigenthum ver=
einzelter Producenten, sondern als das Eigenthum ihrer als
associirter, als unmittelbares Gesellschaftseigenthum." [2]   Aber
gerade deswegen, weil sie als das Resultat der kapitalistischen
Epoche zu betrachten sind, kommt bei ihnen das Charakte=
ristische des Kapitalismus so recht zur Geltung: Speculation
und Jagd nach Gewinn, nur in höherem Grade als beim einzelnen
Unternehmer. Deswegen vereinigen sich ja die Actionäre zur
Gesellschaft, um große Unternehmen in Angriff zu nehmen
und möglichst auszubeuten. Allerdings ist hier das Kapital
losgelöst vom Eigenthümer, aber das private Interesse ist doch
gewiß vorhanden. Nicht bloß die Actionäre, auch die Directoren
haben ein großes Interesse an dem Gelingen des Unter=
nehmens, sei es daß sie selbst zu den Actionären gehören oder
einen beträchtlichen Gewinnantheil erhalten. Die Leiter aber
stehen den untergeordneten Beamten wie Privateigenthümer
gegenüber. In einem Punkt jedoch stehen die Actiengesell=
schaften trotzdem hinter den Privatwirtschaften zurück; die Wirt=
schaftlichkeit in Ersparung von Material ist eine geringere.

Sogar den Verzicht auf Sonderbesitz im Ordensleben
pflegt man gern als Beweis für die Möglichkeit einer auf
Gemeineigenthum beruhenden Gesellschaftsordnung ins Feld zu
führen. Gerade diesen Fall hatte Thomas vorgesehen. Der
Ordensmann erhebt sich über das Niveau des Durchschnitts=

---

[1] Cathrein a. a. O. S. 235.
[2] Das Kapital III (1. Theil), S. 424.

menschen; aus übernatürlichen Rücksichten verzichtet er auf
Beschäftigung mit irdischen Angelegenheiten, vor allem auf
den Erwerb von Geld und Gut; er gibt im Gehorsam gegen
den Obern seinen Eigenwillen preis und entledigt sich ins=
besondere der Sorge für die Familie, welche gebieterisch
Privateigenthum erheischt. Es erfordert dies aber einen
höhern Beruf, welcher den Menschen um Gottes willen das
Irdische verschmähen läßt, und eine Entsagung, welche man
für gewöhnlich der durch die Sünde verderbten menschlichen
Natur nicht zutrauen darf.

Diese nur durch Zusammenwirken von Beruf und freiem
Willen mögliche Gütergemeinschaft will der Socialismus, weil
er keine ähnlichen Beweggründe zu bieten vermag, auf dem
Wege des Zwanges durchführen, und zwar bei allen
Menschen und in allen Verhältnissen, während
Thomas in rechter Erkenntniß der Menschennatur die Gemein=
samkeit des Besitzes zur Sache von wenigen Auserwählten
unter ganz bestimmten Bedingungen gemacht hat.

Während Thomas sich im Privateigenthum eine breite
Grundlage für eine gesicherte Gesellschaftsordnung geschaffen
hatte, auf welcher sich für höhere Bedürfnisse Corporationen
mit Gemeineigenthum erheben können, hat sich der Socialis=
mus diese Basis entzogen. Er bedenkt nicht, daß das
Privateigenthum die nothwendige Voraussetzung
des gesellschaftlichen Eigenthums ist, ebenso wie
das Individuum die Voraussetzung der Association ist. Wenn
man dem Individuum das Recht abspricht, Eigenthum zu
besitzen, kann man dann der Association, die eine moralische
Person ist, dieses Recht beilegen? [1]

Ein doppeltes wollte die Vergleichung der Thomistischen
und socialistischen Lehre zeigen: einmal daß die Angriffe des
Socialismus gegen das Privateigenthum, besonders seine

---

[1] Wetzer u. Weltes Kirchenlexikon IV, 283.

Werththeorie unberechtigt sind, und daß die ganze Kritik, soweit sie berechtigt ist, nicht das Recht des Privateigenthums trifft, sondern die Auswüchse einer von allen sittlichen Grundsätzen losgelösten freien Concurrenz. Sodann daß die einzig mög= liche Grundlage des Sondereigenthums ein natürliches Recht ist, daß ohne diese Voraussetzung eine Vertheidigung desselben nicht möglich ist. Somit hat sich der Socialismus mit seiner Ver= werfung des Privateigenthumsrechtes und seiner Verherrlichung des Gemeineigenthums als naturwidrig herausgestellt. Er hat im berechtigten Streben, die vom Individualismus verkannte und mit Füßen getretene Gemeinschaft der Menschen wieder zu Ehren zu bringen, die rechte Grenze überschritten und der Gemeinschaft die freie Persönlichkeit geopfert. Er hat das fortwährende Zeugniß der Geschichte, die Stimme der Ver= nunft, welche im Interesse des Einzelnen wie der Allgemein= heit Trennung des Besitzes verlangt, überhört und hat sich in falschem Optimismus zur Annahme einer der sündigen Natur fremden Selbstlosigkeit verleiten lassen [1].

In dieser Gegnerschaft zur menschlichen Natur, die auch durch eine gleiche, vom Staate geleitete Erziehung nicht um= geschaffen werden kann, liegt zugleich die Unmöglichkeit des Socialismus beschlossen. Wird sich also das Wort Schäffles bewahrheiten: „Eine spätere Zukunft wird, wie ich nach dem Gesetz der wachsenden Ausdehnung und einheitlichen Zusammen= schließung der Collectivkräfte vermuthen muß, dem Socialis= mus gehören; die Gegenwart und nähere Zukunft gehören der speculativ=privatwirtschaftlichen Organisation, dem Kapitalis= mus an"? [2]

---

[1] Freilich glaubt Bebel in seinem „Charles Fourier" S. 289: „Der große Fortschritt unseres Zeitalters ist, daß die Utopisten aus= gestorben oder im Aussterben begriffen sind."

[2] Schäffle, Kapitalismus u. Socialismus (2. Aufl., Tübingen 1878) S. 375.

10*

Literatur.

Adler, Robbertus, der Begründer des wissenschaftl. Socialismus. Leipzig 1883.

Ahrens, Das Naturrecht. Braunschweig 1846.

Antoniades Basilius, Entstehung und Verfassung des Staates nach Thomas von Aquino. Tübingen 1889.

Arbeiterfreund, Zeitschrift für die Arbeiterfrage. Berlin 1893.

Baudier S. J., La théorie de Henry George sur la propriété privée du sol (Congrès scientifique internat. des catholiques. Tome II. Paris 1888).

Baumann, Die Staatslehre des hl. Thomas von Aquin. Leipzig 1873.

Bebel, Die Frau in der Vergangenheit, Gegenwart und Zukunft. 9. Aufl. Stuttgart 1891.

— Die Frau und der Socialismus. 15. Aufl. Stuttgart 1892.

— Charles Fourier. Sein Leben und seine Theorien. Stuttg. 1888.

Behrend, Die Verstaatlichung von Grund und Boden. Inaugural= dissertation 1891.

Berthier, L'étude de la Somme Théologique de Saint Thomas d'Aquin. Fribourg (Suisse) 1893.

Bluntschli, Deutsches Staatswörterbuch. Leipzig 1864.

— Geschichte der neueren Staatswissenschaften. München=Leipzig 1881.

Boris=Minzes, Die Nationalgüterveräußerung während der fran= zösischen Revolution (Elsters Staatswissenschaftl. Studien Bd. IV. Jena 1892).

Brandes, Ferdinand Lassalle. Berlin 1877.

Brentano, Das Arbeitsverhältniß gemäß dem heutigen Recht. Leipzig 1877.

— Die klassische Nationalökonomie. Leipzig 1888.

— Meine Polemik mit Karl Marx. Berlin 1890.

— Ueber das Verhältniß von Arbeitslohn und Arbeitszeit zur Arbeits= leistung. Leipzig 1893.

Brentano, Mr. Sidney Webb. Die brit. Genossenschaftsbewegung. Leipzig 1893.

— Die Volkswirtschaft und ihre concreten Grundlagen (in der Zeitschrift für Social- u. Wirtschaftsgeschichte. Freiburg-Leipzig 1893).

Bruder, „Eigenthum". (Im Staatslexikon der Görres-Gesellschaft Bd. II.)

Caro, Der Wucher. Leipzig 1893.

Cathrein S. J., Das ius gentium im römischen Recht und beim hl. Thomas von Aquin (Philosoph. Jahrbuch der Görres-Gesellschaft Bd. II).

— Moralphilosophie. 2 Bände. Freiburg 1890 u. 1891.

— Der Socialismus. Freiburg 1892 (6. Aufl. Freiburg 1894).

— Das Privatgrundeigenthum und seine Gegner. (Die soc. Frage beleuchtet durch die „Stimmen aus Maria-Laach". 5. Heft. Freiburg 1892.)

Christlich-sociale Blätter. 1872—1893.

Contzen, Thomas von Aquin als volkswirtschaftl. Schriftsteller. Leipzig 1861.

— Zur Würdigung des Mittelalters, mit besonderer Beziehung auf die Staatslehre des hl. Thomas von Aquin. Kassel 1870.

— Geschichte d. volkswirtschaftl. Literatur im Mittelalter. Leipzig 1869.

— Einleitung in das staats- u. volkswirtschaftl. Studium. Leipzig 1870.

Costa-Rossetti, Synopsis Philosophiae moralis. Oeniponte 1883.

— Allgemeine Grundlagen der Nationalökonomie. Beitrag zu einem System der Nationalökonomie im Geiste der Scholastik. Freiburg 1888.

Dargun, Egoismus und Altruismus in der Nationalökonomie. Leipzig 1885.

Diehl, Proudhon. Seine Lehre und sein Leben. Halle 1888.

Dietzel, Karl Robbertus. Jena 1888.

Dieppel, Christl. Gesellschaftslehre. Regensburg 1873.

Endemann, Studien in der romanisch-canonistischen Wirtschafts- u. Rechtslehre. 2 Bände. Berlin 1874 u. 1883.

Engels, Die Entwicklung des Socialismus von der Utopie zur Wissenschaft. Stuttgart 1882 (3. Aufl. Stuttg. 1894).

— Ursprung der Familie, des Privateigenthums und des Staates. Stuttgart 1886.

— Eugen Dührings Umwälzung der Wissenschaft. Zürich 1886.

Felix, L., Der Einfluß der Natur auf die Entwicklung des Eigenthums. Leipzig 1883.

Felix, L., Der Einfluß der Sitten u. Gebräuche auf die Entwicklung des Eigenthums. Leipzig 1886.

— Der Einfluß der Religion auf die Entwicklung des Eigenthums. Leipzig 1889.

— Kritik des Socialismus. Leipzig 1893.

Fischer, P., Die Marxsche Werththeorie. Berlin 1889.

Fleischmann, Wider die Socialdemokratie. Kaiserslautern u. Leipzig 1891.

Franz, Kritik aller Parteien. Berlin 1862.

Geffcken, Der Socialismus. Frankfurt 1876.

Gerlach, Ueber die Bedingungen wirtschaftlicher Thätigkeit. Jena 1890 (in Elsters Staatswissenschaftl. Studien Bd. III).

Gonzalez, Die Philosophie des hl. Thomas von Aquin. 3 Bände. Uebersetzt von Nolte. Regensburg 1885.

Groß, Karl Marx. Leipzig 1885.

Grün, Die socialen Bewegungen in Frankreich und Belgien. Darmstadt 1845.

Hallier, Die socialen Probleme u. das Erbrecht. München 1892.

Hasbach, Die allgemeinen philosophischen Grundlagen der von F. Quesnay und A. Smith begründeten politischen Oekonomie (Schmollers Forschungen Bd. X. Leipzig 1890).

— Die Unfähigkeit des deutschen Socialismus zur socialpolitischen Reformarbeit (Holtzendorffs Jahrbuch Bd. X [1886]).

Held, Zwei Bücher zur socialen Geschichte Englands. Leipzig 1881.

Hertling, Frhr. v., Communismus und Socialismus (in Wetzer und Weltes Kirchenlexikon Bd. III).

— Reden und Aufsätze socialpolitischen Inhalts. Freiburg 1884.

— Offener Brief. Zur Beantwortung der Göttinger Jubiläumsrede. Paderborn 1887.

— Naturrecht und Socialpolitik. Köln 1893.

Hettinger, Thomas von Aquin und die europäische Civilisation. Frankfurt 1880.

Histor.-polit. Blätter. 1838—1893.

Hitze, Die sociale Frage. Paderborn 1877.

— Kapital und Arbeit. Paderborn 1880.

Hoertel Harry, Thomas von Aquin und seine Zeit. Augsburg 1846.

Hohoff, Protestantismus und Socialismus. Paderborn 1881.

— Die Revolution seit dem 16. Jahrhundert. Freiburg 1887.

Hohoff, Die Werththeorie des hl. Thomas von Aquin (Monatsschrift f. christl. Socialreform. St. Pölten 1893. Heft 9 u. 10).
— Was ist Kapital? (Ebd. Jahrg. 1894.)
Huber, J., Communismus und Socialismus (in Bluntschlis Deutsches Staatswörterbuch).
Huber, S., Die Glückseligkeitslehre des Aristoteles und des hl. Thomas von Aquin. Freising 1893.
Jaeger, Der moderne Socialismus. Berlin 1873.
— Geschichte der französ. Revolution und die socialen Bewegungen. Band I. Berlin 1891.
Jhering, Geist des römischen Rechtes. 2 Bände. Leipzig 1854.
— Der Zweck im Recht. Bd I. Leipzig 1886.
Jodl, Geschichte der Ethik. Bd. I. Stuttgart 1882.
Jörg, Geschichte der socialpolitischen Parteien in Deutschland. Freiburg 1867.
Kalle, Wirtschaftliche Lehren. Berlin 1890.
Katholik, Zeitschrift für das katholische Deutschland (1840—1893).
Kautz, Theorie und Geschichte der Nationalökonomie. 2 Bände. Wien 1858.
— Die geschichtl. Entwicklung der Nationalökonomik u. ihrer Literatur. Wien 1860.
Kautzky, Thomas More u. seine Utopien. Stuttgart 1890.
Ketteler, Arbeiterfrage u. Christenthum. Mainz 1866.
Kiraly, Betrachtungen über Socialismus und Communismus. Leipzig 1868.
Klein, Der Socialdemokrat hat das Wort. Freiburg 1892.
Lassalle, System der erworbenen Rechte. 2 Bde. Leipzig 1861.
— Arbeiterlesebuch. Frankfurt 1863.
— Arbeiterprogramm. Leipzig 1870.
— Bastiat-Schulze, der ökonomische Julian. Berlin 1864.
— Briefe an Robbertus. Berlin 1878.
Lehmkuhl S. J., Theologia moralis. 2 vol. Friburg. 1890.
— Arbeitsvertrag und Strike. (Die soc. Frage beleuchtet durch die „Stimmen aus Maria-Laach". 2. Heft. Freib. 1891.) 3. Aufl. 1895.
— Die sociale Noth und der kirchl. Einfluß (4. Heft. Freiburg 1892).
— Die sociale Frage und die staatliche Gewalt (6. Heft. Freiburg 1893).
— Internationale Regelung der soc. Frage (7. Heft. Freiburg 1893).
Liberatore S. J., Grundsätze der Volkswirtschaft. Deutsch Innsbruck 1891

Lindwurm, Das Eigenthumsrecht u. die Menschheitsidee im Staate. Leipzig 1878.

Martensen, Socialismus und Christenthum. Kiel 1875.

Marx, Zur Kritik der politischen Oekonomie. Berlin 1859.

— Das Kapital. I. u. II. Band. Hamburg 1883 (III. Bd. Hamburg 1894, herausg. von F. Engels).

— Das Elend der Philosophie. Stuttgart 1885.

— Communistisches Manifest, verfaßt von Marx und Engels. Fünfte deutsche Ausgabe. Berlin 1891.

Mayer, Val., Das Eigenthum nach verschiedenen Weltanschauungen. Freiburg 1871.

Mehring, Die deutsche Socialdemokratie. Bremen 1877.

Menger, Das Recht auf den vollen Arbeitsertrag. 2. Aufl. Stuttgart 1891.

Meyer, Rud., Der Emancipationskampf des vierten Standes. 2 Bände. Berlin 1874.

— Der Kapitalismus fin de siècle. Wien 1894.

Meyer, Theod., S. J., Die Grundsätze der Sittlichkeit und des Rechtes. Freiburg 1868.

— Die Arbeiterfrage und die christlich-ethischen Socialprincipien. (Die soc. Frage beleuchtet durch die „Stimmen aus Maria-Laach". 1. Heft. Freiburg 1891.) 3. Aufl. 1895.

Mohl, Geschichte u. Literatur der Staatswissenschaften. Erlangen 1855.

Pachtler S. J., Die Ziele der Socialdemokratie und die liberalen Ideen. (Die soc. Frage beleuchtet durch die „Stimmen aus Maria-Laach". 3. Heft. Freiburg 1892.) 3. Aufl. 1895.

Périn, Der Reichthum in der christl. Gesellschaft. 2 Bde. Regensburg 1866 u. 1868.

— Christliche Politik. 2 Bände. Freiburg 1876.

Pesch S. J., Liberalismus, Socialismus und christl. Gesellschaftsordnung. (Die sociale Frage beleuchtet durch die „Stimmen aus Maria-Laach". 8. Heft. Freiburg 1893.) Mehrere Artikel in den „Stimmen aus Maria-Laach".

Preuß, Die Bodenbesitzreform (Volkswirtschaftliche Zeitfragen. Berlin 1892).

Pringsheim, Die Ricardoſche Werttheorie. Breslau 1883.

Proudhon, Theoretischer und praktischer Beweis des Socialismus. Deutsch von Opitz. Leipzig 1849.

Pruner, Die Lehre vom Rechte und von der Gerechtigkeit. 2 Bände. Regensburg 1857.

Ratzinger, Die Volkswirtschaft in ihren sittlichen Grundlagen. Freiburg 1881.

— Geschichte der kirchlichen Armenpflege. Freiburg 1884.

Reischl, Arbeiterfrage und Socialismus. München 1874.

Richter, Die Irrlehren der Socialdemokratie. Berlin 1891.

Rietter, Moral des hl. Thomas von Aquin. München 1858.

Robbertus, Dritter socialer Brief an Kirchmann. Berlin 1851.

— Zur Beleuchtung der socialen Frage. Berlin 1875.

— Vierter socialer Brief an Kirchmann. Berlin 1884.

— Das Kapital. Berlin 1884.

— Kleinere Schriften. Berlin 1890.

Rousseau, Emil. Uebersetzt von Cramer. 1789. Bd. I.

Samter, Das Eigenthum in seiner socialen Bedeutung. Jena 1879.

Schäfer, Die Unvereinbarkeit des socialen Zukunftsstaates mit der menschlichen Natur. Berlin 1891.

Schäffle, Die Quintessenz des Socialismus. 4. Aufl. Gotha 1878.

— Die Aussichtslosigkeit der Socialdemokratie. Tübingen 1885 (4. Aufl. Tübingen 1893).

— Kapitalismus und Socialismus. Tübingen 1888.

Schäzler, Divus Thomas, doctor angelicus, contra Liberalismum. Romae 1874.

Scheel, Socialismus und Communismus (in Schönbergs Handbuch der polit. Oekonomie I. Tübingen 1890).

Schmidt, Conr., Der natürliche Arbeitslohn. Jena 1887 (in Elsters Staatswissenschaftl. Studien Bd. I).

Schneib, Die Philosophie des hl. Thomas von Aquin und ihre Bedeutung für die Gegenwart. Würzburg 1881.

— Aristoteles in der Scholastik. Eichstätt 1875.

Semler, Geschichte des Socialismus und Communismus in Nordamerika. Leipzig 1880.

Simar, Lehrbuch der Moraltheologie. Freiburg 1877.

Stein, Geschichte der socialen Bewegung in Frankreich. 3 Bände. Leipzig 1850.

Stimmen aus Maria-Laach (1871—1895).

Stöckl, „Eigenthum" (Wetzer u. Weltes Kirchenlexikon Bd. IV).

— Geschichte der Philosophie des Mittelalters. 3 Bde. Mainz 1865.

— Das Christenthum und die großen Fragen der Gegenwart. 3 Bde. Mainz 1880.

Sudre, Geschichte des Communismus. Berlin 1882.

Sybel, Die Lehren des heutigen Socialismus und Communismus. Bonn 1872.

Sybels Historische Zeitschrift. 17. Jahrgang. 1875.

Thill, Die Eigenthumsfrage im klassischen Alterthum. Luxemburg 1892.

Thoemes, Commentatio litteraria et critica de S. Thomac operibus. Berolini 1874.

Thomae Aquinatis Summa Theologica. Augusta Taurinorum 1888.

— Summa contra gentiles. Venetiis 1753.

— Expositio in decem libros Ethicorum et in octo Politicorum Aristotelis. Venetiis 1593.

— Comm. in tertium et quartum librum Sententiarum Magistri Petri Lombardi, ed. Parm.

— Quaestiones quodlibetales. Venetiis 1753.

— De regimine principum. Parisiis 1881.

Thomas a Vio (Cardinal Cajetan), Comm. in Sec. Sec. Lyon 1588.

Trost, Socialismus und Socialpolitik. Stuttgart 1887.

Vogelsang, Gesammelte Aufsätze über socialpolitische und verwandte Themata I. Augsburg 1886.

Volkswirtschaftl. Zeitfragen. Berlin 1891/1892.

Walter, F., Naturrecht u. Politik. Bonn 1863.

Weiß O. Pr., Sociale Frage und sociale Ordnung. 2 Bände. Freiburg 1892.

Werner, Der hl. Thomas von Aquin. 3 Bände. Regensburg 1858.

Die sociale Frage

beleuchtet durch die

„Stimmen aus Maria-Laach".

Auf der 37. Generalversammlung der Katholiken Deutschlands zu Coblenz wurde in der zweiten öffentlichen Sitzung unter lautem Beifall der Versammlung der Wunsch ausgesprochen, es möchten die in den „Stimmen aus Maria-Laach" veröffentlichten Abhandlungen über die sociale Frage, welche vom Redner „ein Arsenal von brauchbaren, echt modernen Kriegswaffen" genannt wurden, in einer neuen Sammelausgabe einem erweiterten Leserkreise zugänglich gemacht werden. Nach Erscheinen der lange erwarteten päpstlichen Encyklika über die Arbeiterfrage glaubte die Redaction der genannten Zeitschrift der an sie gerichteten Aufforderung um so mehr Folge geben zu sollen, da in mancher jener Abhandlungen gerade die wichtigsten Lehren des päpstlichen Rundschreibens beleuchtet werden. Die unter diesem Gesichtspunkte ausgewählten Aufsätze wurden überarbeitet, ergänzt und gruppenweise zusammengeordnet. Sie erscheinen nunmehr in einer Folge von Heften, die auch einzeln käuflich sind.

Soeben sind in neuer Auflage erschienen:

1. Heft: **Die Arbeiterfrage** und die christlich-ethischen Socialprincipien. Von **Th. Meyer** S. J. Dritte, vermehrte Auflage. 8⁰. (IV u. 136 S.) *M.* 1.

2. Heft: **Arbeitsvertrag und Strike.** Von **A. Lehmkuhl** S. J. Dritte, vermehrte und verbesserte Auflage. 8⁰. (IV u. 62 S.) 50 *Pf.*

3. Heft: **Die Ziele der Socialdemokratie** und die liberalen Ideen. Von **M. Pachtler** S. J. Dritte Auflage. 8⁰. (IV u. 76 S.) 70 *Pf.*

Früher sind erschienen:

4. Heft: **Die sociale Noth und der kirchliche Einfluß.** Von **A. Lehmkuhl** S. J. 8⁰. (IV u. 80 S.) 70 *Pf.*

5. Heft: Das Privatgrundeigenthum u. seine Gegner.
Von **P. Cathrein** S. J. 8⁰. (IV u. 94 S.) 80 *Pf.*

6. Heft: Die sociale Frage und die staatliche Gewalt.
Von **A. Lehmkuhl** S. J. 8⁰. (IV u. 76 S.) 70 *Pf.*

7. Heft: Internationale Regelung der socialen Frage. Von **A. Lehmkuhl** S. J. 8⁰. (IV u. 34 S.) 35 *Pf.*

Diese sieben Hefte als **I. Band.** 8⁰. (XXIV u. 558 S.) *M.* 4.75; geb. in Leinwand *M.* 5.60. — Einbanddecke 60 *Pf.*

8. Heft: Liberalismus, Socialismus und christliche Gesellschaftsordnung. Von **H. Pesch** S. J. Erster Theil: Einige Grundwahrheiten der christlichen Gesellschaftslehre. Erste Hälfte. 8⁰. (X u. 194 S.) *M.* 1.60.

Dieses Werk des Herrn P. Heinrich Pesch S. J. erscheint hier in völlig neuer Bearbeitung als Heft 8 u. ff. oder Band II u. III der „Socialen Frage".

Urtheile der Presse.

„... Die bisher erschienenen Schriften gehören zu den gediegensten Veröffentlichungen auf dem socialen Gebiete; wir möchten dieselben in den Händen aller gebildeten Katholiken sehen."

(Köln. Volkszeitung. 1892. Nr. 309.)

„Gern muß anerkannt werden, daß alle bis jetzt in besondern Abdrücken aus den ‚Stimmen aus Maria=Laach' veröffentlichten, mit Ruhe wie Sachkenntniß abgefaßten vier Schriften zu den gediegensten Arbeiten auf dem socialen Gebiete gehören; — ein tüchtiges, scharfes Vertheidigungsmittel im Kampfe der Geister."

(Neue Preußische [Kreuz=] Zeitung. Berlin 1892. Nr. 317.)

„Die bei Herder in Freiburg i. B. erschienene Broschüre (Meyer, Die Arbeiterfrage und die christlich=ethischen Socialprincipien) eröffnet als erstes Heft eine größere Reihe von Abhandlungen, die verschiedene Gebiete der socialen Frage beleuchten sollen. Sie ist ein tüchtiger Bei= trag zur Erkenntniß der socialen Uebelstände, die nach des Verfassers Ansicht von der modernen liberalen Weltanschauung verschuldet, allein durch die christlich=ethische wieder beseitigt werden können. Der springende Punkt in der Abhandlung ist der scharfsinnig geführte Beweis, wie eng Religion, Politik und gesellschaftliche Zustände miteinander verknüpft sind und wie leicht daher die auf dem einen Gebiete geltende Moral auf das andere übergreift; augenblicklich aber durchbringe das Gesetz des Genusses und der Selbstbefriedigung alles, Heilmittel hiergegen sei nur die christliche Anschauung, d. h. die großartige Idee von der Abhängigkeit aller Naturbewegung von einem höchsten bewegenden und zwecklich ordnenden Princip. . . ."

(Deutsch=Sociale Blätter. Leipzig 1892. Nr. 205.)

„Beide obige Schriften (Pachtler, Die Ziele der Socialdemokratie und die liberalen Ideen, und Lehmkuhl, Die sociale Noth und der kirchliche Einfluß) sind Ueberarbeitungen gediegener Aufsätze aus den Laacher Stimmen. Hier erscheinen dieselben in noch bequemerer Form als im Original, insofern die einzelnen Abtheilungen noch sorgfältiger geschieden, die Gedanken noch schärfer präcisirt und auch die neueste Literatur verwerthet ist. Ferner empfehlen beide Broschüren sich durch außerordentliche Leichtigkeit der Darstellung, die auch dem Handwerker und Arbeiter ihre Lektüre leicht macht. Wenn die großen und fruchtbaren Gedanken, die hier niedergelegt sind, auch nur theilweise Verwirklichung fänden, dann wäre schon ein bedeutendes Stück socialer Noth gehoben. Diese schönen Arbeiten sind einer besondern Empfehlung werth."

(Echo der Gegenwart. Aachen 1892. Liter. Beilage. Nr. 26.)

„Was uns an Popularität und gemeinfaßlicher Darstellung die juridischen Bücher betreffs des Privatgrundeigenthums versagen, das wird in bilderreichen Episteln uns in diesem Buche (Cathrein, Das Privatgrundeigenthum und seine Gegner) vor Augen geführt. . . . Mit großem Geschicke behandelt der Verfasser den Artikel über die Frage, ob das Privatgrundeigenthum die Schuld an dem heutigen zunehmenden Pauperismus trägt, und inwieferne gehört ‚das Land dem Volke‘? Alle übrigen Artikel haben das Gepräge einer gründlichen, sach= und fachlichen Darstellung und können nur jedermann aufs wärmste empfohlen werden."

(Volkswirthschaftl. Presse. Wien 1892. Nr. 465.)

„. . . In dem vorliegenden ersten Theile (8. Heft) behandelt der Verfasser ‚einige Grundwahrheiten der christlichen Gesellschaftslehre‘, das sind die christlichen Lehren über den Staat, seinen Ursprung, seinen Zweck; vorzüglich hält er sich bei der doppelten Aufgabe des Staates, dem Rechtsschutze und der Sorge für die allgemeine Wohl= fahrt, auf. Rechtsstaat und Wohlfahrtsstaat im christlichen Sinne zu sein, das ist seine Aufgabe. Gründlichkeit und Genauigkeit in der Dar= stellung und Beweisführung, Beherrschung der einschlägigen Literatur, Vertrautheit mit der historischen Entwicklung unserer jetzigen Ver= hältnisse und der socialen Theorien, klare Darstellung und edler Stil wirken sowohl belehrend als anregend und genußbringend. Möge das Werk vieles zur Verbreitung gesunder socialer Anschauungen beitragen!" (Österreichisches Litteraturblatt. Wien 1894. 3. Jahrg. Nr. 18.)

„. . . Wir sind auf die folgenden Theile dieses interessanten Buches (8. Heft) sehr gespannt und glauben, daß dasselbe auch für Protestanten lesenswerth ist."

(Deutsche Evang. Kirchen=Zeitung. Berlin 1894. Literarische Beilage. Nr. 1.)

Eine französische Uebersetzung der ersten fünf Hefte ist in Louvain erschienen.